La collection

DOCUMENTS

est dirigée par

Gaëtan Lévesque

Dans la collection « Documents »

Angenot, Marc, *Les idéologies du ressentiment.*
Bal, Mieke, *Images littéraires ou Comment lire visuellement Proust.*
Beaulieu, Jean-Philippe, Jeanne Demers et André Maindron (dir.), *Marguerite Yourcenar. Écritures de l'Autre.*
Beauregard, Claude et Catherine Saouter (dir.), *Conflits contemporains et médias.*
Bednarski, Betty et Irène Oore (dir.), *Nouveaux regards sur le théâtre québécois.*
Bertrand, Claudine et Josée Bonneville, *La passion au féminin.*
Bettinotti, Julia et Jocelyn Gagnon, *Que c'est bête, ma belle! Études sur la presse féminine au Québec.*
Brochu, André, *Tableau du poème. La poésie québécoise des années quatre-vingt.*
Carpentier, André, *Journal de mille jours [Carnets 1983-1986].*
Féral, Josette, *Rencontres avec Ariane Mnouchkine. Dresser un monument à l'éphémère.*
Fisette, Jean, *Introduction à la sémiotique de Charles S. Peirce.*
Fisette, Jean, *Pour une pragmatique de la signification suivi d'un choix de textes de Charles S. Peirce en traduction française.*
Karch, Pierre, *Les ateliers du pouvoir.*
Larouche, Michel (dir.), *L'aventure du cinéma québécois en France.*
Le Grand, Eva (dir.), *Séductions du kitsch : roman, art et culture.*
Léonard, Martine et Élisabeth Nardout-Lafarge (dir.), *Le texte et le nom.*
Levasseur, Jean, *Anatomie d'un référendum (1995). Le syndrome d'une désinformation médiatique et politique.*
Paquin, Nycole, *Le corps juge. Sciences de la cognition et esthétique des arts visuels.*
Pelletier, Jacques, *Situation de l'intellectuel critique. La leçon de Broch.*
Roy, Bruno, *Enseigner la littérature au Québec.*
Saint-Martin, Lori (dir.), *L'autre lecture. La critique au féminin et les textes québécois* (2 tomes).
Saouter, Catherine (dir.), *Le documentaire. Contestation et propagande.*
Sohet, Philippe et Yves Lacroix, *L'ambition narrative. Parcours dans l'œuvre d'Andreas.*
Thério, Adrien, *Joseph Guibord, victime expiatoire de l'évêque Bourget.*
Tougas, Gérard, *C. G. Jung. De l'helvétisme à l'universalisme.*
Vachon, Stéphane (dir.), *Balzac. Une poétique du roman.*
Whitfield, Agnès et Jacques Cotnam (dir.), *La nouvelle : écriture(s) et lecture(s).*

Dans la collection « Documents / Poche »

Angenot, Marc, *Les idéologies du ressentiment.*
Baillie, Robert, *Le Survenant. Lecture d'une passion.*
Brulotte, Gaëtan, *Les cahiers de Limentinus. Lectures fin de siècle.*
Duchet, Claude et Stéphane Vachon (dir.), *La recherche littéraire. Objets et méthodes.*
Harel, Simon, *Le voleur de parcours. Identité et cosmopolitisme dans la littérature québécoise contemporaine.*
Paquin, Nycole, *Kaléidoscope. Les cadrages du corps socialisé.*
Paquin, Nycole, *Réseau. Les ancrages du corps propre.*
Pelletier, Jacques, *Au delà du ressentiment. Réplique à Marc Angenot.*
Roy, Bruno, *Les mots conjoints.*
Roy, Max, *La littérature québécoise au collège (1990-1996).*
Saint-Denis, Michel, *L'amour, l'argent, la guerre... Anthologie des meilleures citations sur la condition humaine.*
Saouter, Catherine, *Le langage visuel.*
Thério, Adrien, *Un siècle de collusion entre le clergé et le gouvernement britannique. Mandements et lettres pastorales des évêques de Québec et de Montréal. Anthologie 1760-1867.*

La petite vie
ou les entrailles d'un peuple

De la même auteure

Michèle Nevert (avec la collaboration de Johanne Prud'homme, Michel Rheault et Julie Sergent), *La langue qu'on affiche. Le jeu verbal dans le slogan publicitaire au Québec*, Montréal, VLB éditeur, 1992, 229 p.

Michèle Nevert, *Des mots pour décomprendre*, Montréal, Balzac, coll. « L'écriture indocile », 1993, 176 p.

Michèle Nevert (dir.), *Les accro©s du langage*, Montréal, Balzac, 1993, 351 p.

Michèle Nevert, *Devos, à double titre*, Paris, Presses universitaires de France, coll. « Le texte rêve », 1994, 129 p.

MICHÈLE NEVERT

LA PETITE VIE
OU LES ENTRAILLES
D'UN PEUPLE

COLLECTION DOCUMENTS

XYZ
éditeur

La publication de ce livre a été rendue possible grâce à l'aide financière du Conseil des Arts du Canada, du ministère du Patrimoine canadien par l'entremise du Programme d'aide au développement de l'industrie à l'édition (PADIÉ), du ministère de la Culture et des Communications du Québec, de la Société de développement des entreprises culturelles et du Comité des publications de l'Université du Québec à Montréal.

© XYZ éditeur
1781, rue Saint-Hubert
Montréal (Québec)
H2L 3Z1
Téléphone : 514.525.21.70
Télécopieur : 514.525.75.37
Courriel : xyzed@mlink.net

et

Michèle Nevert

Dépôt légal : 4e trimestre 2000
Bibliothèque nationale du Canada
Bibliothèque nationale du Québec
ISBN 2-89261-299-3

Distribution en librairie :
Au Canada :
Dimedia inc.
539, boulevard Lebeau
Ville Saint-Laurent (Québec)
H4N 1S2
Téléphone : 514.336.39.41
Télécopieur : 514.331.39.16
Courriel : general@dimedia.qc.ca

En Europe :
D.E.Q.
30, rue Gay-Lussac
75005 Paris, France
Téléphone : 1.43.54.49.02
Télécopieur : 1.43.54.39.15
Courriel : liequebec@cybercable.fr

Conception typographique et montage : Édiscript enr.
Maquette de la couverture : Zirval Design
Illustration de la couverture : Zirval Design

Table des matières

Avant-propos… 13

CHAPITRE PREMIER

La petite vie au jour le jour… 15
   1. Premiers indices d'un univers imaginaire 15
      1.1. Un temps fixe et un lieu non marqué 15
      1.2. La télévision : le cadre de fiction de *La petite vie* 18
   2. *La petite vie* : une, deux, trois, quatre saisons… 20
      2.1. Rénald, le gérant de caisse et l'argent 22
      2.2. Rod, le chouchou de Moman et le « beau linge » 24
      2.3. Caro, l'adolescente rebelle 26
      2.4. Thérèse, l'enfant surréaliste 28
      2.5. Réjean, le paresseux, l'infidèle, le menteur 30
      2.6. Lison, l'apparence, la bêtise, l'hypocrisie 33
   3. Les origines de *La petite vie* 37
      3.1. *La p'tite vie* de *Ding et Dong* 37
      3.2. « Le détecteur de mensonges » 1 et 2 39
         L'objet métaphore des relations interpersonnelles 40
         L'objet métaphore de l'écriture 43
   4. « Hit the road… comme on dit », *La petite vie*… 45
      4.1. *Le voyage à Plattsburgh* (I) : coup d'envoi de la série ... 45
      4.2. *Retour dans le passé* (II) : les origines fictives de la série ... 48

CHAPITRE DEUX

« Un sac pour le dur… un sac pour le mou… » 53
   1. Le couple parental 53
      1.1. L'indifférence affichée, la riposte attendue 53
      1.2. Les frustrations sexuelles 55
      1.3. La revanche de Moman, la victoire de Popa 59
      1.4. Les leçons de conduite 62
      1.5. Le sentiment amoureux 64
      1.6. L'humour de Popa et Moman 67
      1.7. « Un sac pour le dur… un sac pour le mou… » 70
   2. Les personnages secondaires 71
      2.1. Pogo, l'ami de Popa, le thérapeute 71
         Les interventions thérapeutiques de Pogo 72
         Les thérapeutes dans *La petite vie* 73
         L'ami ambivalent de Popa 75
      2.2. Jean-Lou, la différence affirmée, l'histoire jamais contée ... 76
      2.3. Momo et Bobonne, le couple français en miroir 79
      2.4. Belle-moman, la toute-puissance de la mère 83

CHAPITRE TROIS

Les miroirs de la série 87
  1. Les rappels d'un épisode à l'autre 87
    1.1. Les paradoxes de la répétition dans *La petite vie* 87
    1.2. Des éléments répétés puis qui disparaissent 89
      Les cartes de femmes nues et les vidéos pornographiques 90
      Les sandwiches aux tomates 92
    1.3. Les éléments récurrents 92
      Les coiffures de Thérèse 92
      Le pâté chinois 93
      La dinde de Moman 94
    1.4. Les «rappels» de Popa 96
      Les vidanges 96
      «[…] un p'tit détail, mes outils là…» 99
      Les systèmes d'alarme 100
    1.5 Thème et variations: la question de la répétition… 103
  2. Déguisements, doubles et dédoublements 105
    2.1. Premiers miroirs, premiers reflets dans l'œuvre
       de Claude Meunier 105
    2.2. Le frère jumeau 107
    2.3. Les doubles enfants 108
    2.4. Les déguisements 109
    2.5. Les dédoublements 112

CHAPITRE QUATRE

La filiation dans *La petite vie* 117
I. LES DIFFICULTÉS DES RELATIONS INTERPERSONNELLES 118
  1. Rénald et le problème de communication 118
    1.1. Le vilain petit canard 118
    1.2. Le fils rejeté de Popa 120
    1.3. Le problème de communication 122
  2. Rod et la question de l'identité 124
    2.1. Les interrogations de Rod 124
      L'identité sexuelle 125
      La remise en question 126
    2.2. La relation père/fils impossible 128
      Les incompréhensions 128
      Le rival de Popa 130
    2.3. La question de l'identité 132
  3. Caro et la complexité des relations au père 134
    3.1. La colère de Caro 134
    3.2. Les accusations portées contre Popa 136
      La scène du bain 138
      La scène du parc d'enfant 139
      La thérapie verbale 139
    3.3. Les associations verbales de Popa 140

II. La solution de l'imaginaire 143
    4. Thérèse et les délires et hallucinations 143
        4.1. L'enfant préférée de Popa 143
        4.2. Délires et hallucinations 145
        4.3. Le délire verbal 147
    5. Réjean et les impostures 150
        5.1. Le revers de la médaille 150
        La fausse dépression 150
        La vraie faute de Réjean 151
        5.2. Les impostures et les inventions d'un futur millionnaire 153
        Les impostures 153
        Les inventions de Réjean 156
        5.3. Le vrai fils de Popa… 159
    6. Lison et l'interrogation répétée 162
        6.1. Telle belle-mère, telle belle-fille 162
        6.2. La créativité de Lison 164
        6.3. La question répétée 166

Chapitre cinq
L'écriture de *La petite vie* 169
    1. La fiction dans la fiction 169
        1.1. Les traces de l'imaginaire 169
        1.2. L'inscription de l'écriture 171
    2. Les jeux de langage 174
        2.1. Du mot croisé au jeu verbal… 174
        Calembours et à-peu-près 175
        Les jeux littéraires 176
        2.2. Du bégaiement aux erreurs de langage 178
        Le bégaiement 178
        Les erreurs de langage 178
        2.3. De la musique avant toute chose… 180
    3. L'écriture de Claude Meunier 184
        3.1. Les surnoms 184
        3.2. Le couple question/réponse 187
    4. « La langue, […] les entrailles d'un peuple »
        (*Le voyage à Plattsburgh*, I) 190
        4.1. Le choc des langues 192
        4.2. La langue de l'identité 194

À mes enfants, Lélia et Alaïs

Avant-propos

Le succès considérable, exceptionnel même, de *La petite vie* justifiait en partant qu'on la mette à l'étude [1]. Une œuvre ne peut susciter un tel enthousiasme, rallier ainsi toutes les couches de la société et toutes les générations, sans présenter dans sa facture un ou plusieurs éléments qui touchent intimement la population qui l'acclame. Manifestement, la société québécoise reconnaît dans *La petite vie* quelque chose qui lui ressemble ou qui lui parle d'elle. La question de savoir sur quoi précisément repose cette reconnaissance méritait donc d'être posée et, plus encore, qu'on cherche à lui donner un début de réponse. Claude Meunier — on le sait — est un auteur prolifique et un humoriste notoire [2] ; et de fait *La petite vie* s'inscrit dans ce registre. Pour autant, et sans minimiser la séduction et le plaisir indéniable que le rire entraîne chez l'être humain, on se dit que l'humour décapant de *La petite vie* n'est peut-être pas le seul aspect de la série à l'origine de l'engouement qu'elle suscite. Pour en savoir davantage, il fallait donc la soumettre à l'analyse, mettre au jour sa structure et son fonctionnement [3]. Très vite il apparaît que *La petite vie* est agie par deux moteurs principaux : les relations interpersonnelles et le rapport au langage. À l'évidence, les liens familiaux et amicaux, avec tout ce qu'ils comportent de conflits, de désirs, d'évitements, d'attraction et de répulsion, constituent le fondement de l'intrigue de la plupart des épisodes de la série. En cela, *La petite vie* excède les frontières du Québec pour rejoindre l'universel d'une manière incontestable. Par ailleurs, loin de se présenter comme le miroir de la société, elle ne cesse d'afficher au contraire les marques d'un monde imaginaire qui l'engendre et où elle se développe. Le second moteur de la série, le travail sur la langue en témoigne plus largement encore. L'écriture toujours plus ludique illustre et fonde tout à la fois l'univers de fiction. Entre ces deux ressorts qui la gouvernent (relations affectives et rapport au langage), *La petite vie* tourne autour d'un pivot rassembleur composé d'un personnage et d'une problématique. Cette sorte de passerelle, de nœud central, correspond à la fonction de celui que l'auteur n'a pas impunément choisi d'incarner : Popa, le père de famille par rapport auquel femme, enfants et amis cherchent indéfiniment à se situer, Popa, le déclencheur des joutes verbales et des délires langagiers. C'est dans cette

---

1. Le 20 mars 1995, un épisode fracasse tous les records d'audience : 4 098 000 spectateurs !
2. Coauteur de *Paul et Paul* et de *Ding et Dong*, coscénariste de *Voyage de nuit* et de *Ding et Dong, le film*, auteur des deux pièces de théâtre : *Appelez-moi Stéphane* et *Les voisins*, coauteur de *Broue*, auteur de nombreuses publicités pour Pepsi, etc.
3. Télédiffusée sur une période de sept années, la série comprend soixante épisodes (dont le tout dernier d'une heure : *Le bogue de l'an 2000*), sans compter les sketches de *Ding et Dong* intitulés *La p'tite vie* qui l'ont précédée. Autant que faire se peut, nous avons appuyé notre analyse sur la totalité des épisodes. Chaque fois que nous citons l'un d'entre eux, son titre est suivi d'un chiffre romain qui indique sa saison de diffusion.

perspective — pensons-nous — que l'on peut affirmer que les aventures du clan Paré sont aussi celles du langage. Quant à la problématique qui les relie, celle de l'identité, elle marque à son tour et les personnages et la langue de *La petite vie*. Dans la brèche ouverte par la superposition langue/identité se faufile alors la question majeure du Québec, et vraisemblablement l'effet miroir entre la série et la société où elle a vu le jour. Mais si l'écriture de *La petite vie* (et le travail auquel elle est soumise) dénote la posture d'un auteur par rapport à sa langue, elle met d'abord en lumière la force et la singularité d'un grand écrivain. Cet aspect, accompagné du désir de rendre compte d'un point de vue littéraire de l'écriture de Claude Meunier, a fait l'objet de notre motivation principale.

CHAPITRE PREMIER

La petite vie au jour le jour…

1. Premiers indices d'un univers imaginaire

Dans une sorte d'*ici* et *maintenant*, *La petite vie* se déroule à l'intérieur d'un espace plutôt restreint et d'un temps relativement fixe. La vie d'Aimé et Jacqueline Paré commence ou s'achève dans leur cuisine, salon ou chambre à coucher, lieux privilégiés des «aventures» de la tribu Paré. En mettant en scène les relations affectives qui unissent Popa et Moman et les membres de leur famille, Claude Meunier fonde l'essentiel de *La petite vie* sur les rapports interpersonnels des personnages qui l'animent. En même temps, ceux-ci sont dépourvus de toute caractéristique qui permettrait de les situer dans un milieu socioculturel précis. Aucune information ou presque ne nous est dévoilée sur leur passé (professionnel ou familial), leurs projets d'avenir, le quartier qu'ils habitent, leur âge, etc. Lorsqu'ils ne sont pas tout simplement absents, les quelques renseignements fournis sont, dans le meilleur des cas, incertains. De cette manière, les différents épisodes de la série insistent sur l'importance essentielle de «la petite vie» du clan, celle de la complexité des liens affectifs qui relient parents, enfants, conjoints et amis. Tout concourt d'emblée à situer *La petite vie* dans un monde universel et imaginaire dont, paradoxalement, les balises spatiales et temporelles sont quasi immuables.

1.1. Un temps fixe et un lieu non marqué

Nous ne saurons que bien peu du passé de Popa et Moman et nous ne connaîtrons pas davantage leur âge ; l'information livrée à ce propos s'avère incomplète, indéterminée ou encore inexacte [1]. Peu importe d'ailleurs qu'il en soit ainsi, le couple doit rester sans âge et provoquer, du coup, de multiples sarcasmes. Pour eux, comme pour leurs enfants et leurs amis, ils sont vieux (trop) et leurs nombreux surnoms le répètent à satiété [2]. La même incertitude règne à propos des enfants et de leurs conjoints. C'est par le biais d'une interrogation

---

1. Loin dans la série, Moman mentionne une date, mais elle est incomplète : « Le huit mai ! […]. » (*L'hospice 2*, III) Quant à Popa, devant la menace de sa femme de le quitter, il rédige une annonce pour une agence de rencontre qui indique : « Jeune quinquagénaire […]. » (*Le kick de Moman*, II) ; quelques épisodes plus tard, il affirme, cette fois : « Je m'en vas sur mes vingt-six… vingt-six US… » (*Menteurs anonymes*, III)
2. « Le Mathusalem », « mon cher mammouth », « vieux Schnouk », « Moïse », « vieux rognon » en ce qui concerne Popa ; et « une des plus vieilles squaws », « The momie », « le vieux chameau », « Mère Teresa », « vieille poubelle », « vieux sac », « vieille betterave », en ce qui a trait à Moman !

que Caro nous informe de l'âge de Rod, le fils aîné [3], et une réflexion de Moman vient contredire l'affirmation de Thérèse sur le sien [4]… Quoi qu'il en soit, absents ou inexacts, ces détails en apparence superflus soulignent, du fait même de leur désordre [5], un élément notable : celui du rapport au temps dans *La petite vie*. Et de fait, si l'âge réel des personnages a si peu d'importance, c'est que le temps ne semble pas les marquer, pas plus qu'il ne balise la série. À de très rares occasions seulement, une indication nous informe qu'une semaine ou un mois viennent de s'écouler (quatre dans *La grosse Caro*, IV). Plus encore, la répétition, à trois reprises au sein d'un même épisode, d'un dialogue de Popa et Moman précisément sur le temps qui passe donne un exemple prégnant de la fixité voulue qui le caractérise dans la série. Popa : « Hé ! Que ça passe-tu vite le temps ? Hein ? Me semble que je viens de le changer, le calendrier… » Moman : « À chaque mois, tu dis la même affaire. » Popa : « Ben oui, mais c'est pas de ma faute si on change de mois … » (*Tous pour un*, II) Popa l'énonce clairement : le temps passe mais les personnages de *La petite vie* n'en ont pas conscience. Seule la grossesse de Thérèse vient jalonner le déroulement de la série lors des derniers épisodes de la quatrième saison [6]. À ce moment, il est aisé de constater combien ce temps est quelque peu déréglé, pour ne pas dire « délirant » : l'accouchement de Thérèse a lieu au bout de quatorze mois de grossesse ! (*L'accouchement*, IV) [7] Temps fixe ou temps distordu, c'est donc un temps fictif qui traverse *La petite vie*, comme pour illustrer que le réel n'a pas réellement de prise sur les personnages et les épisodes de la série.

Pas d'âge précis pour les personnages et pas d'indices non plus sur leurs activités extérieures [8]. Qu'en est-il, par exemple, de la profession autrefois

---

3. Caro : « Non mais quel âge que t'as […] trente-sept, oui ou non ? » (*Le retour de Rod*, I)
4. À en croire ce qu'elle en dit elle-même, Thérèse, la deuxième enfant des Paré, serait née deux ans après Rod (« Mon âge ? Euh… Trente-cinq… », *Le voyage à Plattsburgh*, I). Une remarque de Moman, toutefois, laisse planer un doute : « […] Trente-six ans aujourd'hui que Thérèse est née… » (*Le prisonnier*, I) En parallèle, on apprend la durée du couple parental : « […] mon couple file le parfait amour depuis trente cinq ans ! » (Popa : *Info-Caro*, I) On en conclut donc que la naissance de Thérèse a eu lieu l'année du mariage de ses parents et celle de Rod, par conséquent, deux ans plus tôt ! Si tel est le cas, nous sommes en droit de nous interroger sur l'absence de remarques (critiques ou désinvoltes) des uns et des autres sur le sujet car rien, habituellement, ne semble échapper à leur besoin d'appréciation.
5. Il arrive que Caro traite Thérèse de « p'tite sœur » ajoutant ainsi à notre confusion (*Le combat des clans*, III). Par ailleurs, nous ne possédons aucune indication sur l'âge de Caro et de Rénald dont on sait, toutefois, qu'ils sont les plus jeunes (Cf. *Retour dans le passé*, II). En ce qui concerne Réjean, toutefois, Moman le mentionne : « C'est peut-être parce que y est rendu à trente-cinq ans […]. » (*Thérèse au WacDo*, I) Mais il faut attendre la troisième saison de la série (très exactement, quarante épisodes !) pour prendre connaissance de celui de Lison : « C'est jeune pour être veuve, trente-quatre ans ! » (*Le million*, III)
6. Encore que pour être juste, il nous faut signaler l'épisode du *40ᵉ anniversaire* de mariage de Popa et Moman. Dans *Info-Caro*, Popa a annoncé trente-cinq ans de vie commune avec Moman : nous étions alors à la première saison de la série. Lorsque le *40ᵉ* a lieu, c'est bien cinq ans plus tard ; cinq ans d'écriture et de diffusion de nouveaux épisodes de *La petite vie*.
7. Comment s'étonner de cette particularité de sa grossesse quand on sait déjà qu'elle souffre d'un syndrome prémenstruel qui a lieu tous les dix huit mois (*Le combat des clans*, III).
8. À l'exception de Rénald, le gérant de caisse ; nous y reviendrons.

occupée par Popa, et celle exercée, le cas échéant, par Moman? Nous ne le saurons pas [9]. Au dernier temps de la série, nous aurons la confirmation que Popa a eu un travail, mais sans pour autant que celui-ci soit précisé: «J'aurais pas dû prendre la retraite [...].» (*La déprime de Popa*, IV) Si les épisodes ne donnent pas d'indications sur le passé professionnel du couple parental, en revanche, *Le monde de La petite vie* de Claude Meunier nous renseigne sur Popa. L'ouvrage, qui publie des extraits des différents épisodes, renferme, sous la forme d'encarts, des «commentaires» de Ti-Mé. Dès les premières pages, il précise: «J'ai travaillé trente ans comme quincaillier au service de la Ville de Montréal. J'étais en quelque sorte le quincaillier de la Ville! Ensuite, j'ai évolué à titre de quincaillier privé [10].» Mis à part cet élément, communiqué plus par ricochet que directement, nous n'aurons pas d'autres renseignements sur le statut social du couple Paré. Dans tous les cas, cependant, il leur aura été permis d'acheter une maison, malgré quatre enfants à élever. Si on les devine très tôt propriétaires, c'est parce qu'un des premiers épisodes laisse entendre qu'ils le sont de l'appartement d'au-dessus, occupé par Thérèse et Réjean: «[...] on va enfin pouvoir lâcher votre logement de crotte...» (*New You* , I) [11] Cette indication, donnée en mode mineur durant les deux premières saisons de *La petite vie*, prend plus d'importance dans les épisodes suivants. De fait, l'héritage de la demeure devient la motivation des enfants Paré à enfermer leurs parents (*L'hospice 1 et 2*, III) et, plus tard, à faire un enfant (*L'héritier*, IV) [12]. Nous apprendrons toutefois l'adresse de la maison de façon fragmentaire et en deux temps. Grâce au premier épisode de la série, on connaît le nom de la rue; c'est la radio qui l'annonce: «La grande gagnante [...] Madame Moman Paré de la rue du Moulin à Montréal.» (*Le voyage à Plattsburgh*, I) Longtemps après (trente-six épisodes séparent les deux informations), Popa révèle le numéro sans autres précisions: «Notre adresse, c'est 103.» (*L'hospice 2*, III) Or, à quelque temps de là, l'adresse complète est enfin divulguée par un policier à la télévision, avec une légère modification: «[...] monsieur et madame Ti-Mé Paré [...] sont domiciliés au 243 rue du Moulin à Montréal.» (*La jalousie de Pogo*, III) Que le changement de numéro soit délibéré ou non — en d'autres termes, qu'il s'agisse d'une confusion de Popa qui exprime de cette manière ses problèmes de mémoire récurrents dans la série [13] ou d'une inattention de l'auteur dans la reprise d'un détail en apparence anodin — il reste que l'adresse des Paré, longtemps

---

9. Un matin où Popa se réveille plus tard que prévu parce que le réveil n'a pas sonné, Moman fait cette remarque laconique: «Tu travailles même pas!» (*Le cadran*, I)

10. Claude Meunier, *Le monde de La petite vie*, Montréal, Leméac, 1988, p. 11.

11. Le second temps de la série confirme cette hypothèse. Lors de *Réjean reçoit* (II), Popa s'adresse en ces termes à son gendre: «C'est pas le premier qu'y est supposé me payer son loyer?»

12. Pour stimuler son désir et augmenter la fréquence de ses rapports sexuels avec Lison, Rénald dépose une photo de la maison sur le front de sa femme (*L'héritier*, IV).

13. Il est vrai que Popa souffre de problèmes de mémoire (c'est dit et redit tout au long de la série) mais, pour l'heure, il s'agit au contraire d'attester de la pleine santé de son esprit et de celle de Moman (*L'hospice 2*, III).

retenue puis livrée ainsi et presque par hasard, inscrit la volonté de situer *La petite vie* dans un lieu non marqué, dépourvu de références réelles[14]. En même temps, l'adresse enfin découverte souligne un paradoxe puisque, dans les deux cas, elle est dévoilée — au grand public — par les médias : la radio et la télévision. Tout se passe comme si (même malgré eux) ce que les personnages taisent (ou cherchent à taire) devait être donné en spectacle aux yeux et aux oreilles de tous. Du coup, la famille Paré est projetée dans la lumière, pour le bien (un concours gagné dans *Le voyage à Plattsburgh*, I) comme pour le mal (un enfant accusé d'être un criminel dans *La jalousie de Pogo*, III). De cette manière, en faisant étalage de la vie familiale des Paré devant des téléspectateurs à la fois fictifs et réels, *La petite vie* désigne l'importance d'un lieu de fiction, celui de la télévision, au sein duquel l'écriture de Claude Meunier a élu domicile.

1.2. *La télévision : le cadre de fiction de* **La petite vie**

Plusieurs épisodes font ressortir l'importance de la télévision. D'emblée, il faut signaler la présence des Paré à l'une ou l'autre des émissions fétiches québécoises, que leurs titres soient repris tels quels ou qu'ils s'avèrent quelque peu adaptés[15]. Outre la « reprise » de ces productions, des remarques désignent le support de diffusion de *La petite vie* : « C'est excitant passer à la TV, hein ? » (*Le cadran*, I) ; « On a été choisis pour passer à la télévision ! » (*Le combat des clans*, III) Au delà de ces références, le générique lui-même met l'accent sur le cadre de transmission de la série : installés dans leur voiture, Popa, Moman, Thérèse et Réjean regardent une télévision placée sur le capot qui annonce : « La petite vie ». Quoi qu'il en soit, la présence de la télévision dans la série est de deux ordres : d'une part, quelques épisodes installent les Paré au sein d'émissions connues, d'autre part, à l'occasion de certains autres, la famille regarde la télévision ou s'y regarde. La plupart du temps, ces différentes scènes de « la télévision dans la télévision » sont de très courte durée[16] et servent avant tout à souligner un univers de fiction

---

14. Paradoxalement à ce quasi-silence sur l'adresse des Paré, la demeure est systématiquement exposée. Après les publicités qui segmentent les épisodes dans leur diffusion, un plan fixe suivi d'un lent zoom-in sur la façade d'un triplex introduit la plupart des scènes. On aurait tort néanmoins de croire que cette image nous procure une quelconque information sur l'habitat des Paré (leur quartier, leur milieu, etc.), car ce qui est donné à voir s'éloigne des rares indications confiées par la série. On nous montre un triplex, alors que les épisodes ne font état que de deux logements peu spacieux. Par ailleurs, selon la saison ou les épisodes, l'image de ce triplex est remplacée par celle d'un duplex (Cf. la seconde saison de *La petite vie*).

15. *Parler pour parler* rebaptisée *Bonsoir avec un gros B* dans *Info-Caro* (I), *La cour en direct* dans *Le cadran* (I), *Tous pour un* dans *Tous pour un* (II), *Monsieur Bricole* dans *Le mariage du gai* (II), *Miss Madame* dans *Miss Madame* (III), *Le combat des clans* dans *Le combat des clans* (III), *Musique plus* dans *Musique plus* (IV).

16. Intégration d'un extrait du générique du *Vagabond* (*La pierre au foie 1*, I), brèves apparitions de Bobby puis de Popa en animateurs de l'émission *Monsieur Bricole* (*Le mariage du gai 1 et 2*), diffusion d'un court extrait de spectacle de Ding et Dong (*Miss Madame*, III), visionnement de l'échographie de Thérèse (*L'accouchement*, IV).

(même l'allusion au feuilleton de fiction *Le vagabond* et l'extrait du bulletin d'information dans *Le bogue de l'an 2000* nous y renvoient). Cette insistance à situer la famille Paré dans une interaction active et passive avec le médium télévisuel suscite d'autant plus l'intérêt qu'elle est paradoxale. Mises à part les scènes en question, on ne voit jamais les Paré regarder vraiment la télévision. Belle-moman préfère la contempler éteinte (« M'as la regarder fermée. » [*Belle-moman*, I]), comme Thérèse (Réjean : « Elle est pas allumée… » Thérèse : « J'ai pas dit que je regardais une émission. J'ai dit que je regardais la TV ! » [*L'aventure de Réjean*, II]) et comme Popa (« J'écoute la TV, là ! » Moman : « Elle est fermée ! » Popa : « Justement, c'est pour pas vous déranger ! » [*Jean-Lou Straight*, IV]). Il faut dire que la télé-commande bricolée par Ti-Mé est le plus souvent dysfonctionnelle ; fréquemment, Popa actionne son *remote* et fait exploser l'appareil (*La prise d'otage*, *Thérèse au WacDo*, etc.) Cet évident paradoxe d'une télévision mise en avant mais qu'on ne regarde pas nous incite à nous interroger sur l'ambiguïté qui flotte autour de ce médium et sur la fonction qu'il occupe dans *La petite vie*.

Tandis que Meunier situe (et répète) l'inscription de sa série dans le registre médiatique, Popa, pour sa part, se montre on ne peut plus réticent à son endroit. Soit il empêche l'usage (passif) de la télévision à l'aide du *remote* défectueux, soit il déplore ses limites. Au moment où il possède le don miraculeux de voir les autres nus, elle lui refuse satisfaction : « Y a juste des gars à la TV, à cette heure-là ! » (*La jalousie de Pogo*, III) Dans les faits, elle lui sert avant tout de repoussoir. Rénald : « C'est nouveau ça, la TV dans la cuisine ? » Popa : « C'est au cas où vous auriez le goût de jaser ! » (*Miss Madame*, III) [17] Il est vrai que si la télévision est bénéfique à la créativité de Claude Meunier (trois millions, parfois quatre millions de téléspectateurs !), elle s'avère néfaste à la famille Paré. Elle démasque les tricheries de Rénald et de Réjean, dévoile les maladresses de Popa et de Lison, révèle les problèmes de Rod [18]. Plus encore, elle souligne les conflits de Caro qui amplifie outre mesure les torts de sa famille dans son *Rap des Tarés* (*Musique plus*, IV). Le « conte de fées » que lui permet son texte accusateur tourne court dès qu'elle rétablit la vérité. C'est que la fiction (le contenu de la chanson) présentée à la télévision a été reçue par les téléspectateurs comme la réalité. Par le biais de la mésaventure de Caro et de ses adorateurs, l'auteur nous rappelle que toute fiction est à considérer d'emblée comme telle, et la sienne en tout premier lieu. Parallèlement, il désigne (incrimine ?) les fondements actuels de la

---

17. Dans *Le souper du dimanche* (I), Popa, qui cherche à se débarrasser de Rénald, invoque sans grande conviction le fait qu'il la regarde : « […] c'est parce que j'écoute ça. C'est très, très, bon ! » Rénald : « […] C'est quoi ? » Popa : « Aucune idée… ». Quelques épisodes plus tard, il s'empare de nouveau de ce prétexte (« un spécial sur les dépotoirs », précise-t-il) pour tenter d'échapper aux confidences de son gendre déprimé (*Thérèse au WacDo*, I).
18. Lors de différents concours auxquels ils participent, Rénald se fait souffler les réponses (*Tous pour un*, II), Réjean les connaît à l'avance (*Le combat des clans*, III), Popa se révèle mauvais bricoleur (*Le mariage du gai 2*, II), Lison tombe sur la tribune (*Miss Madame*, III) et Rod bégaie (*Musique plus*, IV).

réussite médiatique. Dans *Info-Caro*, le réalisateur de l'émission indique la marche à suivre, la recette du succès : « C'que je veux, c'est du spectaculaire [...] J'ai pas dit du comique... du spectaculaire [...][19] ! » L'animateur de *Musique plus* réitère cette importance du sensationnel et en précise sa spécificité : « Faudrait que vous me parliez [...] de votre côté violent. » Ce qui est (d)énoncé ici, c'est l'accord passé entre les médias et ceux qui participent des contraintes fixées par l'audimat. Caro l'exprime sans détours : « Ça fait partie de la game, ça ; faut que vous jouiez le jeu. » Moman : « Avec qui faut jouer ça, la game ? » Caro : « Avec la TV, les journaux... » (*Musique plus*, III) À l'opposé de ce discours, cependant, il y a la réalité du succès éclatant de *La petite vie* fondée sur le quotidien (la « petite vie ») plutôt que le spectaculaire, sur l'humour et le comique plutôt que le tragique et le pathos.

Ainsi, la récupération régulière d'émissions existantes, l'intégration ponctuelle de leurs animateurs [20], de même que l'utilisation du nom de ces émissions comme titres des épisodes inscrivent sur-le-champ *La petite vie* au sein d'une réalité culturelle qui est bien celle de la télévision québécoise. En même temps, toutes ces références ne servent que de tremplin à la mise en scène de vies et de personnages purement imaginaires. L'effet de réel suscité engendre sa propre déconstruction. C'est qu'il s'agit moins, nous semble-t-il, pour *La petite vie* de parodier la société québécoise dans ses caractéristiques culturelles, sociales ou politiques que de s'appuyer sur la réalité qui entoure ses conditions de production. Avec peu ou pas d'inscriptions dans le réel (temps, lieu, etc.) et des allusions référentielles dont on s'écarte aussitôt (les émissions télévisuelles), la série n'aurait donc pas pour objectif de proposer une lecture en miroir de la société québécoise dans laquelle elle s'inscrit cependant. Elle présente plutôt une famille avec ce qui la constitue de façon intrinsèque et universelle : ses conflits et ses attachements. En ce sens, il devient opportun de souligner les contours psychologiques des membres qui la composent avant d'aborder plus profondément les motifs et les fonctions de leur comportement. Toutefois, et parce que Popa et Moman relèvent de toutes les aventures de *La petite vie*, qu'ils sont les moteurs des épisodes et les mobiles de ce qu'ils contiennent, ils sont également de tous nos chapitres. C'est pourquoi nous nous attardons ici avant tout sur ceux qu'ils engendrent et qui les entourent.

2. *La petite vie* : une, deux, trois, quatre saisons...

Le peu d'indices donnés sur la profession, les études et l'âge de chacun des personnages va de pair avec l'absence de renseignements sur les familles directes de Ti-Mé et Jacqueline Paré. À cet égard, nous ne saurons pas

---

19. C'est dans ce registre que s'inscrit la demande de Rénald à Thérèse lorsqu'il filme son accouchement : « Maintenant, tu souffres dans la caméra ! » (*L'accouchement*, IV)
20. Jeannette Bertrand (*Info-Caro*, I), Jean Besré (*Tous pour un*, II), Luc Senay (*Le combat des clans*, III), Claude Rajotte (*Musique plus*, IV).

grand-chose de l'enfance de Popa et Moman. En amont, on a tout de même appris l'existence d'un oncle lointain et par alliance, Adélard, paradoxalement la journée même de son décès (*Mlle Morin*, II) [21] ! On ne croisera pas davantage, tout au long de la série, de souvenirs particuliers évoquant leur enfance. Lorsque Popa cherche à conduire sa mère sur ce terrain, le commentaire qu'il obtient est pour le moins laconique : « Vous rappelez-vous de moi quand j'étais petit ? […] Quessé que j'avais d'l'air ? » Belle-moman : « T'avais l'air p'tit… Qu'est-ce tu veux j'te dise ? » (*Belle-moman*, I) Quelques traces, malgré tout, laissent supposer que Popa a perdu son père ou, tout au moins, que ses parents sont séparés (« Comme ça, vous avez lâché l'hospice ? » s'enquiert Moman auprès de sa belle-mère [*Belle-moman*, I]). On l'imagine aussi fils unique. Pas d'allusions, en effet, à une fratrie particulière de Popa, si ce n'est par la négative dans *Tous pour un* (II), où Moman ironise sur le sujet : « Je savais pas que t'avais un frère [22]… » Le silence qui entoure le passé de Moman est encore plus flagrant ; on ne relève rien qui concerne ses parents ou de possibles frères et sœurs jusqu'à la troisième saison de la série où tout un épisode met en scène le frère de Moman (*Le frère jumeau*, III). On n'entendra plus parler de ce frère dont rien, auparavant, n'avait indiqué l'existence [23].

La poursuite de la série sur plusieurs années, comme on le sait, engendre quelques modifications sur la présence des uns et des autres. Non pas que ceux des personnages qui apparaissent d'emblée plus importants (Réjean, Thérèse, Caro) voient leur crédit diminuer, mais plutôt que ceux qui semblaient, par comparaison, plus en retrait (Rénald, Lison, Rod) vont, au gré des épisodes, occuper davantage d'espace. Au point même qu'il devient impossible, à l'issue de la série, de considérer certains d'entre eux (ne serait-ce que sur le plan quantitatif) comme plus marquants que d'autres. Sans doute faudrait-il nuancer notre propos avec le personnage de Rod, de tous le moins présent, depuis le début de *La petite vie*. Mais on verra plus loin que parce qu'il est porteur (et déclencheur) d'une problématique capitale dans la série — celle de l'identité —, ce serait une erreur que de considérer son personnage comme un élément mineur (Cf. notre chapitre quatre : « La filiation »). Cela étant donc, et malgré une écriture qui se déroule sur un temps assez long, les personnages, définis dès les premiers épisodes de la série, n'évolueront que très peu par la suite.

---

21. « Adélard Lamothe… le deuxième mari de ma tante Emma » (Rénald : *Mlle Morin*, II).
22. *Le monde de La petite vie* confirme cette hypothèse d'un Popa fils unique : « Je suis né le premier et le dernier de mes frères et sœurs, car Maman a fait six fausses couches à part moi. » (p. 11)
23. Une allusion de Popa (très brève) à ce frère de Moman est présente dans *Le combat des clans* (III). Tout au moins, on imagine qu'il s'agit de lui : « L'autre jour, mon beau-frère arrive à la maison, vient chercher mes outils… »

2.1 Rénald, le gérant de caisse et l'argent

Contrairement à ce qui se passe pour les autres membres de la famille, les signaux d'une profession attribuée à Rénald, le dernier-né des Paré, sont nombreux. L'absence d'éléments analogues pour la plupart des personnages de la série accentue d'autant l'insistance accordée à son métier. Rénald est gérant d'une caisse populaire : presque tous les épisodes où il apparaît le répètent[24]. Dès le premier épisode de *La petite vie*, il se présente lui-même par le biais de son occupation : « [...] c'était Rénald Paré, gérant de la Caisse populaire de Saint-Mathieu. » (*Le voyage à Plattsburgh*, I) Par la suite, on nous signifie à différentes reprises qu'il occupe cet emploi[25]. L'importance que revêt à ses yeux et à ceux de son épouse cette tâche transparaît dans une lettre « anonyme » que Lison — apprend-on plus tard — lui a adressée : « Monsieur Rénald... directeur de la Caisse populaire [...]. » (*La prise d'otage*, I) Le déplacement soudain du statut de « gérant » à celui de « directeur » traduit tout le prestige que Lison et Rénald attribuent aux responsabilités qu'il assume[26]. Partant, il est relativement aisé de constater que la profession de Rénald est plus particulièrement soulignée chaque fois qu'il est en situation de représentation. Dans *Le voyage à Plattsburgh* et dans *Le vidéo*, il s'adresse à une caméra vidéo[27], quant au *Cadran*, *Info-Caro* et *Tous pour un*, ils se déroulent en partie à la télévision. *A posteriori*, on s'amuse d'autant plus de la réflexion de Rénald lorsqu'il énonce : « [...] je m'excuse Pepa, mais j'ai une réputation de gérant de caisse qui me suit de très près [...]. » (*New You*, I)

Outre la fatuité du personnage qu'il permet ainsi de révéler[28], le rappel incessant de ses activités professionnelles coïncide avec le rapport outrancier que Rénald entretient avec l'argent. C'est peut-être même la fonction essentielle de toutes ces répétitions que de mettre l'accent sur l'une des caractéristiques majeures de sa personnalité, à savoir l'avarice : « [...] à part de ça, [Lison] a l'a retiré au-dessus de treize dollars en trois jours...[...] Treize piastres ! J'suis pas Rénald Trump, quand même ! » (*Le roast de Rénald*, I) Dénoncée par tous, la cupidité du plus jeune des enfants Paré suscite régulièrement des sarcasmes et va même jusqu'à faire l'objet de tout un épisode : « Et une de tes plus grandes qualités mon Rénald... et ça, je suis sûr que tous seront

---

24. (*Le voyage à Plattsburgh*, *New You*, *La prise d'otage*, *Info-Caro*, *Le vidéo*, *Tous pour un*, *Réjean vice-président*, etc.).
25. Dans *Le cadran* (I), c'est Lison, son épouse, qui le rappelle : « [...] Pinson, là ! Tout'tes clients te regardent, là... » ; plus tard, sa sœur Caro le signale à son tour : « Finalement, Lison, vous avez t'épousé monsieur Rénald Paré qui est gérant de caisse [...]. » (*Info-Caro*, I) Même l'animateur, Jean Besré, le mentionne dans *Tous pour un* (II) : « Monsieur Paré vous êtes gérant de caisse. »
26. C'est pourquoi son humiliation est d'autant plus grande le jour où, à l'initiative de Réjean, il est rétrogradé dans son emploi : « J'ai perdu mon poste de gérant de caisse. » Lison : « Il a été renvoyé commis pour six mois. » (*Réjean vice-président*, III)
27. « [...] j'aimerais m'excuser auprès de tous les clients de la Caisse qui voyagent actuellement en Ouganda. » (*Le vidéo*, II)
28. Rénald arrive un jour chez ses parents pour leur annoncer qu'il a acheté un titre de noblesse : « Vous parlez ici au comte de Paré ! » (*Réjean vice-président*, III)

d'accord avec moi, c'est… ton sens de l'économie… N'est-ce pas ? » (*Le roast de Rénald*, I). Sollicité par Réjean, chacun des membres de la famille reprend en écho l'insulte avant de l'émettre en chœur : « Le cheap ! Le cheap ! » (*Ibid.*) [29] Incisif, Popa assène la vérité sans détour : « […] t'es cheap, Rénald, OK ? Alors, je l'sais pas si tu veux absolument un exemple ? » (*Ibid.*) La liste des exemples, justement, amorcée joyeusement par Réjean («[…] tu m'avais loué un pinceau trois piastres de l'heure, moi qui étais venu te donner un coup de main pour peinturer ton salon […] déjà qu'on fournissait la peinture […].» [*ibid.*]) reçoit à cette occasion le soutien inattendu de Lison, l'épouse de Rénald : «[…] lorsqu'il a découvert la douzaine de saucisses hot dogs que j'avais achetée pour le party, il a appelé à l'épicerie pour que, désormais, je sois barrée à des paquets de six… » (*Ibid.*) Si Lison se désolidarise un temps de son époux pour l'accuser avec les autres, c'est peut-être parce qu'au début de l'épisode, il l'a injustement incriminée devant tous : «Ah ! Prise au piège, hein ? […] Fini le «Pinson» ! Astheure, appelle-moi Black Jack ! » (*Ibid.*) De fait, la suggestion de Réjean de condamner Rénald — à laquelle se soumettent gaiement les Paré la journée même de son anniversaire (Thérèse : « Ça vient de bon cœur. Bonne fête ! » [*Ibid.*]) — trouve son répondant et son origine dans l'attitude même de ce dernier au cours de l'épisode. «Un prêté pour un rendu», c'est la loi des relations familiales de *La petite vie*. Aussi, Réjean déclenche-t-il les hostilités, lors de la soirée, parce que Rénald l'a éconduit d'une façon quelque peu cavalière alors qu'il venait le saluer. Réjean : «[…] envoye, maudit sans cœur, va dire bonjour à ton beau-frère ! » Rénald : « Y a besoin d'argent, je suppose ! […].» (*Ibid.*) Quoi qu'il en soit, c'est un fait indéniable : Rénald ne transige pas avec l'argent. Lison l'apprendra à ses dépens lorsqu'elle cherchera à obtenir une rançon pour son enlèvement simulé : «[…] y vont ben me couper les deux bras ! » Rénald : « Chus prêt à prendre le risque, Creton ! […] on est assurés, fait que si y te coupent un bras, on reçoit deux cent mille […] des deux bords, on est gagnants […] ! » (*La prise d'otage*, I)

Lorsque Rénald ne réagit pas aux moqueries de sa famille, c'est également parce qu'un intérêt financier est en jeu. La certitude que l'enfant à naître (celui de Thérèse et de Réjean) sera l'héritier de la maison parentale et la possibilité d'en devenir le parrain l'incitent à accepter les insultes de son beau-frère. Réunis dans un chalet, les deux couples laissent libre cours à leur mépris respectif. Réjean : «Le problème, surtout, c'est qu'on est pas assez amis ! » Thérèse : « On est pas capables de vous sentir ! » (*Le chalet*, IV) Pour la seconde fois dans la série et de façon quasi symétrique [30], Rénald subit un *roast* et le provoque lui-même : « Faut nous dire ce que vous aimez pas de

---

29. Pour sa part, Thérèse raille gentiment son frère par le biais d'un jeu verbal : « Alors moi, je serai brève… […] si tu étais un légume, tu serais sûrement un pois, mais pas n'importe quelle sorte de pois : un pois chiche ! » (*Ibid.*)

30. *Le chalet* : cinquième épisode de la quatrième saison ; *Le roast de Rénald* : cinquième épisode de la première saison !

nous autres.» (*Ibid.*) En réponse à cette invitation, Réjean établit, sans se faire prier, la liste des défauts de Rénald et celui-ci note, sur un papier, les insultes qui le concernent: «face à claques», «cheap», «mauvaise haleine», «téteux», etc. Comme lors de la première saison, Réjean reçoit l'appui de Thérèse et de Lison. Thérèse traite son frère de «soupe au lait! [...] avec un *t* et un *d*!», et Lison de «Pissou!» et de «Baise mal!... avec un *s*!» Si les insultes sont (pratiquement) les mêmes, la réaction du personnage, en revanche, est différente. Au long des saisons, Rénald a évolué, son personnage a pris plus d'ampleur: il se rebelle et quitte le chalet ulcéré. «Deux heures à me faire insulter! [...] Garde-le ton filleul, je pue trop de la bouche!» (*Ibid.*) [31] Cette révolte est également mise en lumière à l'occasion du *Rap des Taré*s de Caro (*Musique plus*, IV). C'est lui qui engage la riposte, d'abord en conduisant Moman à mettre sa fille hors de la maison («Sais-tu ce qu'elle va faire ta mère, Caro? [...] Elle va te renier [...] Allez, dehors! Hein, Moman?» [*ibid.*]), ensuite en interprétant à son tour (avec toute la famille) une chanson qui dénonce sa sœur: «Caro est une ataca!» (*ibid.*) [32]

Malgré ces quelques marques de résistance, l'essentiel des épisodes présente Rénald comme le mal-aimé, le vilain petit canard, celui qui subit systématiquement les railleries des Paré. Sa principale difficulté au sein de la famille réside dans son incapacité à être en relation avec quiconque; dans cette perspective, c'est toute l'incommunicabilité entre les êtres qu'il symbolise dans la série. Son problème personnel y est par ailleurs explicité: Popa: «On a un petit problème de communication, je pense, là...» (*Le souper du dimanche*, I)

2.2. Rod, le chouchou de Moman et le «beau linge»

Dans la perspective d'une cohérence entre la psychologie du personnage, ses intérêts et le métier qu'il exerce, Rod, le fils aîné, donne à son tour un exemple éclatant. Le premier épisode de la série dessine les contours du personnage en fonction de son penchant quasi exclusif pour la tenue vestimentaire. Caro: «Pour toi, dans la vie, y a-tu quèque chose d'important à part le linge?» Rod: «Les souliers! J'aime ben les souliers...» (*Le voyage à Plattsburgh*, I) Quelque douze épisodes plus tard, *La prise d'otage* (I) nous informe sans nous surprendre de son emploi de vendeur dans un magasin de vêtements: «Tu sais pas quissé qui est passé à la boutique aujourd'hui? [...] Marina Orsini! [...] Un peu plus, a me rentrait de force dans la salle d'essayage!» *Le suicide de Rod*, seul autre épisode où il sera question de son

---

31. Ailleurs, c'est Belle-moman, qui l'a déjà humilié («Juste à dire que t'es cocu, c'est toute!» [*Belle-moman*, I]), qui essuie un revers. Tandis qu'il est hospitalisé, Rénald reçoit, on le comprend, un téléphone de celle-ci. Il interrompt brutalement la conversation: «Il faut que je vous laisse, je commence à vous trouver plate, là!» (*Le million*, III)
32. Même Lison subira le contrecoup de sa révolte: «Ma grande face de néant pastel!» (*Le divorce 1*, IV)

gagne-pain, laisse entendre qu'il s'agit d'une «job» que Rod souhaite quitter pour une autre: «J'ai même fait application comme gérant de dépanneur.» (*Ibid.*) [33] Nous n'en saurons pas davantage sur sa situation, l'essentiel consistant à souligner son idée fixe pour «le beau linge», dans tous les sens du terme. De fait, Rod est préoccupé par son apparence physique, son rapport aux femmes et ses performances sexuelles: «[...] j'pense j'ai un problème avec ma virilité, moi, tsé... [...] Pourquoi faut je le fasse si souvent, Moman, pourquoi?» (*L'ami de Caro*, I) Peut-être à cause de cette attirance pour les femmes, Rod est avant tout en contact avec celles de la série, plus particulièrement avec sa sœur Caro et Moman, dont il est le préféré. Ce privilège s'actualise toujours au grand dam de Rénald et fait ressortir la différence de statut des deux garçons auprès de leur mère. Rénald: «[...] vous avez toujours eu un faible pour mon frère Rod [...].» Moman: «Ben oui, pis? [...] je le savais déjà...» (*La pierre au foie 2*, I) De cette préférence affichée sans équivoque, Rod profite largement et laisse faire à sa mère sa lessive, son repassage et ses repas: «[...] j'ai une petite surprise pour toi... Quen, veux-tu me laver ça pour demain?» (*Le voyage à Plattsburgh*, I) [34] La désinvolture arborée par le fils prodige à l'endroit de sa mère s'étend aisément à l'ensemble du corps féminin de la famille. À sa sœur Thérèse, émue plus que de raison à la veille du départ de leurs parents («C'est ça: laissez-moi toute tout' seul'...»), il réplique sans vergogne: «Ben non, j'te laisserai pas toute seule, Thérèse! Tiens, j'te laisse mon lavage...» (*Le voyage à Plattsburgh*, I)

L'indifférence de Rod à tout ce qui ne le concerne pas directement frise régulièrement la goujaterie. Son insensibilité face aux inquiétudes et aux ennuis de Moman détonne d'autant plus que celle-ci ne cesse de le gratifier et de le prendre en charge à chacune de ses déconvenues: «Pauvre Ti-Pit... Viens, viens mouiller l'épaule à Moman, envoye, viens...» (*Le retour de Rod*, I) Alors que des pierres au foie ont forcé l'hospitalisation de Moman, les réponses qu'elle lui donne au téléphone en disent long sur l'ampleur des «tourments» qu'il ressent: «T'as justement mangé du foie pour dîner [...] Si j'veux être incinérée? J'l'sais pas, j'vas y penser... Oui, oui! Tu peux acheter un cendrier quand même.» (*La pierre au foie 2*, I) Pour peu, on pencherait pour l'hypothèse d'une bêtise insondable chez ce garçon, incité en cela par un dialogue du même type dès le début de la série, au moment du départ de Popa et Moman. Moman: «(à voix basse) Si jamais y m'arrivait quèque chose, tu sais quoi faire hein?» Rod: «Oui, j'vas chez le nettoyeur... C'est ça? [...].» (*Le voyage à Plattsburgh*, I) Moman serait-elle victime de son attachement aveugle pour son premier enfant? Reste-t-elle toujours aussi complaisante devant son égocentrisme? On en doute quand même un peu. Et, de fait, un regard attentif sur *Le suicide de Rod* nous persuade d'envisager des

---

33. Gérant de caisse, gérant de dépanneur, les fils du couple Paré visent donc le même statut!
34. Moman: «[...] j't'ai préparé du macaroni, du jambon, du ragoût de boulettes. [...] pis, j't'ai fait des cream pofs, aussi!» Rod: «Ouen... Tu m'as pas fait de tourtière!» (*La prise d'otage*, I)

sentiments beaucoup plus complexes que celui d'une adhésion absolue de Moman à son «chouchou» (Rénald : *Retour dans le passé*, II).

C'est un quiproquo qui déclenche l'événement. Rod annonce à un ami, au téléphone, son intention de quitter son emploi ; dans l'entrée du salon, Moman saisit les premières phrases de son fils : « J'ai décidé d'en finir... Je l'sais que ça va faire de la peine à ben du monde, mais là, chus rendu au boutte de mon rouleau [...] J'aurais aimé ça toffer un boutte encore, me rendre jusqu'à soixante-quinze... Mais j'me serai rendu jusqu'à trente-sept, c'est toute... J'ai faite mon temps ! » (*Le suicide de Rod*, I) Bouleversée, elle retourne précipitamment dans la cuisine et n'entend pas la suite de la conversation au cours de laquelle Rod, plus explicite, fait part de sa décision : « [...] chus décidé : faut que je change de job... » (*Ibid.*) Avec l'intention de « ramener Rod à la raison », Moman va toutefois, par des propos peu flatteurs, instaurer la dépression de Rod qu'elle imagine : « [...] que tu te sentes déprimé... C'est normal [...] t'es pas la tête à Papineau quand même [...] Ta force à toi, c'est en bas des épaules [...] quessé tu veux, t'es limité comme personne [...] Ça prend des ratés dans vie... » (*Ibid.*) À moins de prêter à Moman une absence totale de psychologie (ce qui est loin d'être le cas, la plupart du temps), on ne peut que relever une ambivalence réelle dans ses sentiments pour le fils supposément élu. Par comparaison, elle ne tient jamais un discours aussi dévastateur à l'endroit de Rénald, celui-là même qu'elle nomme un jour — ironie du sort ou de l'auteur ? — « Judas » (*Le cadran*, I) ! Il reste que ce ne serait pas rendre justice à Rodrigue que de dresser de lui le portrait unique d'un malotru inconscient ou d'un crétin égoïste. Car, curieusement, le fils aîné est peut-être le seul enfant de la famille à se remettre réellement en question. L'issue de ses réflexions ne modifie peut-être pas son comportement, mais celles-ci contiennent et suscitent plusieurs des interrogations portant sur l'identité qui traversent *La petite vie*. « Fallait que j'me trouve... » (*L'ami de Caro*, I)

2.3. Caro, l'adolescente rebelle

Caro, la troisième enfant de Popa et Moman, épouse toutes les causes, des plus justifiées, telles que le féminisme, la réinsertion des détenus, l'environnement, le nationalisme [35], aux plus saugrenues, comme la libération des Pygmées [36], la défense des sectes [37] et la pratique d'une alimentation singulière [38]. C'est dans le cadre de ce militantisme forcené que, lors de la course

---

35. *La thérapie de Caro*, I ; *Le prisonnier*, I ; *Le retour de Rod*, I ; *L'élection*, IV.
36. Caro : « On veut les libérer [...] de... de toute ce qu'on libère d'habitude : les arbres... le mercure... le bowling... » (*Le changement de caractère*, I).
37. Caro : « [...] chus rentrée dans les Hommos [...] une secte végétarienne où tu deviens éternel... » (*La pierre au foie 1*, I)
38. Caro propose à Moman des «aisselles de chèvres» parce que «les moines au Tibet en mangent trois par jour ; ça régularise la bonne humeur. » (*Le suicide de Rod*, II)

à l'héritage de la maison, qui conduit chacun des enfants à vouloir donner un héritier à Popa et Moman, elle adopte Agaguk, un bébé phoque, puis une Chinoise d'un âge certain (*L'héritier*, IV). Parallèlement, et dans une recherche constante d'un amant qui lui convienne, Caro expérimente plusieurs relations, en partant vouées à l'échec. Parmi les plus marquantes, on relève d'abord une tentative avec un homosexuel (*L'ami de Caro*, I), puis une aventure avec un gourou (*La pierre au foie*, I), ensuite avec un Don Juan (*Le mariage gai*, II) et, pour finir, après un mariage éclair[39], avec Dieu, par la prise du voile (*Caro religieuse*, III). Comme ses amours passées, cette soudaine et étrange vocation ne dure que le temps d'un épisode. À défaut d'une vie amoureuse satisfaisante («[…] j'pense qui veut rien savoir de moi!» [*Retour dans le passé*, II]), Caro cherche dans le même temps une autre reconnaissance, médiatique cette fois. C'est ainsi qu'on la voit tour à tour animatrice d'une émission de télévision, journaliste/reporter et chanteuse rap[40]. Dans tous les cas, un homme est à l'origine de ses différentes tentatives (un amant réel ou virtuel, un ami, un frère…), et dans tous les cas, un homme en provoque l'interruption.

Par ailleurs, sa propension à aider les autres contribue à la distinguer des différents personnages de la série, plus ouvertement centrés sur eux-mêmes. De fait, et à l'opposé de Popa qui pratique l'évitement, regarde et témoigne ironiquement des difficultés des uns et des autres, Caro, la volontariste de la famille Paré, s'arroge le droit et la capacité de régler les problèmes d'autrui[41]. Pour autant, les moyens qu'elle utilise aboutissent à un règlement de compte personnel et engendrent une déception qui se retourne contre elle[42]. De quelque côté qu'elle se tourne, Caro est donc en butte à des frustrations de tous ordres: sexuelles, affectives, thérapeutiques, etc. Pour cette raison, d'une part, et du fait de son affrontement systématique avec toutes les formes de l'autorité, d'autre part, la relation de Caro avec ses parents est plus complexe, plus affichée encore que celles des autres enfants Paré. Il est vrai que Rénald et Thérèse ont tous deux un conjoint et que Rod est moins présent dans la série. Ces circonstances accentuent chez Caro l'aspect adolescent du personnage, que l'on voit régulièrement venir se plaindre ou se vanter auprès de ses parents (sa mère plus précisément). Mais qu'il s'agisse de ses échecs amoureux ou de ses prestations médiatiques, chacune de ces occasions est en même temps le prétexte pour pointer Popa comme l'origine

---

39. Annoncé tout à la fin de l'épisode précédent (*Le quarantième anniversaire*, III), son mariage avec Bouboule — le fils de Momo et Bobonne — se solde par un divorce à l'amorce du suivant (*L'héritier*, IV).
40. *Info-Caro*, I ; *Le vidéo*, II ; *Musique plus*, IV.
41. «M'a t'arranger, moi, mon tit-gars!» (*Le retour de Rod*, I). Après l'intervention de sa sœur, Rod, qui a l'habitude de teindre ses cheveux, se retrouve avec des cheveux gris, un pantalon conventionnel, une chemise et une veste en laine. Il a l'air beaucoup plus vieux et tient une pipe dans sa main. Rod : «C'est effrayant! Je me ressemble pas, hein?» (*Ibid.*)
42. Rénald : «Caro n'a démontré qu'une seule chose dans le fond: c'est que ce n'est pas un cerveau qu'elle a entre les deux oreilles, mais des atacas!» (*Musique plus*, IV)

et la cause des (de ses) problèmes. De fait, Caro se meut dans la série entre un amour inconditionnel pour son père et la mise en accusation systématique de celui-ci. C'est dans ce sens qu'une de ses remarques illustre bien le personnage : «Popa, Popa, comment j'vas faire pour me débarrasser de toi ?» (*La thérapie de Caro*, I).

2.4. Thérèse, l'enfant surréaliste

Du fait de sa grande nervosité, Thérèse, l'aînée des filles Paré, a dû quitter (il y a peut-être longtemps) son emploi. La première saison de la série en fait état : «[…] je vas recommencer à travailler ! […].» Moman : «[…] comme […] ancienne garde-malade ? […] C'est pas facile ça, infirmière !» (*Thérèse au WacDo*, I) Contrairement donc à Rénald (qui l'étale à tout va) et même à Rod (qui la spécifiait lui-même), sa profession nous est indiquée par un autre personnage qu'elle-même. La chose est d'autant moins anodine qu'elle est exceptionnelle dans la série et que, d'autre part, Moman déplace le statut de Thérèse pour l'améliorer. Cet exemple seul nous permet de signaler d'entrée de jeu que, de tous les enfants Paré, Thérèse est celui qui échappe la plupart du temps aux foudres parentales. Réciproquement, c'est aussi celui qui affronte le moins ses parents et qui fait même preuve parfois de gratitude : «Merci pour mon enfance pis mon éducation…» (*Le voyage à Plattsburgh*, I) Cela étant, et si nous n'obtenons pas d'autres renseignements sur ses occupations passées, c'est qu'une fois de plus l'allusion à la profession a pour fonction de mettre l'accent sur un des traits apparents du personnage. À ce propos, la nervosité de Thérèse traverse plusieurs épisodes des deux premières saisons de la série : «[…] ça m'énerve pas du tout… Voulez-vous boire quèque chose à boire ? Sirop d'érable ? Monsieur Net ?» (*Ibid.*) [43] Dans le but de régler ses problèmes de nerfs, elle ingurgite des calmants à longueur de journée et les propose à la ronde : «Quessé qu'on fait ? On prend-tu une valium ?» (*Le voyage à Plattsburgh*, I) [44] Aussi, voudra-t-elle rester quelque temps à l'hospice où l'on distribue du prozac à profusion (*L'hospice 2*, III). Thérèse explique ses énervements excessifs : «[…] c'est parce que j'mélange angoisse pis nervosité.» (*Thérèse au WacDo*, I) Relation de cause à effet — on l'imagine —, elle affiche une grande dépendance à l'endroit de ses parents. Ainsi, lorsque ces derniers partent pour Plattsburgh, elle donne un curieux coup de téléphone : «Allô ? SOS Jeunesse ? J'aimerais signaler un cas d'abandon, mon abandon…» (*Le voyage à Plattsburgh*, I)

Cet attachement quasi infantile élucide, au moins en partie, sa relative indifférence devant les frasques amoureuses de son mari Réjean. On pourrait, dans un premier temps, la croire d'une naïveté absolue — à la limite même de l'idiotie légère — tant semble lui échapper la réalité qui, pourtant,

---

43. C'est dans cette perspective que Thérèse reçoit de ses parents, comme cadeau d'anniversaire, un «bouton de panique» : «T'appelles le 911 !» (*Le prisonnier*, I)
44. Thérèse : «Hey, chus tellement énervée… Valium ?» (*New You*, I)

crève les yeux : « Y est tellement bon vendeur ! Hier, y a une femme qui l'a gardé jusqu'à trois heures du matin. » (*Le camping*, II) Dans les faits, Thérèse est loin d'être totalement dupe des incartades de son époux et des stratégies qu'il met en place pour la tromper ou justifier ses absences. *Le roast de Rénald* (I) en atteste explicitement. Cachés dans un placard, Popa, Moman, Thérèse et Réjean assistent au dialogue de Rénald et de Lison. À la suite des propos maladroits de Lison et tandis que Moman fait le constat : « [...] c'est pas facile, mentir... », Réjean réplique : « A manque de pratique ! » Le commentaire imprévu de Thérèse fait mouche : « Est pas comme toi ! » Dès ce moment, l'on doute donc de son entière crédulité et, d'ailleurs, au fur et à mesure des épisodes, elle donne régulièrement la preuve de sa finesse, jusqu'à l'épisode *Info-Caro* (I) où elle avoue avec beaucoup de bonhomie sa propre infidélité : « [...] j'étais dans un centre d'achat et pis, là, j'ai rencontré un monsieur [...] je sais pas ce qui est arrivé, ça été plus fort que nous deux [...]. » (*Ibid.*) Si cette déclaration publique sert, pour l'heure, à damer le pion à Réjean, elle engendre, par la suite, des accusations de plus en plus accentuées (« Y a pogné l'herbe à puce chez une cliente, ça l'air ! [...] Pour qui tu me prends, Réjean ? Une dinde ou une tarte ? » [*Le camping*, II]), et même une séparation momentanée du couple (*L'aventure de Réjean*, II). L'aventure de Thérèse avec « l'homme de la Tercel » revient comme un leitmotiv (une sourde menace) dans plusieurs épisodes. C'est dire que dans l'ensemble de la série, Thérèse, loin de se leurrer sur l'instabilité affective de Réjean, accepte plutôt les faiblesses de l'homme qu'elle aime. Les indices de l'amour qu'elle lui porte, de fait, ne manquent pas. Outre les allusions à la thérapie de couple qui sous-entendent nécessairement l'existence de problèmes et le désir d'y remédier [45], il y a les nombreuses fois où elle excuse Réjean et reconnaît sans honte son affection pour lui. Il faut dire qu'il présente à ses yeux un trait de caractère séduisant (« [...] y a des belles qualités quand même [...] Y est joyeux ! » [*Réjean reçoit*, II]), une qualité qui lui correspond bien également : « [...] je suis très gaie de nature aussi. » (*Le voyage à Plattsburgh*, I) Si on ne peut donc véritablement parler d'ambivalence, on peut néanmoins souligner l'oscillation de Thérèse qui, tantôt lucide et sarcastique, pointe et dénonce les faits, et qui, tantôt ingénue, fait preuve d'aveuglement. Mais plus que sa (fausse) naïveté, c'est son « désintérêt » pour le réel qui justifie, avant toute chose, son comportement.

De tous les personnages de la série, Thérèse est le plus fantasque, le plus surréaliste, le plus ludique [46]. L'excentricité de ses coiffures [47] et de ses choix alimentaires en témoigne largement. Elle met des « pickles », des « cretons »

---

45. Thérèse : « On arrive d'une fin de semaine de "tune up" conjugal ! » (*Le blind date*, I) ; *Le divorce 2* (IV).
46. Thérèse (au téléphone) : « Bon ben j'te laisse... [Elle dit "bye" après avoir raccroché.] Oups ! J'ai manqué mon "bye" ! » (*La pierre au foie 2*, I)
47. Pogo : « [...] est-ce que vous connaissez un dénommé Noiraud par hasard ? [...] Demers ! C'est l'chien barbet de ma belle-sœur. [Thérèse] a la même coupe que lui ! » (*Le souper avec vedette*, I)

dans ses yaourts et des « sardines dans les céréales », absorbe des « roches » par « manque de minéraux » et des « muffins aux vis » par « manque de fer[48] ». Les déplacements fantaisistes du bébé dans son ventre, à certains moments dans son cou, à d'autres dans le dos, sur le côté, etc., l'illustrent également. À la (dé)mesure du personnage, sa grossesse sort de l'ordinaire. Dans l'épisode du *Chalet* (IV), elle est enceinte de onze mois ; dans *L'accouchement* (IV), de quatorze ! C'est peut-être pour cette raison que Popa, qui souvent cherche à protéger cet enfant[49] et lui affirme même qu'elle a un karma d'impératrice (*Thérèse au WacDo*, I), hurle de joie à l'annonce que c'est elle qui lui donnera un héritier. C'est sans doute pourquoi Meunier confie à ce personnage la gestation symbolique du prolongement de la série. Cette affiliation directe avec un univers imaginaire, fictif, Thérèse l'énonce elle-même : « Ah ! Mon dieu ! Moi, qui viens de nulle part... » (*Réjean reçoit*, II)

2.5. Réjean, le paresseux, l'infidèle, le menteur...

Réjean, le gendre, occupe une place prépondérante dans *La petite vie*. Sa présence au sein de *Retour dans le passé* (II), à une période où les enfants Paré sont encore de jeunes adolescents, témoigne de toute l'importance de ce personnage au sein de la famille et de la série (en faisant ressortir, par contrecoup, l'absence de la bru Lison). Il est vrai que sa créativité, ses remarques, ses dialogues (surtout) avec Popa constituent chaque fois de grands moments de la série : du fait de son utilisation systématique de la troisième personne du singulier lorsqu'il parle de lui-même ou qu'il s'adresse à son beau-père, certes, mais aussi du fait de sa nonchalance heureuse, de son infidélité chronique, de ses mensonges répétés... Si la question de la profession des Paré n'occupe pas une grande place dans la série, avec celle de Réjean, cependant, elle prend une autre dimension. Encore qu'il s'agisse surtout de souligner son absence d'emploi et l'aspect dérisoire de ses tentatives dans ce domaine. À l'occasion, il passe des circulaires, agit comme livreur pour les restaurants Saint-Hubert BBQ, participe à une expérimentation dans le cadre d'une recherche menée à l'université, se transforme en démarcheur de balayeuses[50]. Les allusions à ces gagne-pain éphémères servent, avant toute autre chose, au profil psychologique d'un personnage que tous s'accordent à considérer comme infiniment paresseux. Popa : « Y a-tu encore fait le cous-

---

48. *La pierre au foie 1 et 2* (I) ; *La déprime de Popa* (IV).
49. Popa : « Non mais, ça va faire, là ! Hé wow ! Minute, là ! Hé wow ! Là, là, c'est la fête à Thérèse, là. OK ? On va finir ça dans l'amour et dans la joie, OK, là ? [...] Let's go ! Bonne fête, Thérèse ! » (*Le prisonnier*, I)
50. *Le voyage à Plattsburgh*, I ; *L'aventure de Réjean*, II ; *New You*, I ; *Le kick de Moman*, II ; *Le camping*, II. Par ailleurs, Réjean refait la peinture chez ses beaux-parents (*Le changement de caractère*, I) et chez son beau-frère (*Le roast de Rénald*, I) ; mais ce que l'on en voit ou l'allusion qui en fait état nous laissent croire que c'est moins un contrat rémunéré passé avec les membres de sa famille qu'une aide apportée.

sin devant la TV?» (*Le prisonnier*, I)[51] Réjean ne se formalise pas de ces remarques. Moman: «[...] y est rendu à trente-cinq ans, pis [...] a jamais rien
faite de sa vie?» Réjean: «Ça le dérange pas...»; Popa: «Y est [...] tanné
de se faire vivre par son beau-père?» Réjean: «Non! Y le prend bien! Très
bien, même...»; Moman: «[...] sa femme travaille [...] y se sent cheap?»
Réjean: «Ben, voyons donc! Est drôle celle-là!» (*Thérèse au WacDo*, I) Bien
au contraire, il considère même parfois fournir de gros efforts: «Y a pas
niaisé aujourd'hui. Y a fallu qu'aille acheter les casses, pis après ça les flûtes,
pis après ça les guirlandes, pis après ça y a fallu qui revienne à maison, pis
après ça descendre ici. Pis là, c'est pas tout, faut qui soupe en plus!» (*Le prisonnier*, I) À d'autres moments, il théorise sans scrupules sa façon particulière de travailler: «J'va prendre mon break tout suite. J'haïs ça être obligé
d'arrêter quand je travaille. [...] demain, j'ai décidé de vraiment donner la
claque. Fa que j'me débarrasse de toutes mes breaks aujourd'hui, c'est la
seule façon de travailler!» (*Le changement de caractère*, I) Si Réjean n'a pas
d'emploi, c'est de son point de vue le destin qui en est responsable: «Mon
gros problème, là, c'est que j'ai le dos de Mario Lemieux [...] mais j'ai juste
son dos, j'ai pas le reste: j'ai pas ses bras, pis j'ai pas ses jambes... Le pire,
là, c'est que toute ma jeunesse, là, hein, j'ai toute essayé pour être comme le
grand Mario, là. J'essayais de grandir dans mon coin, là, là. Pis tout à coup,
à dix-huit ans: Bang! Jam à six pieds! Quatre pouces de plus, j'étais millionnaire!» (*Thérèse au WacDo*, I) Dans la poursuite de la série, Réjean résume
plus simplement encore sa situation: «Y a pas de job dans ma ligne!» (*L'élection*, IV)

Parallèlement à son oisiveté bienheureuse, Réjean est l'infidèle au sein
de la famille Paré. Le plus souvent, d'ailleurs, ses (rares) emplois s'avèrent sinon un prétexte, du moins une opportunité offerte à ses aventures extra-
maritales: «C'est une cliente de Brossard... Chus venu y faire une démonstration dans le bois [...] là, est ben excitée. Est folle des balayeuses...» (*Le
camping*, II)[52] Outre ces quelques rencontres amoureuses, il multiplie les
aventures avec des danseuses de bar *topless*. Ce penchant dont Thérèse ne
semble pas toujours consciente (disons plutôt dont elle ne s'offusque pas
toujours) n'échappe pas à Popa et Moman. Thérèse: «Y est ben sensible!»
Moman: «Ouais, surtout pour les grandes cutes, hein?» (*La pierre au foie 1*,
I) Pris en défaut par ses beaux-parents, l'impénitent coureur de jupons[53] invente des explications abracadabrantes. Un jour, il souffre de dédoublement[54]; un autre, c'est une problème technique qui l'immobilise: «[...]
j'avais fait un flat! [...] Pas un flat en char, un flat en métro, là!» (*La jalousie*

51. Moman: «Votre Réjean Pinard, c'est juste [...] un flanc mou [...].» (*Réjean vice-président*,
    III)
52. Manon: «Dire que ça passait des circulaires pour moi, ça...» (*L'aventure de Réjean*, II)
53. Moman (à Pogo): «[...] c'est plein de femmes sur la terre.» Réjean: «Mets-en qui en a
    [...].» (*Le blind date*, I)
54. *Le blind date*, I; *Le camping*, II.

de Pogo, III) ; auparavant, il avait carrément entrepris une mission : « Les danseuses, [...] si j'vas là, c'est parce que [...] J'essaye de les amener tranquille-
ment dans la pastorale. [...]. » (*Le cadran*, I) Devant autant d'aplomb (à la
question posée : « Le secret pour qu'un couple marche ? », il répond sans
sourciller : « la fidélité » [*Info-Caro*, I !...]), le couple parental se contente de
signifier qu'il n'est pas dupe. Profitant de l'hésitation de son gendre (« En fait,
mon but, c'est de... de... »), Popa ironise et termine la phrase inachevée sur
l'objectif poursuivi : « Les faire rentrer dans la chorale ? » (*Le cadran*, I) Mais
puisque Thérèse accepte les travers de son époux, il ne reste plus à Popa et
Moman qu'à manifester leur satisfaction lorsqu'elle retourne à Réjean la
monnaie de sa pièce [55], lancer à plaisir des fléchettes sur sa photographie
lorsqu'elle décide de le quitter (*L'aventure de Réjean*, II), puis déplorer le
changement de décision de leur fille. Moman : « C'est ben plate pour tout le
monde, mais sont revenus ensemble. » (*Ibid.*) L'infidélité chronique de Réjean
n'est pas présentée comme le résultat d'un malaise dans le couple qu'il
forme avec Thérèse. Depuis toujours, il est ainsi ; Thérèse en fait état impli-
citement : « [...] on a fait un super voyage de noces. La seule affaire plate [...]
y a pas pu rester. Y avait été obligé d'aller chez une cliente à une heure du
matin... » (*Le mariage du gai 2*, II) Un dialogue avec Moman nous assure
même qu'il y a peu de chances qu'il en soit autrement. Moman : « C'est ça
que tu devrais faire, toi : gynécologue ! » Réjean : « Non, merci ! J'ai trop de
respect pour la femme... » Moman : « Laquelle ? » Réjean : « J'aime autant
pas dire son nom. Vous la connaissez pas ! » (*Le divorce 1*, IV)

À force de tromperies, toutefois, Réjean est un jour confronté à l'infidélité de Thérèse : « [...] c'était [dans] une petite Tercel, deux portes. » (*Info-
Caro*, I) Sa réaction est vive. Popa : « Réjean ? [...] Y est avec sa "Trois cent
trois" dans le parking... Y tire sur toutes les Tercel qui voit ! » (*Ibid.*) Maline,
Thérèse a comparé son aventure à un exploit du héros de Réjean : « [...]
comme un but de Mario Lemieux ; là ! [...] c'était indescriptible ! » (*Ibid.*) [56]
Cette stratégie de laisser entendre que, tant qu'à tromper Réjean, aussi bien
que ce soit avec des hommes qui impressionnent ce dernier, est reprise dans
la série. Puisqu'il s'est donné des allures de missionnaire, presque de pasteur
(« [...] les danseuses [...] j'essaye de les amener [...] dans la pastorale. » [*Le
cadran*]), Thérèse s'intéresse donc à ce type d'homme : « [...] Gérard m'attend à la pastorale. » (*L'aventure de Réjean*, II) Comme pour souligner la cohérence de son comportement — et de la série —, Thérèse établit elle-même
le pont entre les épisodes. Réjean : « Gérard ? Un gars ? » Thérèse : « Non !

---

55. Après le récit de Thérèse de son infidélité d'un jour, Réjean, estomaqué, réagit promptement : « Ah ! Simonac ! ça va faire là ! [...] Wo, là ! [...] Ça va faire ! » (*Info-Caro*, I). La satisfaction des Paré devant l'aveu de leur fille et le sursaut de leur gendre est évidente. Popa :
« Prends donc une carotte... » (*Ibid.*)
56. À cet égard, les prénoms qu'il envisage pour l'enfant à venir sont significatifs : « Patrick-
Roy Pinard », « Mario-Lemieux Pinard », « Expo Pinard » (*L'accouchement*, IV) ! Nous ne
passerons pas sous silence le subtil commentaire de Rénald : « Y a aussi "Bruins de
Boston" qui est cute !... » (*Ibid.*)

Une nouvelle sorte de char! C'est fait par Tercel...» (*Ibid.*) La menace est suffisamment claire pour que Réjean se ravise prudemment: «[...] peut-être que je devrais l'accompagner [Pogo] aux danseuses? Qu'est-ce que t'en penses, minou, hein?» Thérèse: «[...] je vois un grand roux qui revient des danseuses pis qui voit sa femme dans le fond d'une Tercel. [...] J'te dis qu'elle a du fun, elle! Vas-y! Vas-y aux danseuses...» Réjean: «Non! Non! C'est... c'est correct! J'pense qu'y va laisser faire!» (*La jalousie de Pogo*, III) Du coup, et d'infidèle, Réjean devient jaloux. Dans la salle d'attente du gynécologue de Thérèse enceinte, en compagnie d'autres couples dont les femmes attendent également un enfant, il explose: «Quinze minutes qu'est en dedans... Y prennent-tu leur douche? [...] méchante coïncidence: toutes ses patientes sont enceintes en même temps! [...] Nous autres, les maris, belle gagne de tatas, on y amène nos femmes tout' nues sur un plateau. [...] On est juste une gagne de cocus!» (*Le divorce 2*, IV) Paresseux, infidèle et menteur invétéré: les principaux traits de caractère de Réjean sont étroitement reliés. Un dialogue avec Thérèse l'exemplifie: «Oussé t'as passé la nuit, hein?» Réjean: «[...] hier soir, après avoir fini de travailler...» Thérèse: «Menteur! [...] Tu peux pas avoir fini de travailler! T'es sur le chômage, Réjean Pinard!» Réjean: «[...] j't'ai dit ça parce que tu me croiras jamais. Je me suis fait kidnapper par *Surprise Surprise*» [...] Thérèse: «Esprit, que t'es mauvais menteur!» Réjean: «[...] je l'sais que ça pas d'allure comme histoire!» Thérèse: «Aimes-tu mieux m'en inventer une autre?» Réjean: «Ben, c'est pour toi... Moi, ça me dérange pas!» (*Le blind date*, I) Et des histoires, en effet, Réjean ne cesse d'en imaginer et d'en conter. Mais plus encore que la justification de ses infidélités, c'est toute la créativité de Réjean qui est mise en lumière chaque fois qu'il invente une histoire. Dans ce but, c'est toujours à Popa qu'il s'adresse: «Regardez, c'qui a trouvé comme invention!» (*Le kick de Moman*, II)

2.6. Lison, l'apparence, la bêtise, l'hypocrisie

Hormis un emploi qu'elle qualifie elle-même de passager, Lison, la bru, n'a pas de profession affirmée: «Je vais aller travailler, moi, là [...] chez Provibouffe [...] c'est temporaire...» (*Le million*, III) L'étonnement de Popa et Moman à cette annonce est d'autant plus justifié que Lison passe pour n'avoir d'autre intérêt que l'apparence (Caro: «Hé, qu'elle est superficielle!» [Le combat des clans, III])[57] Son physique agréable constitue d'ailleurs le seul mérite que lui reconnaissent les Paré au moment où, dans un épisode, ils dressent son bilan. Rénald: «On va y mettre cinquante piastres pour l'apparence» (*La prise d'otage*, I) Pas d'éloge excessif, toutefois. Bien au contraire, ils s'empressent de réduire aussitôt la portée de cette disposition naturelle qu'ils viennent de lui accorder. Popa: «[...] a l'a déjà été élue Miss

---

57. En cela, son personnage est plus proche de celui de Rod. C'est peut-être pourquoi on les retrouve, un jour, tous les deux, dans le même lit (*L'élection*, IV).

« Rue Beaubien » […]. » Moman : « Ben oui, mais était toute seule à se présenter… » Rénald : « On va y enlever un dix d'abord […]. » (*Ibid.*) Au demeurant toujours vêtue avec distinction (tailleur, chaussures, sac à main, ruban
dans les cheveux et bijoux de la même couleur), Lison se désespère, il est
vrai, pour un fil tiré dans ses bas[58], modifie sa coupe et sa couleur de cheveux, subit une chirurgie esthétique et porte des talons hauts dans une chaloupe en allant à la pêche (*Le shower*, IV)[59]. Elle enseigne également à des
petites filles — son groupe de « Lisonettes » — les rudiments de l'élégance
en prévision de promenades dans les bois : « C'est comme les Jeannettes,
mais en plus chic. Au lieu d'apprendre à faire des nœuds, on apprend comment s'habiller, pis se maquiller en forêt […] qu'est-ce que je devrais porter
normalement avec une chenille jaune ? [— des souliers jaunes — « exactement ! »] […] L'important aussi, c'est de toujours s'accoter sur un arbre qui
nous met en valeur. » (*Le camping*, II) En conséquence, on ne s'étonne pas,
lorsque Rénald l'interroge sur son « idéal personnel », qu'elle réponde imper-
turbable : « Perdre deux livres. » (*Miss Madame*, III) ; et alors qu'il revient à la
charge : « Ta personnalité à toi ! », qu'en toute honnêteté elle questionne à
son tour : « Quelle personnalité ? » (*Ibid.*)

De là à conclure que Lison souffre de bêtise profonde, il n'y a qu'un pas,
que la famille Paré franchit allègrement. Popa : « Elle a pogné son top à la maternelle, d'après-moi ! » (*La prise d'otage*, I) ; Moman : « Tiens, le comte et sa
conasse ! » (*Réjean vice-président*, III)[60] Même Rénald laisse libre cours, parfois, à son agacement : « Quant à moi, ça fait longtemps qu'on en a une
dinde ! » (*Le million*, III) Mais comme il aime sa femme, il s'insurge dans un
des derniers épisodes contre la réaction de sa famille et, après une longue
hésitation, trouve un qualificatif positif pour la décrire : « Je suis tanné d'entendre que Lison est conne ! Lison n'est pas conne ! Elle est… elle est…
spontanée ! » (*Le divorce 2*, IV) Cette intolérance quasi unanime des Paré à
l'endroit de la bru explique vraisemblablement que tout à la fin du dernier
épisode de *La petite vie* (*L'accouchement*, IV) seul le spectateur entende qu'elle
est enceinte… Il faut dire que ses bourdes sont légion et la sottise de certaines de ses réflexions difficilement contestable : « […] y m'a demandé ce
que je voulais faire pour sa fête […] j'y ai fait accroire que j'allais chez le
médecin, ce soir-là […] J'y ai dit que j'irais à l'urgence… » (*Le roast de*

---

58. « Ah non ! C'est pas vrai ! C'est pas vrai ! […] j'viens de faire une maille dans mes bas ! »
(*Mlle Morin*, II) Cet élément est repris plusieurs épisodes plus tard alors que l'animateur Luc
Senay vient de lui poser une question : « Un désagrément de la vie de couple ? » Lison :
« Une maille dans son bas culotte ! » (*Le combat des clans*, III)
59. Dans *Château-Ragoût* (I), en effet, Lison transforme sa coiffure et fait refaire sa poitrine.
Moman : « […] qu'est-ce qui arrive avec tes cheveux ? » Lison : « C'est pour exciter Pinson !
[…] je suis venue […] pour inaugurer avec vous mon nouveau buste… ». Cela étant, c'est
la seule des femmes de la série parties à la pêche qui ne répugne pas à ôter les hameçons
pris dans la gueule des poissons (*Le shower*, IV) !
60. Thérèse : « J'ai pas rien que ça à faire, moi, écouter une tarte ! » (*Le combat des clans*, III) ;
Caro : « Toujours aussi conasse, la belle-sœur ! » (*L'héritier*, IV)

Rénald, I) [61] Lison semble accepter ce décalage qui la marginalise au sein de la famille (« Ah ! C'est ben moi ça ! » [*Château-Ragoût*, I]). Elle reconnaît ses limites (« Je comprends rien ! » [*Le combat des clans*, III]) et son ignorance, même si elle n'en mesure pas toujours l'ampleur : « Louis Ganda, c'est qui ça, Louis Ganda ? » (*Le vidéo*, II) Que l'on ne s'y méprenne pas, cependant : plusieurs répliques indiquent qu'elle en saisit davantage que les Paré ne l'imaginent. Moman : « Quand elle est émue, elle est portée à dire des bêtises » Lison : « Elle aussi est ben émotive ! » (*Mlle Morin*, II) [62] Lors de l'épisode où elle gagne à la loterie, on la découvre femme d'affaires (« Allô, oui... Les Entreprises Creton-Kennedy ! » [*Le million*, IV]) ; quant à son union avec Rénald, elle n'est pas dépourvue non plus de certains doutes de sa part [63].

Derrière la bêtise de Lison, trop affichée pour être authentique, on décèle une certaine hypocrisie : (À Moman) « J'vous ai pas dit à propos de Thérèse [...] j'y dis " comment va ta mère ? ", a me regarde, a me dit : " Ah ! a va très bien "... pis là, a se met à me parler d'autre chose ! [...] J'aurais aimé ça qu'a m'en dise plus... » (*Le souper du dimanche*, I) Rénald lui-même fait état de la fausseté de sa femme, le jour où il l'imite et s'habille comme elle : « C'est pas de ma faute si je suis hypocrite. » (*La grosse Caro*, IV) Ce trait de la personnalité de Lison se dévoile par ailleurs très tôt dans *La petite vie*, lors d'un dialogue subtil avec Rénald. Face au mépris collectif que lui voue l'ensemble des Paré, la réplique de la bru ne se fait pas tendre, et en ce sens, nul doute qu'elle a sa place dans la famille. Puisqu'il est inscrit qu'elle est un peu fourbe, c'est subtilement que va se glisser la revanche de Lison sur sa belle-famille, lors de la fête de Rénald. À cette occasion, Lison a invité Popa, Moman, Thérèse et Réjean, mais Rénald ne le sait pas. Rénald : « [...] j'espère t'as pas invité [...] mes parents ! On a assez d'aller niaiser là tous les dimanches soirs... » Lison : « Comment ça ? T'aimes ça aller chez eux... »

---

61. Nous en citons plusieurs, pour le plaisir. Lison : « On est rentrés chez un opticien, comme ça, pour le fun... Je me fais examiner, le gars me dit : " Madame, vous êtes myope "... J'étais assez contente ! » (*Le souper du dimanche*, I) ; Moman : « Ça va être drôle, un noir avec ta face, hein ? » Lison : « Dites pas ça, y peut avoir la sienne aussi (elle désigne Rénald) ». Rénald : « Ben non, Creton ! Y peut pas avoir [...] j'pense qui a des choses que tu comprends pas sur l'insémination, Creton, tsé ! » (*Belle-moman*, I) ; Lison : « [...] je lis souvent, moi, au coin du toaster, moi... » Caro : « T'as pas peur de te brûler les cils ? » Lison : « Je mets des lunettes fumées » (*Le vidéo*, II) ; Lison : « Incinéré ? Pauvre lui ! C'est affreux, mourir de même ! » (*Mlle Morin*, II)
62. Lison : « Ça me gêne de vous parler de ça » Moman : « Quoi ? Ton quotient ? » Lison : « Non, le vôtre ! » (*Rénald gai*, III)
63. La plupart du temps, Lison apporte à son époux un soutien entier et massif. Rénald (à ses parents) : « Je viens d'être élu Monsieur Pop ! » Lison applaudit : « Bravo ! Bravo ! » [...] Rénald : « Ça vous tente-tu de lire ma plaque ? » [...] Lison : « Veux-tu j'la lise, moi ? » (*Tous pour un*, II) Un jour, cependant, elle simule son propre enlèvement avec demande de rançon à l'appui : « [...] je voulais voir ce que je valais pour toi. Mais je pensais pas que ça serait en bas de deux cents piastres ! » (*La prise d'otage*, I) Dès lors, l'appui indéfectible de Lison à son mari va connaître différentes brèches (Rénald : « [...] je suis un rusé, moi, Creton ! Je suis ce qu'on appelle un renard... » Lison : « Un renard ! Un têtard, tu veux dire ! » [*Le vidéo*, II]) jusqu'à conduire le couple au bord d'une séparation définitive (*Le divorce 1 et 2*, IV)

Rénald : « Autant que toi, oui ! » Lison : « J'adore ça, moi, y aller… » Rénald : « C'est pour ça que t'appelles ma mère le vieux chameau ? […] Pis l'épouvantail, lui ? J'suppose que lui aussi tu l'trouves correct, l'épouvantail ? » […] Lison : « J'ai jamais rien dit contre ton père ! » […] Rénald : « Pis l'autre là, on parlera pas de chose là ? Comment tu l'appelles déjà ? » Lison : « La tête d'eau ? J'm'entends très bien avec Thérèse. » […] Rénald : « Pis Réjean lui ? […] Réjean la robine, la guenille de la famille, tu le pitches dans un coin pis y pogne la forme du coin ! » (*Le roast de Rénald*, I) À lire attentivement cet extrait, on est saisi par le jeu du dialogue entre les deux époux. Dans les faits, l'essentiel des insultes provient de Lison. Même les injures dirigées vers Réjean, énoncées par Rénald, reçoivent l'assentiment de Lison : « "Y pogne la forme du coin" ! Est bonne celle-là ! Hé que t'es fou ! J'aimerais assez ça qui te voie la face… » (*Ibid.*) Perfide Lison, qui sait bien que toute la famille est témoin de la scène, cachée dans la garde-robe dans laquelle elle l'a entraînée pour ménager l'effet de surprise ! En dehors de Moman (« a me prend-tu pour une dinde en plus ? »), nul ne semble s'apercevoir de la supercherie. Il faut dire que Moman et Lison entretiennent un rapport privilégié qui les conduit à s'affronter constamment et à déceler sans difficulté les flèches sous-jacentes qu'elles se destinent. Lison : « Pinson est parti […], pis y m'a dit : va chez ma mère, ça va être moins plate ! » Moman : « Moins plate pour qui ? » (*Le camping*, II)

Compte tenu des perpétuels conflits de ce personnage avec celui de Moman, on pourrait croire que là réside sa fonction principale dans *La petite vie*. Mais puisque les affrontements s'inscrivent délibérément dans le langage (à l'instar de ceux qui opposent Ti-Mé à Jacqueline), c'est précisément son rapport à la langue qui procure à Lison une place prépondérante dans la série. N'est-ce pas elle qui met en garde le couple parental au moment de leur départ en voyage : « Arrangez-vous pas pour perdre votre français, là… » (*Le voyage à Plattsburgh*, I) ? N'est-ce pas vers elle que Moman énonce la remarque la plus emblématique de l'œuvre de Claude Meunier : « Non ! Pour ça, y a pas de danger : la langue, c'est les entrailles d'un peuple… » (*Ibid.*) ? Aussi, lorsque Rénald lui explique comment éviter des situations délicates (« Quand tu connais pas la réponse, là, demande qu'y répète la question. C'est un p'tit truc, là ! » [*Le combat des clans*, III]), le téléspectateur sait déjà que Lison n'a pas attendu sa suggestion pour employer cette stratégie langagière : « Pouvez-vous répéter la question, s'il vous plaît ? » (*Tous pour un*, II) Depuis longtemps, en effet, cette problématique de « la question » la distingue, de la même manière qu'elle caractérise l'écriture de Claude Meunier (nous y reviendrons au chapitre quatre).

Ainsi, un premier regard porté sur les enfants de Popa et Moman et leurs conjoints semble confirmer notre hypothèse d'une série peu intéressée à rendre compte d'un univers socioculturel particulier auquel on pourrait vouloir la raccrocher. Néanmoins, il est un lieu, une origine, qu'elle ne peut renier, celui de la fiction qui l'a mise au monde. Car si les relations des Paré rappellent celles que l'on vit ailleurs aussi bien qu'au Québec, il reste que *La petite vie* est avant tout le miroir, la continuation de la fiction qui l'a enfantée, par l'entremise de *Ding et Dong*, sous le titre *La p'tite vie*. Au delà du succès remporté par le duo d'humoristes qui va conduire Claude Meunier à développer cette *P'tite vie*, la série télévisuelle est déjà annoncée lors de ces premières esquisses : « Je pense que je me suis trompé de téléroman. », énonce André-Philippe Gagnon, imitant « Jean-Paul Belleau », en passant sur la scène le temps de cette remarque. En soi, c'est largement suffisant pour que nous nous attardions à présent aux origines de *La petite vie* et à ses premières traces.

3. Les origines de *La petite vie*

3.1. La p'tite vie *de* Ding et Dong

La petite vie prend sa source dans quelques courts sketches de *Ding et Dong*. À notre connaissance, quatre d'entre eux intitulés déjà *La p'tite vie* mettent en scène le couple Paré [64]. À ces différentes occasions, on reconnaît Popa et Moman avec leur tenue vestimentaire (bonnet et robe à carreaux pour Moman, « casque », barbe et lunettes pour Popa), Thérèse et Réjean. La plupart des éléments qui caractérisent les personnages sont déjà en place, en commençant par les allusions au fait que le rôle de Moman est incarné par un homme (à Popa en parlant de Moman : « On peut commencer par vous ou votre frère »). On découvre la barbe de Popa et ce qu'on en dit (« Il utilise la barbe comme laine d'acier. »), sa passion pour les vidanges (« Envoye, Moman, dis-leur bonjour, le truck passe dans deux minutes ! ») et l'aspect obsessionnel qui en découle (« On va y aller, étape par étape. »). On apprend quel est son juron le plus typique (« Ah ! Baptême ! »), on devine son mauvais caractère (« J'suis toujours pompé. ») et ses manquements dans l'activité sexuelle (Moman : « Tu manques rien, ma petite fille ! ») parfois imputés à son épouse elle-même (Moman : « Eh ! Que j'ai pas le tour avec ma bouche ! » Popa : « Ça, ça fait vingt-cinq ans que je le sais, Moman ! »). Les quelques sketches de *Ding et Dong* évoquent aussi l'importance de la dinde pour Jacqueline Paré (« Le temps d'une dinde : j'ai composé ça en pensant à vous. ») et la préoccupation du couple pour la vie après la mort (« La fin du monde approche. Pour vingt-cinq cents, seriez-vous intéressés à aller au ciel ? »). On nous prépare au fait qu'un des enfants se drogue au détergent (dans un des sketches, un personnage — joué par Normand Bratwaite — se « shoote » à l'Ajax ; cette étrange habitude sera reprise avec Rod, le fils aîné). On croise le gendre aux cheveux roux — déjà incarné par Marc Messier — avec son côté infidèle (« Un courailleux […] Y est allé aux danseuses. ») et l'on sait aussitôt ce qu'en pensent ses beaux-parents (« Un bel écœurant ! », « Beau trou de cul avec ça ! »). Quant à Thérèse (son prénom est lui aussi fixé et elle

---

64. Claude Meunier et Serge Thériault, 1985, *Ding et Dong aux Lundis des Ha ! Ha !*, Prod. Imavision 21, Montréal, Avanti Ciné-Vidéo inc., vidéo cassette, VHS, 120 mn, son couleur.

est interprétée au moins une fois par Diane Lavallée), elle se présente avec la coiffure, la naïveté, les énervements et les expressions qui vont la définir dans la série: «[Réjean] est rentré à trois heures du matin... d'une entrevue!», «Le tilleul, ça me met sur les nerfs.», «C'est fini nous deux!». Dernier (ou premier) des «personnages» — si l'on peut dire — de *La p'tite vie* de *Ding et Dong*: le lit vertical de Popa et Moman. Élément stable et récurrent de la série télévisuelle, il engendre, lors de *La petite vie*, un dialogue du couple parental emblématique des liens étroits qu'entretient la fiction avec la manipulation du langage (nous y reviendrons au chapitre cinq). Pour l'heure, relevons que l'importance accordée au langage et à l'écriture qui va caractériser *La petite vie* est signalée d'emblée dans ses sketches fondateurs.

En quelques répliques seulement, *La p'tite vie* met en lumière la prééminence que Claude Meunier accorde au langage et que les épisodes de la série vont illustrer amplement: d'une part, avec l'habitude de Moman d'écrire («Cher journal: aujourd'hui [...]») et, d'autre part, avec la présence de jeux de mots. À titres d'exemples: «Il faut se rendre à l'évidange», ou encore, parce qu'il est question que Popa soit un jour incinéré: «Ti-Mé, mort le douze, s'est éteint le quatorze!» Préséance du langage aussi — et surtout — au sens où il marque une identité: «Y parle le Saint-Léonard!» Cette fonction capitale de la langue, qui dépasse l'intérêt ludique et créatif qu'elle comporte, constitue à nos yeux l'un des fondements mêmes de *La petite vie* et de son succès au sein de la société québécoise. (Elle fera l'objet de notre dernier chapitre.) Parallèlement, la valeur allouée au langage par l'auteur prend également la forme d'un dialogue entre Popa et Moman qui n'est pas sans faire penser à Molière et à son *Bourgeois gentilhomme*[65]. Nous citons cet extrait de *Ding et Dong*. Moman: «Est-ce que vous pourriez dire: Boubou revient dans deux minutes?» Popa: «Non, ça je suis pas capable!» Moman: «Monsieur! [...] Boubou revient dans deux minutes [...] Non regarde! Deux minutes de Boubou, on en revient pas.» Popa: «Reviens-en Boubou de ton deux minutes, reviens-en!» Moman: «Enfin, deux minutes sans Boubou qui revient.» Popa: «J'l'ai Moman: Boubou vient en deux minutes!» Par le déplacement et la combinaison désordonnée des mots à l'intérieur de la phrase originelle, le «Maître de Philosophie» de Molière ne produit pas de sens et, du coup, c'est la vanité de Monsieur Jourdain qui est mise en lumière. Dans son travail d'écriture, Meunier (derrière Popa et Moman) use, pour sa part, de ce procédé de déplacement pour lui faire produire du sens et inscrire le dialogue dans un registre ludique. En même temps, ce court extrait de *Ding et Dong* annonce combien le duo Popa/Moman va décliner toutes les possibilités langagières qui lui seront offertes et que l'auteur va leur fournir.

---

65. On se souvient du vers célèbre: «Belle Marquise, vos beaux yeux me font mourir d'amour» et des variations auxquelles il donne lieu: «D'amour mourir me font, belle Marquise, vos beaux yeux», «Vos yeux beaux d'amour me font, belle Marquise, mourir», «Mourir vos beaux yeux, belle Marquise, d'amour me font», etc, *Le bourgeois gentilhomme*, acte II, scène IV.

Comme dans les premiers sketches élaborés par *Ding et Dong*, la passion pour le langage dépasse les seuls personnages de Popa et Moman ; elle contamine, pour ne pas dire qu'elle envahit, tous ceux qui, de façon régulière ou ponctuelle, participent de *La petite vie*. Cette inscription du langage dans un registre ludique est certes indéniable, mais son emploi particulier sert aussi à dénoncer les hypocrisies et les mensonges qui appartiennent — à en croire l'auteur — à l'essentiel des relations humaines. Leur tendre pourfendeur le démontre de façon magistrale tout au long des épisodes de la série télévisuelle. Dès lors, on ne s'étonne guère que le thème du « mensonge démasqué » — objet d'un sketch de *Ding et Dong* (« Le détecteur de mensonges ») — devienne celui d'un épisode (en deux parties) de *La petite vie*, *Le mariage du gai 1 et 2* (II). Plus que le thème d'ailleurs, c'est la quasi-totalité de la séquence originelle qui est reprise par fragments dans l'épisode de la série. Compte tenu de la vidéo des *Lundis des Ha ! Ha !* qui place ce sketch tout au début de la cassette consacrée au duo d'humoristes, on peut imaginer qu'il constitue le début de *La p'tite vie*. Si tel est bien le cas, cette scène contiendrait l'essentiel des problématiques à l'œuvre dans la série et, par conséquent, elle impose que l'on s'y attarde. C'est en tout cas la position affirmée des psychanalystes devant le premier entretien, le premier rêve ou le premier dessin ; un constat que les littéraires reprennent à leur compte lorsqu'ils étudient sous le terme d'incipit l'amorce d'un texte ou d'une œuvre.

3.2. Le « détecteur de mensonges » 1 et 2

Dans le sketch de *Ding et Dong*, Popa est détenteur d'une montre qui sonne chaque fois que celui qui la porte profère un mensonge. Première conséquence à l'utilisation de l'objet diabolique : la mise au jour des mensonges de Réjean et de la naïveté de sa femme. Alors que dans la série Thérèse va jouer le plus souvent sur le clavier de la dénégation amoureuse, dans le sketch, (déjà) lasse des infidélités de son époux, elle annonce la fin de son aveuglement : « C'est fini de faire rire de moi ! » — BZZZ — la montre retentit illico ! Contredite par la sonnerie du détecteur de mensonges, l'affirmation péremptoire de Thérèse déclare, par la déduction inverse qu'elle inspire aussitôt, la poursuite inéluctable de *La p'tite vie*. À un autre niveau, la forme langagière utilisée pour révéler la fausse détermination du personnage (une interrogation) amoindrit la croyance en une décision qui se voulait sans appel[66] ; elle laisse entendre à son tour que, de fait, il n'en sera rien. Et il est vrai que, devant l'incapacité de Thérèse ou son refus de reconnaître les inconstances de Réjean, l'étonnement des membres de la famille Paré et notre rire se maintiennent tout au long de la série télévisuelle. C'est pourquoi, également, il nous apparaît plus juste de parler de dénégation de sa part plutôt que de naïveté devant les frasques affichées de Réjean.

---

66. Thérèse : « C'est fini nous deux, hein ? C'est fini ? »

En ce qui concerne à présent la première apparition de Réjean, l'utilisation du détecteur a pour but de révéler la fainéantise du personnage (Popa : « Pis, y travaille toujours aussi fort pour trouver une job ? »), mais dans les faits elle atteste de son intelligence à contourner les traquenards tendus par son beau-père (Réjean : « Pas vraiment, non ! […] je comprends comment ça marche, ça… »). Dans le déplacement du sketch de *Ding et Dong* à *La petite vie*, Réjean conserve d'abord sa capacité à déjouer les pièges tendus par son beau-père. Popa : « Comme ça, monsieur est allé à la pêche ? » Réjean : « C'est ça qui a dit en tout cas… » (*Le mariage du gai*, II) Il ne peut, toutefois, se dérober longtemps à la confrontation avec ses tromperies : la montre résonne même en l'absence de réponse de sa part ! Popa : « [Monsieur Bricole] se cherche un assistant […] j'ai autant de chances qu'un autre. » — BZZZ — Réjean : « […] j'ai rien dit, moi ! » Popa : « Non, mais tu penses fort en maususse ! » (*Le mariage du gai 1*) Certes, la religion chrétienne a voulu nous inculquer qu'on pêche même « en pensée », mais l'objectif de l'instrument ne consiste pas à culpabiliser les personnages. La montre n'est pas présente dans la série pour faire la morale (la série elle-même ne cherchant pas à le faire). Elle sert à piéger Réjean, sans possibilité pour lui d'y échapper, et à démontrer la toute-puissance de l'écriture sur la psychologie d'un personnage de fiction. En tant que tel, l'objet détecteur de mensonges n'est qu'un prétexte ; aussi se met-il en action systématiquement, y compris par anticipation : « Je recommencerai pus jamais ! — BZZZ — Pas souvent en tout cas ! » — BZZZ — » (*Ibid.*) La suite des propos de Réjean indique combien la montre détient un savoir et un pouvoir absolus : elle en sait même plus que lui sur ce qu'il en est de son avenir : « Coudonc, chus ben dégueulasse, moi… » [Réjean regarde sa montre qui, là, ne réagit pas »] (*Ibid.*) Décidément pernicieux, l'instrument se déclenche aussi par identification du personnage à un autre : à la suite des propos de Jean-Lou à son ami (« Bobbie, je recommencerai pus ; je te le jure… »), la montre de Réjean se met en marche. Thérèse : « Comment ça se fait tu sonnes, toi ? » Réjean : « Un réflexe ! » (*Le mariage du gai 2*). Partant, le détecteur de mensonges de *La petite vie* (qu'est *La petite vie* !) étale sa toute-puissance.

L'objet métaphore des relations interpersonnelles

Il n'est pas anodin que Réjean ne cherche pas tout simplement à ôter l'objet trop encombrant. Pour s'en débarrasser, c'est à un tiers qu'il s'adresse et pas à n'importe lequel, à Popa : « Vous changeriez pas de montre avec moi ? Juste une couple d'heures […] m'a venir fou moi… » (*Ibid.*) Que ce dernier finisse par accepter l'échange permettra, bien sûr, de développer autrement la fonction de l'objet dans l'épisode. Mais c'est aussi parce que l'auteur se cache derrière Popa que c'est vers lui que se tourne Réjean. En retournant à son créateur l'objet qui métaphorise son pouvoir sur les événements et les individus, Réjean reconnaît donc à l'instrument son aspect emblématique et sa propre impuissance (en tant que personnage) à le gouverner. Comme pour le commandement d'un navire, on ne peut reconnaître qu'un seul capitaine à bord de *La petite vie*. Dans la série, c'est bien Meunier qui manœuvre et qui dirige ; dans les épisodes, c'est Popa — parce qu'il est incarné par l'auteur lui-même — qui règne et qui commande. Voilà, sans doute, ce que révèle, entre autres, la présence de l'objet indicateur. Nonobstant cela, tout à la fin de l'épisode, Réjean se délivre finalement de l'ustensile qui le moucharde, mais pour ce faire, il lui faut le transmettre à un autre [67]. On imagine alors, dans cette «nécessité» de la (re)léguer, que la montre passe de main en main, outil non détachable des aventures de la famille Paré et de leurs amis. Compte tenu de cette impossibilité à la détruire, d'une part, et comme elle demeure invisible par la suite, d'autre part, on en déduit que l'objet en lui-même est moins important que l'emploi qu'il occupe. Et, de fait, que l'instrument soit présent ou non dans les épisodes ultérieurs, la fonction qu'il assume perdure au sein des relations des personnages et de la série. Dès lors, sa présence momentanée (une seule prestation de sa part aura suffi) métaphorise la mise au jour systématique des lacunes, des défauts, des faiblesses des uns et des autres. Et, sur cet éclairage choisi, se construisent les relations et s'élabore la série.

À l'instar de Réjean qui s'est laissé prendre au piège de l'instrument, Moman, dans un premier temps, tombe à son tour dans la chausse-trape. La montre qu'elle a achetée dans *Le mariage du gai* pour contraindre Popa à passer aux aveux («Toi, astheure, tu m'as-tu déjà trompée ?») se retourne contre elle : «Moi qui a jamais regardé un autre homme de ma vie — BZZZ — [...] en dehors qu'à TV, j'veux dire — BZZZ — Coudonc, on a ben l'droit d'avoir des p'tits fantasmes des fois ! — BZZZ — Des gros d'abord !» (*Le mariage du gai 2*) Cependant, le pouvoir de la montre sur elle ne dure pas. Il faut dire qu'il n'est pas dans les habitudes de Jacqueline Paré de s'avouer vaincue. En outre, en tant que mère du clan, mais aussi parce que le comédien qui l'incarne est le partenaire de toujours de Claude Meunier, Moman bénéficie d'une partie des pouvoirs et des fonctions de Popa. Pour toutes ces raisons, elle ne reste pas figée comme d'autres dans la souricière tendue par le détecteur de mensonges. De fait, elle avoue sans retenue ses émotions et ses pensées les plus fâcheuses : «Si ça m'a dérangée ? [...] trois jours je me fais suer avec c'te maususse de shower-là [...] non, non, non ! Chus pas si fine que ça !» (*Ibid.*) Plus encore, et comme s'il fallait, pour recouvrer sa fierté, qu'elle récupère son pouvoir face à Popa, elle prend ce dernier à témoin de son succès et lui explique le moyen de mettre fin aux sonneries : «Tu vois ? Ça va ben quand on dit la vérité !» (*Ibid.*) Partant, les personnages de la série ne se priveront pas d'énoncer toutes les vérités et, plus particulièrement, celles qui ne sont pas bonnes à dire. À chacun, alors, de choisir de s'en

---

67. On verra plus loin combien cette question des mensonges à révéler poursuivra Réjean tout au long de la série (jusqu'à le conduire à suivre une thérapie [*Menteurs anonymes*, III]) et comment le problème se résoudra, par le bon vouloir de Popa lui-même (cf. Chapitre IV : «La filiation dans *La petite vie*»).

désintéresser (comme Réjean), de les entendre (tels Caro qui se rebelle et Rod qui s'interroge déjà sur sa valeur) ou encore de les dénier (à l'exemple de Rénald et de Lison, trop souffrants du manque de reconnaissance parentale pour les assimiler).

Dans *La p'tite vie* de *Ding et Dong*, c'est Popa qui a acheté la montre. Dans la série télévisuelle, il se retrouve en sa possession à deux reprises; dans un cas, nous l'avons dit, Réjean la lui restitue (*Le mariage du gai 1*); dans l'autre, Moman la lui donne (*Le mariage du gai 2*). Il n'est pas anodin, à ce propos, que ce soit les deux personnages de *La petite vie* sans doute les plus proches de Popa qui retournent à l'envoyeur son cadeau empoisonné. D'emblée (autant dire, dès *La p'tite vie*), le très habile Ti-Mé va chercher à se prémunir. Dans ce but, il s'appuie sur le langage et joue sur le clavier du paradoxe : « [...] mande-moi un mensonge pour le fun », dit-il à Moman. Qu'importe la teneur de la question (Jacqueline : « Qui c'est la plus belle femme du monde ? ») et la réponse qu'elle enfante (Ti-Mé : « C'est toi ! » — BZZZ —), Popa, malgré le carillon accusateur, a exprimé une vérité[68]. Dans la logique de la scène, le détecteur réagit comme il se doit et Moman s'en trouve confondue. Prise par son désir quasi enfantin de voir l'instrument fonctionner, elle n'a pas prévu, en formulant sa question, que la réponse (qu'elle attend) allait engendrer de la part de l'objet une réaction déplaisante à son endroit. C'est l'histoire de « l'arroseur arrosé » que vont rejouer moult fois par la suite les membres du clan Paré. Aussi (et peu lui chaut le carillon de la montre et l'embarras de Moman qui en découle), Popa peut garder la tête haute : il a répondu à la requête — qu'il a énoncée lui-même par ailleurs — de livrer un mensonge (« Moman, mande-moi un mensonge. »). Non seulement Popa ne subit-il pas le joug de l'instrument accusateur (à la différence des autres personnages de la série), mais encore, il le double et le dupe à son tour. En soi, la chose n'est pas surprenante puisqu'il s'agit de Popa/Meunier, maître d'œuvre de la série, de ses épisodes et des éléments qui les composent. Dans cette perspective, le détecteur de mensonges n'a pas et ne peut avoir de prise réelle sur Ti-Mé. C'est à peine s'il suscite en lui une hésitation sur un désir possiblement inconscient, mais peu crédible cependant. Monsieur Bricole : « Même vous, vous pourriez vivre une expérience gai... Chus sûr que ça vous tente dans le fond... » Popa : « Oui, oui ! Sûrement ! [regarde sa montre qui ne sonne pas] Voyons, toi, baptême ! [puis, la montre sonne] — BZZZ — Fiou !... » (*Le mariage du gai, 2*) Si la montre n'a pas foncièrement d'effet sur le comportement de Popa (et si on écarte l'hypothèse que c'est

---

68. Face à ce paradoxe, on comprend mieux celui de Thérèse dans *Le mariage du gai*, qui tente d'expliquer le fonctionnement du détecteur de mensonges : « À chaque fois que quelqu'un dit *contre* un mensonge, ça sonne. » (C'est nous qui soulignons.) Mais indépendamment de la présence régulière de paradoxes dans la série, on constate aussi que Thérèse, contrairement à la plupart des Paré, est peu encline aux tricheries. L'immense naïveté qui caractérise ses propos et ses gestes nous conduit même à assimiler son personnage à la fonction de détecteur de mensonges. Au point que lors de la dernière saison, sans retenue aucune, « elle dit tout ce qu'elle pense » (Réjean : *La déprime de Popa*, IV).

parce qu'il est le « père » de l'objet que celui-ci évite de l'atteindre), c'est surtout parce qu'il considère autrement l'instrument de détection que celui-ci
n'a pas de pouvoir sur lui. Et de fait, de par son attitude, Popa confère à l'objet contrariant une fonction qui nous renseigne sans contredit sur le travail
de l'auteur.

L'objet métaphore de l'écriture

À cet égard, une caractéristique de la montre mérite qu'on la souligne.
Dans *La p'tite vie* comme dans *La petite vie*, elle ne fonctionne qu'en double.
En d'autres termes, elle apparaît toujours en duo (au nombre de deux), et le
jeu qu'elle induit impose invariablement deux partenaires. De ce point de
vue, il appert que la règle imposée par le « détecteur de mensonges » astreint
les personnages qui l'utilisent à une dynamique langagière particulière : celle
du jeu des questions et des réponses. C'est une journaliste qui met en place
la tactique enserrante du dialogue question/réponse : « J'aurais quelques
questions pour vous. » (*Le mariage du gai, 1*) [69] Popa cherche d'abord à s'y
soustraire et, dans ce but, repousse le guet-apens : « Merci, j'en ai pas besoin,
j'ai toutes les questions qui me faut […]. » (*Ibid.*) Contraint et forcé devant la
menace d'un autre espace de dénonciation — celui plus large des médias —,
il s'y résout cependant [70]. Il s'y soumet, toutefois, d'une manière si étrange
que, lors d'une scène analogue avec Moman (où elle remplace la journaliste,
et la montre, le journal), Moman, désarçonnée et agacée, lui en fait la remarque : « Quessé tu veux dire au juste ? Même le bracelet comprend rien ! » (*Le
mariage du gai 2*) Face aux interrogations qui lui sont adressées, Popa volontairement défensif évite de répondre et emploie, dans les deux dialogues, le
même procédé : répétition et identification de la question. Qu'on en juge plutôt. Lors de l'entretien avec la journaliste, l'interrogation porte sur le rapport
de Popa à l'homosexualité : « Si j'aime les gais ? C'est ça votre question ? […]
Vous voulez savoir si j'aime les gais oui ou non ? […] Ah ! Là, c'est différent !
Vous avez rajouté oui ou non, tantôt c'était : « les aimez-vous » tout court […]
Encore c'te question là ? […] Branchez-vous, mon cher Carole ! Qu'est-ce
vous voulez savoir : si j'ai peur de répondre ? Ou si je les aime, oui ou non ?
Ou tout court ? » (*Le mariage du gai 1*) Quelques scènes plus tard — avec

---

69. Bien évidemment, puisque l'entrevue journalistique fonctionne exactement sur le principe
de la question et de la réponse ! Rien n'est donc gratuit dans l'écriture de Claude Meunier,
et tous les éléments participent à la cohérence textuelle de la série.
70. (Journaliste : « C'est un journal qui est lu par deux cent mille personnes… Ça serait plate
de voir votre photo en première page […]. » [*ibid.*]) Comme quoi, pour Popa, il y a bien pire
que la montre et les règlements de compte qu'elle entraîne au sein de la famille. Le pouvoir incontrôlable des médias avec ses conséquences est plus dangereux encore pour Ti-
Mé. Il faut se souvenir, à ce propos, de l'épisode déjà cité, *La jalousie de Pogo* (III), au cours
duquel un journaliste donne le nom, le numéro de téléphone et l'adresse de Popa et Moman, présentés comme les parents d'un criminel. On peut penser encore à *Musique plus*
(IV) dont l'animateur dévoile également l'existence des Paré en les présentant comme les
géniteurs de la nouvelle star de la chanson, Caro : enfant martyre…

Moman, cette fois —, la question formulée concerne d'éventuelles aventures amoureuses hors mariage. Moman : « [...] penses-tu que je t'ai déjà trompé ? » Popa : « Non, je pense pas que tu m'as déjà trompé. » Moman : « [...] tu m'as-tu déjà trompée ? » Popa : « Ben oui, mais on vient de la poser celle-là ! » Moman : « [...] as-tu peur de répondre ou quoi ? — BZZZ — Mon écœurant, toi ! » Popa : « J'ai même pas dit oui ! » Moman : « Non, mais t'as pas dit non ! » Popa : « Non à quoi ? » Moman : « Que tu m'as pas déjà trompée ! » Popa : « OK, d'abord, non ! Non, j'ai pas dit que je t'avais déjà pas trompée... » Moman : « Quessé tu veux dire au juste ? Même le bracelet comprend rien ! » Popa : « Sois plus claire aussi... Est-ce que je t'ai déjà pas trompée ? Franchement ! Tu parles d'une question ! » (*Le mariage du gai 2*) Ainsi, Popa ne répond pas, ne ment pas non plus et la montre ne sonne pas. Dans cette stratégie de l'évitement, ce qui est traduit ici, c'est comment, grâce au langage, Popa s'extrait du piège qui lui est tendu. Alors que le langage a trahi auparavant tous les autres personnages (Réjean, Jean-Lou, Moman), avec Popa, il devient soudain protecteur. Nul doute que la superposition du personnage et de l'auteur explique que ce soit Popa qui bénéficie ainsi des avantages de la maîtrise langagière et donc de l'instrument. Tout bien considéré, on pourrait convenir aussi du fait que Popa a répondu à Moman. Lorsqu'elle l'interroge : « Tu m'as-tu déjà trompée ? », dans les faits, il répond bien et, qui plus est, par l'affirmative : « *Ben oui* [c'est nous qui soulignons], mais on vient de la poser celle-là ! » Filou, il a profité de la polyvalence sémantique d'une expression si fréquente, que son sens premier a échappé à la vigilance de Moman...

Quoi qu'il en soit, dans le sketch de *Ding et Dong*, Moman a incriminé l'usage du détecteur de mensonges en tant que privilège réservé aux personnages publics : « C'est de valeur qu'on ne puisse pas jouer nous autres aussi. Comme si y avait juste que les vedettes qui étaient menteuses ! » Or, Moman Paré est déjà une vedette — les prestations de *Ding et Dong* connaissent un franc succès — et, à ce titre, elle va subir dans *La petite vie* le sort qu'elle leur dit réservé. C'est sans doute pourquoi elle utilise d'abord le vouvoiement lorsqu'elle s'adresse à Popa : (« Attention... Pensez-vous... Euh, penses-tu [...] »). Comme si, effectivement, il s'agissait de souligner que ce qu'on nomme généralement « interview » n'appartient qu'au domaine public, par comparaison avec le dialogue « privé ». Du coup, l'intimité de la famille Paré — star de la société québécoise — sera (est) donnée en pâture à tout un chacun. C'est dans ce cadre, nous semble-t-il, qu'on peut comprendre le glissement de la « P'tite vie » en *Petite vie*. Dans l'ampleur que prend la série, le *e* muet, absent dans la version originale du titre, se trouve soudain réinstauré. Tout se passe comme si, une fois en possession de l'espace nécessaire au déploiement de son écriture, l'auteur allouait aux mots eux-mêmes toute l'expansion dont il bénéficie tout à coup et qui leur appartient. Mais c'est aussi, et de façon emblématique, une autre manière de dire que, dorénavant, dans la série en cours d'élaboration, rien ne sera tu, voilé, « muet ».

4. « Hit the road… comme on dit », *La petite vie*…

Si l'analyse de ses origines et du « détecteur de mensonges » permet de mettre en lumière un certain nombre des caractéristiques de *La petite vie*, il reste qu'on ne peut minimiser la valeur fondatrice du premier épisode manifeste de la série. D'autant que *Le voyage à Plattsburgh* met en scène tous les personnages principaux, autrement dit, la famille Paré au grand complet. Or, ils ne sont pas si nombreux les épisodes qui réunissent Popa, Moman, leurs quatre enfants et les conjoints établis : sur soixante épisodes (incluant le tout dernier qui dure une heure : *Le bogue de l'an 2000*), sept seulement regroupent l'ensemble de la famille Paré[71]. Dès lors, on est en droit de formuler l'hypothèse que l'essentiel des relations qu'entretiennent ces personnages est mis à nu dans l'incipit de *La petite vie*. Parallèlement, il appert que Claude Meunier abandonne à Moman l'agrément de donner le coup d'envoi de la série, précisément au moment où celle-ci, enthousiaste, annonce le départ du voyage à Plattsburgh : « Hit the road… comme on dit, Jacqueline ! » C'est une aventure pour le couple Paré (qui, la plupart du temps, ne va pas quitter sa demeure), mais une véritable odyssée pour les spectateurs que nous sommes, car si le voyage de Popa et Moman à Plattsburgh tourne court, le périple de leur vie familiale, lui, prendra un essor considérable, et ce pour notre plus grand plaisir.

4.1. Le voyage à Plattsburgh *(I) : coup d'envoi de la série*

Partis à Plattsburgh à la suite d'un concours gagné par Moman (« Ton père a changé la Chine pour trente-sept voyages à Plattsburgh ! »), Jacqueline et Ti-Mé Paré reviennent chez eux avant même que la fin de semaine ne soit totalement achevée. Réjean prend la peine de le souligner : « Hey, trois heures du matin ! Y est revenu plus vite que prévu ! » L'échappatoire utilisée par Popa pour justifier l'interruption du séjour (« On aimait mieux revenir de nuit, y a moins de trafic ! ») est d'autant moins crédible que la hâte du couple parental à retourner chez lui avait été exprimée clairement deux scènes plus tôt. Moman : « Tu rentres pas en dessous des couvertes ? » Popa : « Non ! Ça va aller plus vite pour faire le lit demain matin. » Moman : « T'as ben raison. J'vas garder mon manteau, moi là, comme ça on va pouvoir partir plus vite demain matin. ». Le début de l'épisode — coup d'envoi de la série — inscrit d'emblée le désintérêt de Popa et Moman pour les voyages et leur absence totale de curiosité. Moman : « Ben, voyons donc, innocent ! Quessé ça c't'affaire là ? […] pas l'voyage ! » Popa : « Hé ! Baptême ! Quessé tu veux qu'on

---

71. On note, à ce propos, une accélération évidente avec la quatrième saison de la série. Outre donc *Le voyage à Plattsburgh* (I) et *Retour dans le passé* (II), il s'agit de *Musique plus* (IV), de *L'héritier* (IV), de *La grosse Caro* (IV), de *L'élection* (IV) et de *L'accouchement* (IV). Cela fait bien peu, si l'on songe que la présence de Rod dans deux des épisodes cités est pour le moins fugace : une seule apparition tout à la fin de *La grosse Caro* et à peine un passage à la fenêtre de l'hôpital Sainte-Justine au moment de l'accouchement de Thérèse.

aille faire en Chine? On n'a mangé des mets chinois la semaine passée [72] ! »
Ce refus marqué pour tout ce qui n'est pas conforme à leurs habitudes et la
prévalence accordée à leur confort quotidien (« […] c'est le micro-ondes que
j'voulais ! ») révèle, dans les faits, l'incapacité du couple de se retrouver en
tête à tête. La deuxième saison de *La petite vie* en témoigne explicitement.
Dans *Le camping* (II), c'est au bout d'une journée à peine que Popa et Moman décident de rentrer à la maison plutôt que de rester camper en amoureux, comme prévu. Moman : « Bon, ben, coudonc, c'est assez là, hein ? […]
Qu'est-ce tu veux qu'on fasse de plus ? » Tout se passe comme si le couple
Paré n'avait d'existence que dans son habitat et de réalité qu'en lien avec les
membres de sa famille. De fait, jamais nous ne verrons fonctionner les membres de la famille Paré autrement qu'à un minimum de quatre. Et un épisode
après *Le camping*, c'est uniquement parce que Popa et Moman décident d'aider leur ami Pogo à rompre le processus de ses hésitations amoureuses qu'ils
laissent leur maison pour un nouveau séjour — cette fois réussi — d'une fin
de semaine à Plattsburgh (*Pogo's love story*, II) [73]. Dans une sorte d'ici et
maintenant, *La petite vie* se déroule donc à l'intérieur d'un espace plutôt restreint et d'un temps relativement fixe. La vie de Popa et Moman commence
ou s'achève dans leur cuisine, leur salon ou leur chambre à coucher, lieux
privilégiés des « aventures » de la famille Paré. De cette manière, les différents épisodes mettent l'accent sur l'importance essentielle de « la petite
vie » du clan, à savoir celle de la complexité des liens affectifs des membres
de la tribu et de leurs amis.

Tous les éléments qui servent à dessiner les contours psychologiques
des personnages de la série sont mis en place dès le premier épisode.
L'amorce du *Voyage à Plattsburgh* présente un Popa dont la passion pour les
ordures ne tolère pas la moindre perturbation. Moman, affairée, chantonne
et il s'en plaint : « Moman, tu m'déranges dans mes vidanges, là ! » (*Ibid.*)
Cette façon pour le moins inélégante de Ti-Mé de traiter Moman constitue
l'essentiel du registre des rapports du couple parental ; un registre sur lequel
s'étayent, par ailleurs, les revendications (surtout sexuelles) de Jacqueline,
toujours frustrée par son mari. À cet égard, la chanson choisie par Moman
n'est pas innocente, même si les paroles d'origine ont subi une légère modification : « [sur la mélodie bien connue de Nanette Workman] Voulez-vous
souper avec moi, ce soir ? Voulez-vous souper avec moi, ce soir ? » (*Ibid.*) Le
changement effectué par Moman n'est pas inconscient ; bien au contraire, il

---

72. L'argument implicite de Popa à l'effet que, là ou ailleurs, les choses sont semblables revient
dans la série lorsqu'il regarde le canal météo. Thérèse : « Ah Wow ! Vingt-six à Paris ! »
Popa : « Wow ! Minute ! Combien qu'y fait à Saint-Léonard ? […] Deux degrés de différence ? Ça vaut-tu la peine de payer cinq mille piastres d'avion, pour deux degrés de différence ? […] Ridicule, non ? » (*Réjean reçoit*, II)
73. Lors de la quatrième saison de *La petite vie*, Popa et Moman font un autre voyage raté (*Le
voyage*, IV). Lors de cet épisode, loin de répondre à leur désir de visiter la capitale française, Momo et Bobonne les mènent en bateau, lors d'une scène qui ne ressemble en rien
à celle qui traverse Paris.

a pour but de révéler, par le rappel de ce déplacement, le contentieux entre les deux époux : « Une chance que je te chante pas les vraies paroles ! T'avalerais ben ton " bac " ! » (*Ibid.*) Si, tout au long de son déroulement, la série répétera cette réclamation (explicite) de Moman, c'est parce que le refus et la résistance qu'elle engendre chez Popa lui permet, en retour, une capacité de réplique qui donne aux dialogues de *La petite vie* toute leur singularité. Popa : « Ça, Moman, d'après toi, c'est-tu mince ou épais, ça ? » Moman : « C'est mince, épais ! » (*Ibid.*) Ce premier dialogue échangé par Popa et Moman, même court, constitue en soi une portion fondamentale de l'épisode : certes parce qu'il l'introduit et qu'il nous engage au sein de *La petite vie*, mais surtout parce qu'il s'avère emblématique des relations parentales. Une fois les personnages de Popa et Moman (piliers de la série) installés dans le registre verbal qui les caractérise (demande — refus — répartie), les enfants des Paré peuvent faire leur entrée. Et, de fait, l'un après l'autre, dans un ordre révélateur de l'importance affective accordée à chacun, surgissent Thérèse et Réjean, puis Caro, Rod et finalement Rénald et sa femme Lison.

Construit en deux parties (si l'on fait abstraction du premier dialogue), *Le voyage à Plattsburgh* va tout d'abord situer les personnages des enfants dans leur interaction avec leurs père et mère, avant d'aborder son objet apparent : le voyage à Plattsburgh. Car c'est bien de cela qu'il s'agit lors de ce premier épisode : inscrire d'emblée les enfants et leurs conjoints dans un lien prépondérant avec Popa et Moman, avant même de les situer dans leur relation de couple. Les premières phrases de Thérèse s'adressent à sa mère, tandis que l'intervention de Popa concerne Réjean, auquel Thérèse a fait allusion dans son discours. De fait, dans *La petite vie*, c'est surtout avec Moman que va interagir Thérèse et, le plus souvent, avec Popa que Réjean va s'entretenir. Cet éclatement momentané des deux couples est systématisé par Caro dans l'émission qu'elle anime, *Bonsoir avec un gros B*. Elle présente ainsi « les porte-parole de deux couples différents [...] monsieur Ti-Mé Paré et madame Jacqueline qui ne se connaissent pas du tout », puis « deux autres représentants de couples différents : monsieur Réjean X et madame Thérèse Z. » (*Info-Caro*, I) Ce choix de Caro de distinguer, voire d'extraire, les individus au sein des couples qu'ils composent n'est sûrement pas étranger au fait que ce personnage est, de tous, celui qui navigue le plus entre le père et le mère. L'arrivée de Rénald et de Lison dans le premier épisode de la série répète ce partage de la préséance des liens avec l'un ou l'autre des parents : c'est vers Popa que se dirige Rénald, c'est à Moman que Lison parle d'abord. La chose est d'autant moins hasardeuse que, tout au long de la série, nous verrons, en réaction constante, Lison avec Moman, Rénald avec Popa. Finalement survient Rod qui, le plus souvent en lien avec Moman (il est le chouchou), entretient cependant avec son père de rares mais importantes conversations. Si, parmi les enfants biologiques, Caro semble la plus active dans la série (multiples activités et expériences et de nombreux épisodes qui lui sont consacrés), Rod, pour sa part, fonctionne avec peu de moyens et un emploi qui, pour être anodin en apparence, n'en est pas moins indéniable.

En donnant le coup d'envoi à la série, *Le voyage à Plattsburgh* nous informe donc de la préséance accordée à Popa et Moman et aux liens entretenus par les différents personnages avec l'un ou l'autre d'entre eux. De fait, il n'est pas d'épisodes en l'absence du couple parental[74], alors qu'il est extrêmement rare que tous les enfants soient réunis autour de leurs parents. Lors de la seconde saison de la série, toutefois, un épisode rassemble de nouveau la famille Paré. C'est en soi suffisant pour nous convaincre d'y porter attention, alors que vingt-six épisodes le séparent du premier de la série. Nonobstant cela, son titre même, *Retour dans le passé*, indique déjà clairement son importance en laissant entendre que la fiction, à ce moment, se prend pour objet et fait retour sur elle-même.

4.2. Retour dans le passé *(II) : les origines fictives de la série*

Comme *Le voyage à Plattsburgh*, l'épisode du *Retour dans le passé* est construit en deux parties, à la différence qu'il s'écarte délibérément d'une narration linéaire. On assiste au contraire à un chassé-croisé de scènes « couleur » (correspondant au temps actuel) et de scènes « noir et blanc » (flashes-back, qui représentent l'histoire des Paré depuis le premier rendez-vous de Jacqueline et de Ti-Mé). Aux deux extrêmes de l'épisode, une scène réunit Thérèse et Moman autour de la confection laborieuse du pâté chinois (Thérèse : « Ça pas d'allure, c'est le trois centième pâté chinois que je fais, pis j'en ai pas encore réussi un ! » [*ibid.*]). À la fin de l'épisode, Thérèse a finalement intégré la liste des ingrédients à la base du plat alimentaire, mais la configuration particulière qu'elle donne à sa réussite (le steak haché à gauche, le blé d'Inde au centre et les pommes de terre en purée à droite) augure les formes les plus extravagantes qu'elle va donner, par la suite, à cette réalisation. Épisode en miroir, *Retour dans le passé* pourrait également s'intituler « Les mémoires d'un Petit-Mé », du titre donné par Popa à son journal intime. L'intention manifeste de l'auteur de créer une confusion entre réalité et fiction à l'intérieur même de l'épisode est explicitée clairement dans l'introduction du manuscrit. Sous couvert de l'étalage narcissique de Popa (il adresse ses mémoires « à ceux qui voudront connaître la merveilleuse histoire de [sa] vie »), le journal établit, par le biais d'un désir implicite, un lien direct entre le personnage et le travail de l'auteur/comédien. Popa : « Si jamais quelqu'un voulait en faire un film, je serais même prêt à jouer le rôle principal... » (*Ibid.*)

Compte tenu que Claude Meunier écrit la vie de Popa et incarne le personnage, ce dernier, qui soudain rédige ses mémoires, double ou cherche à doubler son créateur aux deux titres d'auteur et de comédien. Caro, partie prenante de la série, ne peut saisir cette indication de lecture donnée par

---

74. Une exception toutefois, *Le combat des clans* (III), dont Moman est absente. Une allusion lors de l'épisode indique qu' « elle est partie en retraite privée » sans autre détail.

l'auteur. S'il est aisé pour le téléspectateur (ou le lecteur) de déceler l'annonce d'un glissement du réel à l'imaginaire au sein même de l'épisode, la plus jeune des filles Paré, pour sa part, se laisse leurrer et sombre dans les ambiguïtés de « la réalité de la fiction [75] ». C'est par inadvertance que Caro déniche le manuscrit de son père alors qu'elle se trouve dans la cave de la maison. Encore qu'il ne soit pas anodin que cela se produise à la suite de l'acceptation de Popa de lui prêter ses outils, lui qui refuse toujours que quiconque s'en empare. Si on peut s'étonner de constater que le père récalcitrant a fini par céder à l'exigence de sa fille, c'est vraisemblablement parce que Meunier a besoin de cette première capitulation de son personnage. Dans un premier temps, Popa a farouchement résisté : « Dis-toi ben une chose, ma t'ite fille : le jour où tu vas toucher à mes outils, j'vas être six pieds sous terre ! » Caro ne s'est pas laissée démonter : « Eh ben ! J'pensais pas d'aller à tes funérailles à matin… » (*Ibid.*) Cette mort annoncée de Popa va suffire à sa reddition. Il est vrai que son personnage fonctionne sur le pouvoir — subtil mais absolu — qu'il détient sur le déroulement des épisodes : la coïncidence entre l'auteur et son incarnation sous forme de Popa expliquant et légitimant largement ce fait. C'est vraisemblablement pourquoi Popa envisage lui-même sa propre extinction : « Le jour où […] j'vas être […] sous terre. » (*Ibid.*) Du coup, on comprend bien (comme lui) que toute remise en question de son autorité ne puisse que le conduire à sa disparition totale. En tout état de cause, et quelles que soient les motivations du personnage et de l'auteur, c'est à partir de cette scène des outils que « l'écriture » et la « lecture » vont constituer le moteur de l'épisode.

« Mes outils ! Tu veux que je te passe mes outils ! Jamais ! M'entends-tu ? Jamais ! Si tu veux ma scie ronde, va falloir que tu m'as passes sur le corps avant ! » (*Ibid.*) Cette première réponse donnée par Popa à Caro va être reprise telle quelle dans le journal intime de Ti-Mé, à la nuance près, toutefois, qu'elle n'est plus énoncée (du moins dans sa totalité) par la même personne. Sur la feuille déchirée du manuscrit que Caro retrouve plus tard dans les poches du pantalon de son père, la réplique de Popa est scindée en deux parties (comme l'épisode). C'est bien lui qui pose encore la question (« Mes outils ! Tu veux que je te passe mes outils ! »), mais c'est Moman qui donne la réponse : « Hey ! Wô ! Baptême ! […] va falloir tu me passes la scie ronde sur le corps avant de toucher à ses outils. » Dans la reprise de la phrase inopinément allouée à Moman, deux éléments qui tranchent avec la réalité du texte premier méritent d'être relevés, justement parce qu'ils fracturent l'effet de répétition mis en place. C'est, d'une part, l'utilisation d'expressions qui caractérisent habituellement Popa (« Hey ! Wô ! Baptême ! ») et, d'autre part, l'emploi du pronom possessif « ses » en lieu et place de l'originel « mes ». Cette manipulation de la réalité effectuée par Popa conduit Caro, qui a été

---

75. Pour citer un autre artiste/écrivain humoriste, virtuose des glissements de l'imaginaire dans le réel de la fiction : « L'artiste », dans Raymond Devos, *Matière à rire*, Paris, Olivier Orban, 1991, 542 p.

témoin de la scène originelle, à prendre conscience de la méprise de sa lecture du manuscrit. Avant cela, elle croit découvrir, au fur et à mesure de sa lecture, un Popa méconnu d'elle : généreux (« [...] à chaque enfant, j'ai un dernier p'tit cadeau à vous remettre, là [...] un petit montant d'argent [mille dollars] » [*ibid.*]), ouvert (« Contrairement à mon épouse, j'ai toujours été psychologue avec mes enfants » [*ibid.*]) et plein d'humour. En prenant au pied de la lettre le titre donné par Popa à son journal — « Les mémoires d'un Petit-Mé » —, Caro s'est fait prendre au piège de l'autofiction. Elle n'a pas perçu que le titre même du journal indiquait un déplacement. Jamais auparavant dans la série, en effet, pas plus d'ailleurs que dans les épisodes ultérieurs, Popa ne s'est appelé « Petit-Mé ». C'est « Ti-Mé » que dit Moman lorsqu'elle s'adresse à lui ou qu'elle parle de lui ; et c'est même ainsi que le petit nom de Popa est reproduit sur la couverture de l'ouvrage de Meunier (« Commentaires de AIMÉ (Ti-Mé) PARÉ ») ! Manifestement, Caro n'a pas porté attention à cette modification qui indiquait pourtant la marque de la fiction.

Par ailleurs, en choisissant de faire porter à sa femme l'odieux du refus de prêter les outils, Popa confie à cette dernière la responsabilité de l'écriture. Puisque Moman ne se contente pas de répéter tels quels les termes énoncés (le « mes outils » est transformé en « ses outils »), elle peut dès lors, en s'immisçant dans la faille entrouverte par le langage, reprendre à son propre compte le travail d'écriture amorcé par Popa. Il n'en faut pas davantage à Jacqueline Paré pour profiter de l'aubaine qui lui est offerte. Dans le contexte d'une série où elle est éternellement vouée à la réplique et à la répartie, Moman exploite au maximum la possibilité qui lui est soudain présentée de s'affirmer à l'extérieur d'un rapport qui la maintient étroitement dans un lien exclusif à Popa[76]. Et de fait, la fin de l'épisode livre, avec une double défaite de Popa, une double victoire de Moman. Si Caro, l'enfant dupée, prend une revanche quelque peu dérisoire (précisément celle d'une enfant : elle renverse le sucrier sur la tête de son père, le pouding aux fraises et la crème glacée sur la table), Moman, pour sa part, règle d'une façon définitive et dans un registre beaucoup plus mûr les problèmes posés par les mémoires de Popa. D'une part, elle balaie toute ambiguïté possible entre les souvenirs de Popa et leur (re)transcription (« Son journal de science-fiction [...] »), d'autre part, elle fait en sorte que cette confusion soit dorénavant impossible : « J'ai un cadeau pour toi [elle sort une grosse gomme à effacer de son sac et la lui donne] Tiens ! » (*Ibid.*) Dans ce renversement de situation mis en place par *Retour dans le passé*, Moman remporte une victoire magistrale sur tous les plans. Durant l'épisode, Caro a reproché à sa mère de ne pas comprendre Popa et, de ce fait même, l'a rendue responsable de sa propre méconnaissance de ce dernier (« T'as fini de le faire passer pour un écœurant aux yeux

---

76. Inévitablement, lorsqu'elle est avec d'autres, Moman réfère à sa relation avec Popa. C'est le cas avec son amie Linda (*Pogo's love story* ; *Le zèbre*), avec Rod (*Le retour de Rod*), avec Jean-Lou (*L'ami de Caro*) ou avec Ben (*Le rêve de Moman*), avec Réjean (*Le changement de caractère*), avec Caro (*La thérapie de Caro*, *Le voyage à Plattsburgh*), etc.

de tout le monde!» [*ibid.*]). Premier revirement à l'avantage de Moman: le lien avec sa fille est rétabli. Caro: «Moman, Moman… Excuse-moi! Excuse-moi!» (*Ibid.*)[77] Second retournement, comme si le don de la gomme à effacer n'était pas suffisant à son triomphe, Moman s'empare de l'écriture jusque-là concédée à Popa; elle offre à Caro son propre journal, «Les mémoires de sainte Jacqueline Paré». Cette appropriation de l'écriture par Moman est tangible à quelques reprises dans la série. Elle prend la forme soit du journal intime, soit de la correspondance[78], deux genres dont les femmes ont dû se contenter longtemps avant que leur écriture ne soit reconnue et qu'elles puissent accéder à une reconnaissance institutionnelle[79].

Ainsi, et dans les deux épisodes sur lesquels nous venons de nous attarder (*Le voyage à Plattsburgh* et *Retour dans le passé*), Meunier alloue au personnage de Moman un élément fondamental de *La petite vie*, à savoir la conscience du langage et de l'écriture. Reconnaissance par l'auteur de l'apport inestimable de son partenaire, nécessité interne à la série que de partager équitablement les forces et les pouvoirs détenus par l'un et l'autre du couple parental, qu'importe. Si Popa apparaît comme le personnage principal de la série[80], il reste que Moman, pour sa part, est l'élément rassembleur de la famille. Du coup, les deux acteurs, comme les personnages qu'ils incarnent, se partagent de façon équitable le statut de «personnage principal» de *La petite vie*[81]. De là, sans doute, le fait que les enfants Paré sont davantage en interaction avec leurs parents qu'entre eux. Mis à part, en effet, l'épisode du *Chalet* (IV) construit autour des deux couples Réjean/Thérèse et Rénald/Lison, les enfants et leurs conjoints s'adressent d'abord au couple parental. Ce faisant, Meunier donne à ses deux personnages principaux les arguments qui vont conduire les autres membres du clan Paré à se situer indéfiniment par rapport à l'un ou l'autre des deux piliers de la série. Car ce qui est manifeste pour les enfants l'est également pour les amis. Lorsqu'ils ne sont pas liés de manière évidente par le sang, la plupart des personnages secondaires de la série entretiennent eux aussi des rapports susceptibles de se transformer

---

77. Dans l'écriture du scénario, Moman réagissait vertement aux regrets et au malaise de sa fille. Caro: «J'vas retourner chez mon psychiatre.» Moman: «Ça tombe bien, je t'ai pris un rendez-vous, justement!» (*Ibid.*) Mais ce court dialogue, qui nous renvoie à *La thérapie de Caro*, a disparu à l'enregistrement.

78. La première allusion au journal intime de Moman a lieu lors de la première saison de la série: «Cher journal… Ça y est: j'ai enfin réussi à dompter le dinosaure…» (*Le changement de caractère*, I). Par ailleurs, trois épisodes font état de sa correspondance: *La correspondante de Moman*, I, *Réjean vice-président*, III et *Le zèbre*, IV.

79. Irma Garcia, *Promenade femmilière*, Paris, Éditions des femmes, 1981, tomes 1 et 2, 383 p. et 224 p.

80. Après les essais infructueux des membres de sa famille qui cherchent à lui faire peur, c'est lui qui finalement provoque les contractions de Thérèse à son quatorzième mois de grossesse. En d'autres termes, Popa déclenche l'accouchement, moteur de l'épisode, comme Meunier engendre celui de la série. (*L'accouchement*, dernier épisode de la quatrième saison).

81. La couverture de l'ouvrage de Meunier, *Le monde de La petite vie*, le présente d'ailleurs comme une évidence, par le biais d'une photo de Popa et Moman.

en liens familiaux avec la famille Paré. Ainsi, l'ami de Caro s'affirme comme un gendre virtuel («Beau-Papa» dit Jean-Lou, le gai, en s'adressant à Popa, *L'ami de Caro*, I); quant à Pogo, son amitié pour Ti-Mé le conduit à prendre physiquement la place de Moman (habitudes et habillement compris) lors de l'épisode où chacun la croit à l'agonie (*La pierre au foie 1 et 2*, I). Par ailleurs, et au fur et à mesure du déroulement de *La petite vie*, on constate qu'il s'agit bien davantage de montrer leurs difficultés relationnelles que de livrer une lecture sociale d'une famille québécoise (exclusivement) représentative de notre société. Si les divers épisodes de la série ne nous livrent que peu ou pas d'informations sur les occupations individuelles des personnages qui l'animent, en revanche, aucun des reproches, aucune des chicanes qui opposent et rapprochent parents et enfants ne sont dérobés à notre vue et à notre entendement. Les querelles intestines familiales données à l'état brut, plus particulièrement celles qui opposent Popa et Moman, composent le fondement même du déroulement de *La petite vie*. Dans cette perspective d'un choix établi qui préside à l'élaboration de la série, on ne s'étonnera pas que notre réflexion porte à présent sur le fonctionnement du couple parental. À cet égard, Caro l'a annoncé dans sa présentation de l'émission *Bonsoir avec un gros B*: «[...] l'émission de ce soir porte sur le couple. Ce célèbre duo [...].» (*Info-Caro*, I)

CHAPITRE DEUX

« Un sac pour le dur…
un sac pour le mou… »

1. Le couple parental

1.1. L'indifférence affichée, la riposte attendue

Dans leur grande majorité, les différents épisodes de *La petite vie* débutent avec Popa et Moman et mettent en scène le mode de relation du couple parental. Les propos échangés indiquent, en premier lieu, l'absence totale de considération de Popa à l'endroit de Moman. Le tout premier dialogue du téléroman, emblématique à cet égard de la série, en fournit un exemple prégnant. Popa s'affaire à ses vidanges ; du bac destiné au matériau à recycler, il sort un paquet de céréales entamé puis un pot de mayonnaise à moitié vide : « […] tu me finirais-tu ça, s'il vous plaît, là ? Parce que c'est les vidanges recyclables demain. J'ai quasiment pas de cartons à leur donner. […] Y a ça aussi faudrait que tu me vides… Y a peu près quinze cuillerées, là-dedans, maximum… » (*Le voyage à Plattsburgh*, I). Le discrédit de Moman est d'autant plus manifeste que le passe-temps de Popa est rebutant, de l'avis même de sa famille [1]. Du reste, son penchant dominant pour les ordures ménagères n'est pas le seul élément donné pour mentionner sa désinvolture envers Moman. L'absence de respect qu'il accorde régulièrement à son sommeil en atteste également : « Moman ? Moman ! Moman, je te parle, là ! Dors-tu ? […] C'est ça, réponds-moi pas en plus, hein ? » (*Le changement de caractère*, I) [2] Peu importe, en effet, que Moman soit en train de dormir, les inconforts comme les inquiétudes de Popa sont largement suffisants pour justifier à ses yeux un réveil brutal de son épouse. Dans ce contexte, on ne se surprend guère de constater l'absolu de son égoïsme, y compris dans des situations plus dramatiques. Lors du *Souper avec vedette* (I) et de *La pierre au foie* (I), Moman présente des troubles physiques. Mineurs lors du souper avec le joueur de hockey Guy Carbonneau — elle s'étouffe avec un aliment —, ses ennuis prennent une tout autre ampleur lorsqu'elle souffre de douleurs telles qu'il faut procéder à une hospitalisation. Dans les deux cas, Popa nie ou atténue la gravité de son état au profit de ses propres intérêts : « J'peux pas aller à l'hôpital, Moman, j't'avec Guy Carbonneau ! » (*Le souper avec vedette*, I) Lorsque l'ampleur des souffrances impose une entrée à l'hôpital

---

1. Avant leur départ en voyage, Popa fait les recommandations d'usage à son gendre : « Astheure, les vidanges […] Vois-tu, là, ça, c'est un restant de pâté chinois d'y a deux jours. » La grimace de Réjean indique qu'il est dégoûté même si, dans son discours, il ne s'oppose pas à son beau-père : « C'est… C'est… super… » (*Le voyage à Plattsburgh*, I)
2. Popa : « Moman ? Dors-tu, toi, là ? » (*Mlle Morin*, II)

(Moman: «Ça fait mal, c't'effrayant!» [*La pierre au foie* 1, I]), Popa réfute d'abord leur réalité («Fais-toi z'en pas avec ça, Moman. C'est dans ta tête, ça...» [*ibid.*]) puis, les minimise: «Veux-tu y aller en ambulance ou en métro?» (*Ibid.*) En l'absence de toute empathie de sa part, c'est un tiers qui l'oblige à prendre la décision qui s'impose, faisant ressortir d'autant sa désinvolture et son égoïsme. Dans *Le souper avec vedette*, c'est Guy Carbonneau qui intervient: «J'vais l'amener à l'hôpital... Ça a pas de bon sens!» Dans *La pierre au foie*, c'est Pogo qui suggère le départ avec une formule qui favorise le quiproquo: «Veux-tu que j't'appelle une ambulance?» Il n'en faut pas davantage pour que Popa saisisse une fois de plus la possibilité de nier la réalité: «Euh... Non! Chus correct moi, là, ça va, ça va...» (*Ibid.*)

Cette indifférence à l'endroit de Moman, trop affectée pour être réelle [3], peut prendre des allures d'insulte. Moman: «C'est mon concours de soupe Won Ton...» Popa: «Ah! Oui? Tu te présentes-tu comme nouille, coudonc?» (*Le voyage à Plattsburgh*, I) Devant une telle muflerie, l'on ne peut faire autrement qu'attendre (et espérer) les représailles de la conjointe malmenée. Popa ne peut se gausser impunément de son épouse; ce serait sans compter avec la capacité de réplique, cinglante, de Moman. Et de fait, le comportement de Popa ne la laisse jamais sans réaction. Confrontée à la mauvaise humeur constante et aux insultes de Ti-Mé, Jacqueline se rebiffe aussitôt et rend coup pour coup: «Hey! Ça va faire, là! Coudonc, tu me prends-tu pour un égout, toi?» (*Ibid.*) Si Moman réplique systématiquement aux quolibets que lui décoche Popa, c'est toujours par le biais de railleries qui reprennent le champ de sa moquerie. Comme un des amis de Caro parle à Popa en termes flatteurs de ses «vidanges», celui-ci répond par une boutade qui vise Moman («[...] je garde mes plus belles dans maison...»); la riposte ne se fait pas attendre: «Y les garde dans la maison, pis y leur met une casquette sa tête!» (*La thérapie de Caro*, I) Dans le même esprit, tandis qu'elle tente d'encourager Thérèse («[...] t'es née pour un gros pain sandwich...») et que Popa ricane («Pis moi? Quoi? Un pain au raisin, moi?»), elle le rembarre illico et lui cloue le bec: «Toi? Un trou de beigne!» (*Thérèse au WacDo*, I) En d'autres termes, Popa favorise — activement, mais aussi passivement — les répliques de Moman. À croire que le couple trouve dans ces dialogues décapants un *modus vivendi* qui les comble. On assiste ainsi tout au long de *La petite vie* à la lutte sans merci que se livrent les époux Paré. Si c'est Popa qui donne le plus souvent le coup d'envoi à ces joutes verbales, Moman, néanmoins, garde toujours le dernier mot. Popa: «[...] m'a vous laisser à vos niaiseries... À vos affaires, j'veux dire...» Moman: «Non, non! Tu peux dire niaiseries; on parlait de toi, justement!» (*La thérapie de Caro*, I)

Légion, les règlements de comptes du couple parental sont parfois fantasmés, voire calculés à l'avance. Après l'expérience douloureuse de Rénald

---

3. L'attitude de Popa change d'ailleurs radicalement lorsque Moman menace de le quitter (*Le changement de caractère*, I; *Le kick de Moman*, II)...

(lors de son repas d'anniversaire, la famille lui a énoncé ses quatre vérités), Popa, en homme averti, suggère que l'on oublie la sienne : «J'pense qu'on va laisser faire pour ma fête, finalement...» (*Le roast de Rénald*, I) C'est, pour Aimé Paré, le temps d'une inquiétude fondée, mal évaluer l'opiniâtreté de Moman : «Non! Y a pas de "laisser faire"... Ça fait un an j'prépare mon speech! Tu vas y passer, comme tout le monde...» (*Ibid.*) À bon entendeur salut! Rien, en effet, n'est susceptible de faire rendre les armes au couple qui s'affronte, aucune situation ne semble justifier l'arrêt des hostilités. Même la présence de journalistes venus pour s'entretenir avec les parents du futur champion de l'émission *Tous pour un* ne suffit pas à instaurer une trêve. Moman : «Vous savez, c'est très dur élever un génie...» Popa : «C'est vrai! Ma mère a eu le même problème!» Moman : «Ah oui? Je savais pas que t'avais un frère...» (*Tous pour un*, II) Une nouvelle suite à *La petite vie* nous fera-t-elle un jour assister à l'issue de cette apparente guerre des tranchées? On en doute fort et on rejette même cette possibilité au risque qu'elle signe la fin de la série. Il reste que devant la persistance de Popa à la provoquer, l'exaspération de Moman ne peut que s'aggraver et aller en augmentant. De fait, la moindre remarque de Popa, même la plus anodine, suscite son courroux et déclenche immanquablement ses sarcasmes. Ainsi, alors que Popa s'enquiert de l'âge exact de Rod : «Trente-sept? Y a pas trente-huit, lui?», Moman le musèle d'un : «Trente-huit ça, c'est ton quotient, ça!» (*Le retour de Rod*, I) Les persiflages échangés par les époux Paré suivent donc un procédé immuable : s'emparer de l'agression commise par l'autre et la retourner contre lui. Popa : «J'pense qui a un petit court-circuit dans ma patente.» Moman : «Cherche pas. Y est là, le court-circuit! (elle montre la tête.)» Popa : «Tu peux pas n'avoir toi, t'as pas assez de courant qui passe par là!» (*Ibid.*) C'est dire que dans ce va-et-vient d'offensives et d'assauts perpétuels se dessinent les caractéristiques du mode de relation du couple parental, en même temps que la singularité de l'écriture des dialogues à la base de la série...

1.2. Les frustrations sexuelles

L'absence quasi totale d'activité sexuelle du couple parental explique en grande partie les frustrations de Moman suggérées au tout début de *La petite vie*. Caro : «[...] y a jamais eu de cours d'éducation sexuelle, lui?» Moman : «Oui, mais y l'a coulé...» (*Le voyage à Plattsburgh*, I)[4]. De son point de vue, l'entière responsabilité des problèmes revient à Popa à qui elle reproche, entre autres, son manque de désir. Popa : «Ça doit pas être drôle, faire vœu de chasteté, hein?» Moman : «Bah! T'as pas l'air si malheureux, toi...»

---

4. À quelques reprises, il est sous-entendu que le nombre de leurs relations sexuelles correspond pratiquement à celui de leurs enfants. Popa : «Je me rappelle de toutes les fois qu'on a fait l'amour, par exemple.» Moman : «T'es bon, tu sais compter jusqu'à cinq!» (*Le 40e anniversaire*, III). Ce chiffre correspond aux quatre enfants, plus une allusion à un épisode où le couple vient de faire l'amour (*Le mariage du gai 1*, II).

(*L'aventure de Réjean*, II) Les dialogues du couple dans l'épisode du *Mariage du gai 1* (II) résument leur situation dans ce domaine. Ils dénoncent la rareté de leurs rapports sexuels (Popa : « Ça devait faire une couple de semaines, certain, qu'on l'avait pas fait ! » Moman : « Pas tant que ça, juste quarante-neuf ! »), leur brièveté (Popa : « Trente-sept secondes ? J'ai battu mon record de l'année passée ! ») et l'absence de plaisir de Moman (« Ça s'est passé tellement vite, j'ai rien remarqué ! »). Un jour, dans le but d'encourager leur ami Pogo à passer aux actes avec Linda, le couple fait semblant de faire l'amour et Moman feint d'avoir du plaisir. La remarque de Popa fait état de sa propre ignorance et des frustrations de sa femme : « C'est bon ! C'est bon ! Quessé ça vient faire là-dedans ça ? J't'ai jamais entendu dire ça de ta vie ! » (*Pogo's love story*, II) On peut comprendre la réplique de Moman (« J'suis pas une " fakeuse ", moi… ») de deux façons : eu égard à ses relations avec Popa, elle ne nie pas les faits et les tourne même curieusement à son avantage ; et du point de vue d'une écriture qui se veut ludique, sa réponse contredit l'affirmation énoncée puisqu'elle est, justement, en train de faire semblant ! Ce procédé qui nous rappelle que *La petite vie* est une fiction (qui se veut telle, l'affirme et en joue) revient souvent dans la série ; Moman n'hésite pas, en effet, à faire usage de ce subterfuge. Ainsi, parce que le couple entend les cris de plaisir de Thérèse dans l'appartement du dessus, elle profère, à son tour, moult hurlements. Devant l'étonnement réitéré de Popa, elle s'explique sans détour : « Moi aussi, j'ai mon orgueil, tu sauras ! » (*L'héritier*, IV) [5] Dans les faits, tous les prétextes sont bons pour que Moman simule le désir et le plaisir. Ailleurs, parce que Caro dépitée par l'échec de ses relations amoureuses décide d'entrer au couvent, elle prévient Thérèse : « Ton père pis moi, on a préparé une petite mise en scène pour [lui] redonner le goût du couple. » (*Caro religieuse*, III) Si Popa accepte de se prêter (en partie) au jeu amorcé par sa femme (il lui apporte des fleurs et lui dit « mon amour »), il persiste à énoncer son refus de faire l'amour avec elle. Moman : « Vas-y, déshabille-moi ! » Popa : « Non ! J'ai trop le goût de te faire l'amour… » Moman : « Ah ! Ton corps […] comme je le désire ce corps ! » Popa : « Moi aussi, je le désire… » (*Ibid.*) À un premier niveau donc, celui des relations du couple parental, il appert que Moman ne cherche à susciter le désir de son époux que dans une situation de leurre et de simulacre [6]. À un second niveau, celui de l'écriture, on note l'attribution systématique à son personnage de la faculté de porter le jeu. Une manière, sans doute, pour l'auteur de reconnaître et de mettre en scène le talent de comédien de son partenaire Serge Thériault.

Quelques-unes des remarques de Jacqueline tendent à nous faire comprendre, par ailleurs, qu'en matière de connaissance sexuelle, elle n'est pas

---

5. Soit dit en passant, la fierté constitue un trait de personnalité commun au couple parental. Popa a utilisé la même expression lors d'un dialogue avec Rod où ce dernier lui reproche son peu d'implication passée. Popa : « J'ai mon orgueil moi aussi, tu sauras… » (*Le retour de Rod*, I)
6. C'est aussi ce qui se produit lorsqu'elle se dédouble en Égouïne (*Le zèbre*, IV).

tellement plus avertie que son époux. Caro : « [...] ça l'air que chus clitoridienne... » Moman : « Clitoridienne ? T'es sûre de ça ? Ben, pourtant, t'es née en soixante, toi ! Ça veut dire que ton père le serait aussi ! Ben oui, lui aussi y est singe en astrologie [...]. » (*Le voyage à Plattsburgh*, I) Ces propos échangés relativisent la perception d'un Popa incompétent et marié avec une femme frustrée par sa faute. De fait, la lecture qu'il effectue des problèmes sexuels de leur couple est pour le moins différente de celle de Moman. Là, comme ailleurs, la stratégie consiste à reprendre les arguments évoqués par le conjoint et à les retourner contre lui. À son tour, Popa reporte donc sur Moman la responsabilité de leurs difficultés ; auparavant, il affirme sa virilité : « [...] j'ai déjà été une bête de sexe, moi, dans ma jeunesse [...] c'est le mariage qui m'a calmé... » (*Le mariage du gai*, II) Vantardise ou réalité ? Devant l'accumulation des allusions de Moman à ses défaillances, il arrive que Popa avoue son désir pour d'autres femmes que la sienne : « C'pas dur aujourd'hui tromper sa femme [...] Niaiseux, même... Un gars dit à sa femme, "j'sais pas moi... j'm'en vas voir les vis chez RE-NA..." Là, y va chez sa maîtresse une p'tite heure, fait l'amour en ligne quatre, cinq fois, envoye donc... Là, y revient à maison avec son p'tit sac de vis, fait comme si de rien était, tripe dans ses vidanges [...]. » (*L'aventure de Réjean*, II) Que les provocations de Popa soient délibérées ou involontaires (comme celles-ci, du moins, on le suppose), il demeure qu'elles ne restent jamais sans réplique. Nous l'avons dit, c'est toujours Moman qui a le dernier mot. Aussi, la riposte est-elle, là encore, instantanée : « Une chance t'as parlé de quatre, cinq fois, sinon je me poserais des questions... » (*L'aventure de Réjean*, II) [7]

Quoi qu'il en soit, il est indéniable que Ti-Mé démontre à plusieurs reprises son peu d'intérêt pour la relation sexuelle avec Jacqueline. Moman : « Allez, faisons l'amour... » Popa : « Ensemble ? » ; Moman : « [...] quand la musique finit, faut s'embrasser... » Popa : « Eh, baptême ! T'es pas sérieuse ! » [...]. » (*Pogo's love story*, II) Lors de ses premières rencontres avec elle, il va même jusqu'à la prévenir de son indifférence : « Ayez pas peur ! Y a aucun danger avec moi au lit ! » (*Retour dans le passé*, II) Mais, telle Moman, qui avait transformé ses problèmes en avantage (« Moi, je suis pas fakeuse ! »), Popa fait en sorte de tirer des siens une certaine gloire : « C'est pas tout le monde qui a ma moyenne au bâton. Quatre en quatre ! Assez viril, quand même, assez viril ! » (*L'héritier*, IV) Il reste que *Le mariage du gai* explique une partie du manque d'enthousiasme de Popa. Tandis que, dans la cuisine, les femmes parlent de leur nuit de noces (Moman : « Ti-Mé avait mis le paquet ! Y avait même loué deux chambres [...] dans deux motels différents... »), au sous-sol, Bobby, le futur époux de Jean-Lou, raconte la sienne à Popa, à l'époque où il s'est marié avec une femme : « [...] j'avais tellement eu peur ! J'nous avais loué deux chambres séparées... » Popa : « Pas dans deux motels

---

7. Lors de la troisième saison de *La petite vie*, un lapsus de Popa semble confirmer, néanmoins, qu'il a déjà eu des aventures : « Tu m'as-tu trompé, toi aussi [...] toi, j'veux dire, aussi, dans le sens de aussi peu que moi ? » (*Le 40ᵉ anniversaire*, III)

différents, toujours ? » (*Le mariage du gai 2*, II) La peur exprimée par Bobby (expliquée par son homosexualité) laisse entendre, par le déplacement qu'elle induit, celle de Popa face à la relation sexuelle avec Moman. Du coup, on s'interroge sur la nature de cette crainte. Qu'y a-t-il donc, chez Moman, pour le tenir ainsi à distance ? De nombreuses traces dans la série nous rappellent que le personnage de Jacqueline Paré est incarné par un homme [8]. Ce fait (d'autant plus important qu'il est souligné à différentes reprises) constitue en soi, nous semble-t-il, un élément suffisant pour expliquer le peu d'élan sexuel de Ti-Mé vers Moman. Et d'ailleurs, une remarque de Jacqueline à cet effet, alors qu'ils se dirigent pour la première fois vers un lit, crée un trouble chez Popa. Comme Moman le pousse pour s'installer dans le lit à sa droite, il s'étonne : « Vous voulez que je me mette là ? » Moman : « C'est que je suis droitière ! » (*Retour dans le passé*, II) À la lumière de cette insertion soudaine du réel dans la fiction, on se dit que la distance sexuelle qui sépare Popa et Moman nous parle peut-être tout autant de Meunier et de Thériault que de leurs personnages. Les deux artistes forment bien (et depuis longtemps) un vrai couple, avec ses enfants (ses créations), sa complémentarité et même — on l'imagine — ses chicanes éventuelles et ses élans affectifs. Pour autant, l'union sexuelle n'appartient pas à leur alliance. Ainsi, et si sur le plan des personnages Meunier met en scène un (vieux) couple avec une sexualité défectueuse, sur le plan de l'écriture, il rappelle la réalité de celui qui incarne ces personnages : deux hommes, deux artistes (amis) en association depuis de nombreuses années. C'est peut-être pourquoi Moman « joue » la provocation et le plaisir mais fait marche arrière lorsque Popa se prend au jeu (cf. *Le zèbre*, IV) [9]. C'est peut-être pourquoi Popa se contredit, affirmant parfois être ou avoir été une « bête de sexe » (*Le mariage du gai*, II), avouant à d'autres moments son dédain pour la chose depuis toujours (*Retour dans le passé*, II).

Cela étant, à Rod, qui l'interroge sur ses relations avec Moman, Popa donne comme explication l'usure du désir : « Un moment donné, tu vas voir avec l'âge [...] J'veux pas dire que ta mère pis moi on est pas heureux mais, comment je dirais ça ? [...] on est heureux défensifs... Voilà ! Pas de trouble, comme on dit ! » (*Le retour de Rod*, I) [10] Heureux « défensifs » soit, si l'on con-

---

8. Dès le premier épisode de la série, Rénald le laisse entendre et à deux reprises : « (à Moman) Toi Guilda [...]. » Thérèse : « T'es reconnais pas ? » Rénald : « Tu vois pas qui sont déguisés ? » (*Le voyage à Plattsburgh*, I). Quelques épisodes plus tard, alors que Moman s'étonne de ce qu'il vient de lui annoncer (« Kidnappée ? ! »), il réplique : « Oui, monsieur ! » (*La prise d'otage*, I). Même l'infirmier de l'hospice — Dany Verveine — ne s'y trompe pas lorsqu'il apporte à Popa et Moman un petit pot à médicament pour recueillir leur urine : « Vous me faites ça comme deux grands garçons... » (*L'hospice 1*, III)

9. À la suite de la lecture du *Zèbre*, le roman d'Alexandre Jardin qui raconte les scènes inventées par un couple pour raviver son désir, Moman a créé Égouïne. Après un premier refus, Popa accepte de céder à ses avances. C'est alors Moman qui refuse... (*Le zèbre*, IV)

10. Nous ne pouvons passer sous silence le fait que Pogo, le meilleur ami de Popa, utilise la même expression lorsqu'il s'agit de préparer leur rencontre avec Guy Carbonneau : « [...] on jase défensif... Comme ça, on est sûrs de pas faire de gaffe... » (*Le souper avec vedette*, I)

sidère que chacun se sentant (à juste titre) attaqué par l'autre met aussitôt en place un système de défense. Mais heureux «agressifs» également, ne serait-ce que pour permettre l'actualisation de la dynamique parentale. À cet égard, Moman a bien prévenu Popa: «[...] ça va être Jacqueline contre Ti-Mé!» (*Le camping*, II)

1.3. La revanche de Moman, la victoire de Popa...

Les frustrations et la colère de Moman à l'endroit de Ti-Mé sont telles («J't'écœurée de toé!» [*La thérapie de Caro*, I]) que le prétexte du mauvais caractère de Popa devient, le temps d'un épisode, l'occasion pour elle de prendre sa revanche. Au bout de sa patience, elle menace de le quitter s'il ne se résout pas à modifier son attitude: «[...] ça fait trente-cinq ans que tu bâtis sur moi à tous les matins. Trouves-toi un autre deux par quatre!» (*Le changement de caractère*, I) Une fois de plus, Moman a été réveillée brutalement. Popa: «Dors-tu [...] C'est ça, réponds-moi pas en plus, hein? Après ça, tu diras c'est moi qui commence! Je te parle, Moman... Tu dors, oui ou non? [...] Je demande à madame si a dort, a me ronfle en pleine face!» (*Ibid.*) L'interrogation de Moman, qui envisage curieusement sa propre responsabilité («Bon, quessé que j'ai fait encore?»), s'oppose radicalement à l'affirmation répétée de Popa («Envoye, dis-lé que chus plate [...] Y est plate, y est plate, y est plate, envoye!» [*ibid.*]). À cet instant, chacun prend donc à son propre compte le discours familier du conjoint. Cette situation inversée accentue le drame mais justifie surtout à l'avance la position radicale de Moman dans la suite de l'épisode; si Popa en convient lui-même, pourquoi donc irait-elle le contester? La mise en demeure est claire et sans détour. Le déplacement d'une valise, de la chambre à coucher vers la porte d'entrée, rythme les efforts et les écarts de la nouvelle conduite de Popa. Contraint en apparence — mais se soumettant d'autant plus aisément qu'il a lui-même suggéré la réaction de sa femme («Dis-lé, y est plate le bonhomme!») —, Ti-Mé souscrit à ses exigences: il donne de l'argent à Réjean et subit ses sarcasmes sans sourciller, prête sa voiture et ses outils à Rod, accepte les extravagances de Caro qui se pavane les seins nus, consent enfin aux dépenses excessives de Moman[11]. Il reste que la modification du caractère de Popa ne dure pas. Elle s'arrête même très exactement avec la fin de l'épisode: «J'peux revenir comme avant si t'aimes mieux.» (*Ibid.*) La réplique de Moman, désabusée, n'implique pas d'ailleurs qu'il ait à demeurer dans cette

---

Trouvaille linguistique propre à l'auteur, bien sûr, mais aussi et parce qu'il appartient aux deux amis dans la série, procédé qui permet de rapprocher les deux personnages en les dotant d'un trait langagier (et psychologique?) commun.

11. Cette reddition, somme toute rapide, s'explique assez facilement. Car les résultats des concessions de Popa finissent par donner raison à sa réticence première: Rod a un accident de voiture (pour cause de négligence), Caro se fait arrêter par la police (pour outrage aux bonnes mœurs) et Réjean saccage le salon qu'il devait refaire. (*Le changement de caractère*, I).

bonne voie : « Ah ! Ferme-la donc ! » (*Ibid.*) Que deviendrait-elle, en effet, avec ses revendications s'il fallait que Popa change radicalement sa manière d'être ? On n'ose l'envisager ; car que Ti-Mé devienne aimable et attentif et que les frustrations de Jacqueline disparaissent et c'est *La petite vie* qui s'éclipse à son tour !

À quelque temps de là, cependant, Popa cherche à flatter Moman : « […] je dois vous dire que j'ai la chance d'être marié avec ce qu'on appelle un méchant pétard. […] Ça a l'air exagéré, peut-être, mais ma femme se compare avantageusement avec la Buick Century Cutlass » (*Info-Caro*, I). Rien n'indique à ce moment que Popa ironise et Moman semble touchée par l'étrange compliment : « Vous le pensez vraiment ce que vous dites, là ? La Buick Century Cutlass ! » Popa : « Oui, madame ! […] je suis sincère en ce moment. » Moman : « C'est le plus beau compliment que j'ai jamais entendu de ma vie ! La Century Cutlass, réalisez-vous ? » […] Popa : « J'en fais pas souvent des compliments, mais quand j'en fais, ça fait mal ! » (*Ibid.*) [12] Difficile de contester cette dernière remarque ! On se dit qu'au contraire, il faut prendre Meunier au pied de la lettre : quand Popa fait des compliments, « ça fait mal », en effet ! Moman est-elle dupe de ses intentions réelles ? On en doute… À plusieurs reprises, elle éprouve le besoin d'interroger la valeur des éloges de Ti-Mé à son endroit. Popa : « Moi, quand j'ai choisi ta mère, je l'ai pas rien que choisie pour son intelligence, m'as te dire… » Moman : « C'est-tu un compliment, ça ? » Popa : « C'est dur à dire, m'as te dire… » (*Le retour de Rod*, I) Nul, par ailleurs, ne parvient à répondre à ses interrogations : « C'est-tu un compliment, ça ? » Caro : « C'est dur à dire… » (*La grosse Caro*, IV)

Puisque les frustrations demeurent, la suite de la série montre que ces fausses louanges ne convainquent pas Moman. Aussi, va-t-elle de nouveau envisager de quitter Popa, alors qu'elle est amoureuse de Ben, un ami de Rod. Si, dans *Le changement de caractère*, elle a inclus dans sa revanche les membres de sa famille (à sa demande — nous l'avons dit — Popa cède aux désirs de ses enfants), cette fois, elle ne cherche le concours ni l'appui de personne. Le péril, par conséquent, en apparaît plus grand et Popa, menacé une seconde fois, va jouer son va-tout. Lui, d'habitude désintéressé et agressif, s'enquiert tout à coup affectueusement de son état : « Ça va, mon amour ? » (*Le kick de Moman*, II) Une ultime stratégie dont il reconnaît le besoin exceptionnel face à l'ampleur du danger. Moman : « Mon amour ? Mon dieu ! Tu m'as jamais appelé de même en trente ans ! » Popa : « J'attendais l'occasion, c'est tout ! » (*Ibid.*) Dans les circonstances, les manœuvres instau-

---

12. Il est vrai que dans le contexte de la scène, les Paré se retrouvent à la télévision ; aussi, Popa cherche-t-il à se montrer sous son meilleur jour (« […] une des choses qui est très fatigante de moi, c'est ma bonne humeur. […] je suis ce qu'on appelle une espèce de Roger Bontemps ! » [*Info-Caro*, I]). De plus, pour les contraintes de l'émission, Popa et Moman ne sont pas sensés se connaître ; ils sont tous deux « les porte-parole de deux couples différents ».

rées par Ti-Mé peuvent paraître dérisoires («[…] j'allais te faire cuire une omelette […] une bonne omelette avec des champignons, là… »), mais il ressort qu'elles touchent Moman, le temps d'une courte hésitation : « Ah oui ? Pis du fromage, aussi ? » (*Ibid.*) À en juger ce flottement, Moman ne serait pas vraiment décidée à quitter Popa. Et d'ailleurs, lorsqu'elle rêve de Ben amoureux dans ses bras (« Ah ! Jacqueline, Jacqueline… »), elle lui (re)commande de la nommer à la manière de Popa : « Appelle-moi Moman [13] ! » Plus encore, au moment où sa fantaisie lui fait épouser Ben, elle fait dire à Popa son refus de ce mariage («[…] moi, ça me tente pas, pantoute ! ») et le dote d'une mitraillette qu'il utilise contre elle et son amant virtuel. Crainte de la réalité, soit, mais traduction aussi de son désir que le dépit de Popa ainsi provoqué (ré)active ses désirs à son endroit. Mais puisque c'est Moman qui rêve, c'est donc aussi que l'émulation mise en scène lui appartient en propre. De fait, elle énonce sa propre jalousie alors que Popa, en désespoir de cause, la menace à son tour : «[…] d'un coup, chus rendu avec une p'tite fille de vingt ans, moi ? » Moman : « Mon écœurant, toi ! Que je te pogne jamais […] ! » (*Ibid.*) Voilà sans doute pourquoi, lorsque Popa et Moman se dédoublent en Égouïne et en James, la relation sexuelle, dans le réel du motel, sera impossible. Déplacée vers le fantasme, en revanche, alors que Popa et Moman se retrouvent chez eux, l'allusion à ces personnages fictifs stimulera leur désir et les conduira, pour la seconde fois dans la série, à faire l'amour (*Le zèbre*, IV). Jean-Lou l'avait d'ailleurs affirmé à Caro : «[…] un couple a ben le droit d'avoir des petits fantasmes… » (*L'ami de Caro*, I) Mais ce qui n'avait pas eu de réelle incidence dans leur cas (Caro : «[…] si y est aux deux, moi, chus pas dans ces deux-là, certain ! » [*ibid.*]) aura donc trouvé son actualisation plusieurs épisodes plus tard.

Au demeurant, la revanche de Jacqueline Paré s'achève par la « victoire » de Popa : Ben part en fin de semaine d'amoureux avec son ancienne amie (plutôt qu'avec Moman) et Ti-Mé laisse sa femme, une fois encore, sur un désir inassouvi. Moman : «[…] ça nous ferait du bien, nous autres aussi, une fin de semaine dans le nord… » Popa : «[…] certain… Vas-y en fin de semaine, j'irai l'autre après, moi… » (*Le kick de Moman*, II) En d'autres termes, si Meunier attribue la plupart du temps le dernier mot à Moman (au sens d'une répartie, d'une réplique), lorsque l'intégrité et le pouvoir de Popa sont mis en cause, l'auteur fait en sorte que le cours des choses tourne plutôt à son avantage. Au sein de la fiction, Moman peut imaginer des scènes, créer des situations et, le cas échéant, Popa acceptera de s'y laisser prendre, mais le temps du jeu seulement. Dans l'écriture, c'est Meunier qui invente, décide du jeu à pratiquer et du rôle des protagonistes. Du coup, et quelles qu'elles soient, les tentatives de Moman se heurtent toujours au bon vouloir de l'auteur caché derrière le personnage qu'il incarne. *Le cadran* (I) — qui aurait pu

---

13. Sa réaction est identique lors de son rêve inspiré de la série télévisée *Star Trek*. À ce moment, l'amour a triomphé de la crainte de Popa du dentiste. Moman : « Ah ! Spot, je vous aime… » Popa : « Ah ! Capitaine ! » Moman : « Appelez-moi Moman ! » (*Le rêve de Moman*, III)

s'intituler « Le procès de Popa » — l'illustre à sa manière. Conduit par Réjean à *La cour en direct*, Popa subit le règlement de compte annoncé par Moman : « Tu vas y passer, comme tout le monde ! » (*Le roast de Rénald*, I) Juste retour des choses, Rénald, le fils habituellement condamné, part le bal : « [...] j'ai toujours voué une admiration sans bornes pour Pepa, mais cela m'a jamais empêché de le trouver très perturbé ! » (*Le cadran*, I). Il n'en faut pas davantage pour que Moman exprime aussitôt son ressentiment : « L'écœurant ! Si je l'avais laissé faire, il m'aurait fait empailler ! » (*Ibid.*) Or, malgré les torts reprochés à Popa par tout un chacun, l'épisode s'achève avec une déclaration d'amour à laquelle elle se joint : « Ti-Mé, moi aussi je t'aime, d'abord... » (*Ibid.*) C'est dire combien il est aimé, Aimé, mais aussi la force de son ascendant sur les membres de sa famille ! À cet égard, celui-ci prend la forme parfois de « leçons » qu'il dispense à Moman. À plusieurs reprises dans la série, en effet, Ti-Mé donne des cours à Jacqueline, de menuiserie (*Jean-Lou Straigh*, IV), de responsabilité parentale (*Le prisonnier*, I) [14] mais aussi, et surtout, de conduite automobile.

1.4. Les leçons de conduite

Les leçons de conduite apparaissent dans deux épisodes qui appartiennent chacun à la première saison de la série : *L'ami de Caro* et *Château-Ragoût* [15]. Pour autant, le rapport à la voiture n'est rien d'autre qu'un prétexte de plus à montrer les rapports du couple (c'est Popa qui enseigne) et l'aspect résolument ludique de *La petite vie* (les leçons sont extravagantes, on en conviendra) [16]. Même si la pédagogie de Popa semble en apparence sans faille (« Un peu de théorie [...] un tit peu de pratique [...]. » [*L'ami de Caro*, I] ; « Comprends-tu ? » [*Château-Ragoût*, I]), il est manifeste pour Moman que son enseignement relève du « délire » : « Ça va faire le niaisage, là ! » (*L'ami de Caro*, I) ; « Hey toi ! T'es mûr pour l'asile ! » (*Château-Ragoût*, I) Il faut dire qu'il renchérit à professer le futile et l'inutile : « Comment ça s'appelle cette partie-là de l'auto ? (montre le volant) » [...] Et, comment s'qu'on tient le volant ? [...] à quel endroit met-on la clé ? » (*L'ami de Caro*) ; « Vas-y ! Simule la clé ! » (*Château-Ragoût*) [17] Popa énonce lui-même l'inutilité de ses recommandations : « Faut jamais écouter les autres quand on conduit. [...] M'écoutes-tu, là ? » Moman : « Non ! » Popa : « Parfait ! » (*Ibid.*)

---

14. Même lorsque les faits — ou plutôt le discours — ne jouent pas en sa faveur, Popa réitère le poids et l'influence de sa présence : « Non, mais tu vois, Moman, c'est avec des gens comme T-Bone qu'on réalise l'importance primordiale du rôle du père [...] Pour faire un bum de quelqu'un, un père, c'est beaucoup mieux... » (*Le prisonnier*, I)
15. Dans cet épisode, elles reviennent pas moins de trois fois.
16. C'est ainsi que Popa dirige un tuyau d'arrosage sur la voiture, jette des petites boules de coton et dépose un carton noir sur le pare-brise pour recréer la pluie, la neige et la nuit (*Château-Ragoût*, I) !
17. L'insignifiance de ces leçons est soulignée à l'aide d'un commentaire de Caro qui surgit à l'improviste : « Pis ? Qu'est-ce que vous avez pratiqué, aujourd'hui ? Comment vider le cendrier ? » (*L'ami de Caro*, I)

Au delà d'un éventuel désir de Moman d'apprendre à conduire (cela n'est d'ailleurs jamais mentionné), ces cours servent, avant tout, au déroulement de l'univers imaginaire de la série. À l'occasion des leçons, en effet, Popa invente une situation qui amène le couple une nouvelle fois à exécuter, interpréter une scène de fiction. Popa : « Bonjour madame, Caporal Ti-Mé de la Sûreté Québec ! […] Avez-vous vos enregistrements, SVP ? […] Les mains en l'air ! Accotez-vous sur le char ! […]. » (*Ibid.*) Cette séquence comporte deux fonctions. D'une part, elle attribue de nouveau la responsabilité du scénario inventé — à défaut de son initiative — à Moman (« Madame, c'est sérieux, là ! *Vous* êtes en train de *vous* provoquer une arrestation… » [*ibid.*]) ; d'autre part, elle permet de laisser libre cours au désir sexuel du couple qui s'inscrit derechef dans un univers fictif au sein de la fiction. Popa : « OK ! On va fouiller ça, un p'tit peu… » Moman : « Mon Dieu ! Quessé qui t'arrive Ti-Mé ? Ça fait des années tu m'as pas touchée de même ! » Popa : « SVP madame […] Écartez les jambes… » Moman : « Hey ! Franchement ! Ça va faire les fantasmes, là… » Popa : « OK ! On va vous passer les menottes à ce moment-là… » Moman : « Eh mon dieu ! T'es hot à soir ! Ça fait ben vingt-cinq ans ! » (*Ibid.*) Ainsi, une fois encore, le « jeu » (autrement dit, la simulation) accompagne l'expression du désir sexuel des Paré. On pourrait penser que c'est Moman qui, parce qu'elle projette ses désirs, s'avère la seule responsable de cette interprétation. Mais l'arrivée de Lison qui facilite cette lecture de la scène favorise l'aveu du couple parental. Lison : « Êtes-vous en train de pratiquer un nouveau fantasme ? » Moman : « Oui, c'est ça ! On pratique notre renouveau ! » Popa : « C'est ça… » (*Ibid.*) Par ailleurs, et dans cette perspective de leçons de conduite chargées d'établir un lien avec la sexualité du couple, il est aisé de relever que le rapport de Popa à la voiture indique tout au long de la série le lien établi entre l'automobile et la femme (Popa : « […] notre histoire à nous deux, c'est un peu comme le film *Un homme et un char*… » [*Info-Caro*, I]), voire l'activité sexuelle. Lors du *Mariage du gai*, Moman a prévenu Popa d'un enseignement à venir dans ce domaine : « Toi, là, va falloir j't'explique des affaires […]. » L'information est restée, cependant, très vague (« […] un moment donné… ») et l'annonce ne s'est jamais concrétisée. Pour cause ! Si Moman toujours réagit, réplique et riposte, c'est bien précisément parce que c'est Popa qui « instruit ».

Malgré leur caractère singulier, les leçons de Popa portent leurs fruits puisque, par la suite, la question de l'apprentissage de la conduite automobile semble bien réglée [18]. Pour autant, l'enseignement de Popa perdure dans la série et prend la forme, beaucoup plus tard, d'un cours de menuiserie. Popa : « Je vais mélanger marteau, tournevis, faut q'tu trouves où est-c'qu'est le marteau dans la place […] Alors, premier cours, attention on cloue, mais

18. Lors de la saison suivante de *La petite vie*, Moman utilise la voiture à quelques reprises (*Pogo's love story*, II ; *Retour dans le passé*, II). Moman : « Ça fait douze heures qu'on est partis ! Ça s'peux-tu que tu roules lentement ? […] J'vas conduire un p'tit bout moi là… » (*Ibid.*)

sans marteau! Ah! Ah! Ah! Fais-moi le mouvement du "clouement" [...] Le premier six mois, on fonctionne pas de clous, voyons donc!» (*Jean-Lou straight*, IV) Quels que soient leurs champs de spécialisation (conduite ou bricolage), les leçons de Ti-Mé participent donc de son refus de satisfaire les désirs de Moman. Pas plus qu'il ne la laisse conduire, il ne l'autorise à utiliser ses outils. Parallèlement, et de par leurs extravagances, elles servent avant tout à l'élaboration de l'univers imaginaire de *La petite vie* et de son ludisme. Or, de ce point de vue, Popa n'a rien à apprendre à son élève, car Moman donne fréquemment la preuve de sa propre créativité avec des gestes pour le moins singuliers. Elle confectionne son phentex à l'aide du moulin à viande (*Le retour de Rod*, I), essuie des tranches de pain avec un linge (*L'hospice 1*, II), lave des feuilles de salade avec une petite vadrouille (*Le divorce 1*, IV), emploie un séchoir à cheveux pour sa plante verte (*La prise d'otage*, I) et la vaisselle (*L'héritier*, IV). Bien avant, lors du générique de la série, elle repasse à la verticale! C'est dire que Popa et Moman ne sont pas si éloignés l'un de l'autre dans leurs valeurs et leur entente au quotidien [19]. Et il est vrai que la « guerre » que le couple parental mène en permanence n'est pas dénuée de sentiment, pas plus d'ailleurs que de déclarations amoureuses.

1.5. Le sentiment amoureux

Compte tenu des attaques constantes auxquelles se livrent les époux Paré, l'on est en droit de s'interroger sur l'existence d'un sentiment amoureux entre eux. On se prend même à penser que si amour il y a, ou plutôt il y a eu, ne demeure que le regret et le constat d'une erreur de parcours. D'autant que c'est en ces termes que Popa s'adresse à un de leurs fils en reprenant les propos de sa femme. Moman (à Rod): «Ça arrive à tout le monde de faire des erreurs.» Popa: «Ben, oui! Prends-moi avec ta mère, hein... J'veux dire, elle a n'a pas faite mais moi, j'n'ai faite une maudite grosse, tsé!» (*La prise d'otage*, I) En ce qui concerne les sentiments éprouvés par Ti-Mé et Jacqueline Paré, les dialogues suivent un incessant va-et-vient que l'on pourrait qualifier par le terme ambivalence. Plus exactement, Popa et Moman affirment et réfutent, en alternance, l'amour qu'ils éprouvent l'un pour l'autre. Si Moman affiche la réalité de son sentiment amoureux envers Popa, celui-ci nie aussitôt le sien, et réciproquement. En témoignent les exemples suivants. Popa: «[...] on a quand même eu des bouts heureux en trente-cinq ans, Moman, hein?» Moman: «C'est juste plate qu'on les ait pas eus ensemble...» (*La pierre au foie 2*, II); Moman: «Tu trouves pas qu'on se parle jamais?» Popa: «J'trouve pas, tu me parles toi, des fois... À part de ça, on se parle à tous les repas.» Moman: «Ben oui, passe-moi le beurre, passe-moi

---

19. À ce propos, Moman semble épouser parfois la passion curieuse de Popa pour les vidanges. Elle reprise un des sacs à ordures (*Le voyage à Plattsburgh*, I) et dépose, un jour, un bonnet sur l'un d'entre eux: « Ça fait-tu trop chic, ça? » Popa: « C'est pas grave. On les sortira le dimanche au lieu du lundi. C'est toute. » (*Info-Caro*, I)

le pain... Me semble qui a d'autre chose à parler [...].» Popa: «On parlera du lait à soir, si tu veux...» (*Le camping*, II) Dans cette impossibilité du couple parental à se tenir, au même moment, dans le même registre discursif, c'est plutôt un problème de communication qui se révèle que l'affirmation d'un amour déjà éteint. Dès le début de la série, Moman note avec regret l'absence d'un réel échange entre eux: «Y me semble qu'on se parle jamais.» Popa: «Ben, on se parle, là!» Moman: «Oui, mais quand ça?» Popa: «Ben, qu'est-ce tu penses qu'on fait, là? Du mime, coudonc?» Moman: «C'est vrai, t'as raison... On devrait se parler plus souvent de même, c'est bon pour le couple!» (*Le blind date*, I)

La poursuite de la série montre, néanmoins, une légère évolution dans les relations du couple Paré; Ti-Mé et Jacqueline se montrent plus proches, moins agressifs, l'un par rapport à l'autre. Tout se passe comme s'il devenait vain de répéter les blâmes, les remontrances déjà amplement désignées; comme si la crainte de devenir lassant conduisait l'auteur (et par conséquent les personnages) à vouloir franchir une autre étape. Il n'est pas anodin, à ce propos, que la dernière saison soit construite autour de la question du prolongement du couple parental, par le biais de son désir d'un héritier. Quoi qu'il en soit, et au cours de la troisième saison de *La petite vie*, Moman fait un rêve dans lequel elle est le capitaine Skirk d'un vaisseau qui ressemble étrangement à l'*Enterprise* de la série *Star Trek*: «Voilà bientôt quarante ans que Spot et moi nous voyageons côte à côte dans le cosmos.» (*Le rêve de Moman*, III) La mission de cette «entreprise» est tracée par Moman: «[...] découvrir les limites de la vie de couple.» (*Ibid.*) «La force[20]» qui se montre à Moman va lui recommander d'employer la ruse (Popa souffre d'une dent cariée et refuse d'aller chez le dentiste). Quelle que soit l'astuce imaginée par Moman (elle propose à Popa d'aller visiter un nouveau magasin de la chaîne Canadian Tire), la suggestion de «la force» dans le rêve n'est pas banale: «L'amour, Jacqueline, utilise l'amour[21]...» De fait, une déclaration d'amour de Moman a lieu à la fin de l'épisode: «Ah! Je t'aime, Ti-Mé!» Popa, cependant, repousse encore cet aveu: «C'est pas grave, Moman...» (*Ibid.*) Comme pour le désir sexuel, l'amour ne peut donc être admis et reconnu que s'il s'inscrit dans une fiction au sein même de la fiction. Parallèlement à ce choix ludique répété dans la série (et qui redouble, à sa manière, les indices d'un univers imaginaire), il apparaît que la formulation de cet amour n'est pas nécessaire. Il est, en quelque sorte, déjà traduit par l'existence même de leur vie commune et de la famille qu'ils ont créée. C'est pourquoi Moman l'énonce sur le mode d'une évidence qui n'est plus à démontrer: «Nous

---

20. Allusion cette fois au film *La guerre des étoiles*...
21. Il n'est pas inintéressant de noter que «La force» visible uniquement pour Moman (après tout, c'est elle qui rêve) se fait pourtant entendre dans le réel de l'épisode. Popa la perçoit: «Ben voyons, quessé ça cette voix-là?» Moman: «C'est rien. C'est dans ma tête.» (*Ibid.*) Que Popa entende les voix qui s'adressent à Moman — outre le comique qui en découle — renchérit sur notre interprétation d'un Popa sur lequel l'auteur transfère ses connaissances et son pouvoir et sur sa volonté de jouer du réel et de l'imaginaire.

autres, on se chicane en surface, mais dans le fond, on le sait qu'on s'aime!»
(*Caro religieuse*, IV) C'est donc peut-être qu'il y a autre chose à signifier. Et,
à cet égard, l'épisode du *Camping* nous fournit une partie de l'explication.

À force de requêtes, Moman a obtenu de Popa un petit voyage de deux
jours, en amoureux, à l'extérieur de la maison. Moman: «Ti-Mé! Viens t'asseoir! [...] On est bien tout seuls, hein?» Popa: «Oui, hein?» Moman:
«Ahhh! Ti-Mé...» Popa: «Ah! Moman...» Moman: «Ahhh! Ti-Mé...»
Popa: «Ah! Moman...» Moman: «Bon, ben, coudonc... C'est assez là,
hein?» (*Le camping*, II) C'est Moman qui avait demandé cette «retraite» à
deux et c'est elle qui va chercher à rompre l'isolement du couple. Popa:
«T'es sûre, tu veux pas rester encore un tit-peu?» Moman: «Es-tu malade,
toi!» Popa: «Je l'sais ben; on s'est retrouvés en masse, hein?» Moman:
«Mets-en; on est bon pour dix ans, certain!» Popa: «C'est vrai que c'est bon
pour le couple de faire des affaires ensemble...» Moman: «Oui, c'est sûr!
Mais faut pas toujours être ensemble, quand même...» (*Ibid.*) Ce paradoxe
de Moman qui revendique à plusieurs reprises de se retrouver seule avec
Popa et qui, une fois la chose faite, énonce son désir de rentrer est déjà manifeste dans le premier épisode (*Le voyage à Plattsburgh*), nous l'avons vu.
Ailleurs, il est souligné autrement. Popa: «C'est quoi ton plus beau souvenir
de nous deux?» Moman: «Le voyage de pêche avec Pogo?» Popa: «T'étais
même pas là!» Moman: «Justement, c'est bon pour un couple de prendre
un break de temps en temps...» (*La pierre au foie 2*, I) Une réponse de Popa
à l'animateur, Luc Senay, livre la raison de cette difficulté des Paré à être
deux. Luc Senay: «[...] des choses que l'on peut faire en couple?» Popa:
«S'ennuyer!» (*Le combat des clans*, III) Dans l'échange de propos pour le
moins vide de Popa et Moman partis camper «pour se retrouver», le dialogue des deux époux renforce notre hypothèse de l'importance de la maison comme lieu de prédilection certes, mais souligne plus encore la préséance des liens entretenus avec les membres de la famille. Dépourvus
d'autres interlocuteurs, Popa et Moman ne savent plus que dire, perdent leur
immense capacité de langage. Tout se passe comme si la présence d'un public était toujours nécessaire à leurs échanges. Au sein des épisodes, il s'agit,
bien sûr, de celui du clan (les enfants, leurs conjoints et les amis). Mais au
delà, sur le plan même de l'écriture, c'est aussi le public composé par les téléspectateurs de la série dont s'impose la nécessité pour que vive *La petite vie*
et se déploie l'écriture de Claude Meunier. Il reste que si la présence de témoins (réels ou fictifs) autorise l'expression de la vie du couple parental sur
le mode de la chicane et de l'altercation, elle permet également la mise au
jour du registre humoristique choisi par l'auteur. Les bisbilles et les différends
qui opposent et enchaînent Popa et Moman l'un à l'autre n'ont de réel intérêt que parce qu'ils (nous) font rire.

1.6. L'humour de Popa et Moman

Au sein de *La petite vie*, Moman est présentée comme le personnage qui se moque et qui en tire du plaisir : « Viens t'asseoir qu'on rie, envoye ! [...] (très gaie) Mon dieu, j'ai ben du fun moi [...] ! » (*Château-Ragoût*, I) Elle revendique d'ailleurs cette caractéristique, d'abord consciemment (« Je suis assez *spiritual* comme on dit... » [*Le kick de Moman*, II]), puis plus « inconsciemment », à l'occasion d'un rêve. « La force » le formule distinctement : « Tu es la farce ! » (*Le rêve de Moman*, III) Popa et ses chères vidanges fournissent le premier prétexte à l'essor de sa verve mais nul n'échappe à son rire moqueur. Elle rit de Rénald transformé en livreur de restaurant chinois (*New You*, I), des résultats de la chirurgie esthétique sur Rénald et Lison (*Château-Ragoût*, I), de Réjean se distribuant des claques dans le cadre d'un projet de recherche (*Le kick de Moman*, II) et même de la prise de poids de Caro (*La grosse Caro*, IV). Du coup, son humour cinglant contamine toute la série et lui donne le ton. Cette particularité de *La petite vie* est signalée à deux reprises. En premier lieu par Réjean, qui explicite ainsi le mode des relations interpersonnelles. Rénald : « On est pas venus ici pour se faire niaiser, là ! » Réjean : « Y aurait fallu que vous alliez ailleurs ! » (*Château-Ragoût*, I) En second lieu par le réalisateur de la première émission télévisuelle, qui réunit la famille Paré et qui souligne par le procédé de mise en abyme le registre de la série elle-même [22] : « Ce n'est pas une émission pour les scouts... [ni] la réunion du cercle des fermières ! » (*Info-Caro*, I) On l'avait constaté ! On s'en remet, pourtant, de ces plaisanteries qui vous égratignent. Il semble même qu'elles n'entament pas le moral de ceux qui en font les frais. Réjean : « C'qui est l'fun, c'est que ça rend pas triste ; on braille, mais on reste de bonne humeur [...]. » (*Le kick de Moman*, II) Outre la fierté personnelle, qui impose aux personnages de chercher à sauver la face, c'est la vérité que révèle le trait d'humour qui le rend tout-puissant dans *La petite vie*. Tout à la fois juge et partie, Lison (le personnage dont peut-être on se moque le plus dans la série) sait bien de quoi il retourne : « C'est nous autres les deux fatigants... Non, non ! Je dis ça pour rire ! » Moman : « Essaye pas, tu le penses un peu, dans le fond ! » Lison : « C'est vrai. Y a toujours un peu de vérité dans l'humour ! » (*Tous pour un*, II) Comme il s'avère impossible de sortir de la ligne tracée par Moman, autant se faire une raison et trouver aux flèches qu'elle décoche une « justification », voire un intérêt, même forcé. Rénald : « Mon dieu [...] c'est toujours agréable de rire de soi car, euh... comme on dit : mieux vaut laver son linge sale en famille... » (*Le roast de Rénald*, I) L'opposition, entre cet aveu de Rénald de garder dans l'intimité l'expression des railleries (comme si c'était l'ultime protection possible) et le fait que, justement, *La petite vie* repose sur un étalage de règlements de compte, accentue d'autant la mise au jour de la dynamique sarcastique qui constitue le moteur relationnel du couple parental et, par extension, de la famille Paré.

---

22. Procédé récurrent dans la série, la mise en abyme offre la reproduction d'une scène à l'intérieur d'une autre sur le modèle des poupées gigognes.

Parallèlement à ce plaisir quelque peu acide qui écorche d'autant plus l'interlocuteur que celui-ci a ouvert la porte aux quolibets, il y a les «jokes» effectuées par les personnages. Il s'agit, toujours, de jeux de mots[23]. Le plus souvent, on prend la peine de vérifier s'ils sont compris : «[...] la pognes-tu ?» (*La thérapie de Caro*, I) ; «Tu la pognes-tu ?» (*La prise d'otage*, I) ; «La saisissez-vous ?» (*La pierre au foie 2*, I), etc.[24]. Instantanée, la confirmation attendue prend la forme d'une appréciation : «Est bonne, est bonne [...] est encore bonne !» (*Le souper avec vedette*, I) ; «Esprit, qu'est bonne !» (*La prise d'otage*, I) ; «Est bonne !» (*Le prisonnier*, I) Il arrive, parfois, cependant, qu'on ne les comprenne pas : «J'la pogne pas.» (*Thérèse au WacDo*, I) ; Lison : «J'la comprends pas.» (*L'héritier*, IV) Nul ne prend alors la peine de les expliquer. Ce silence résulte moins d'une indifférence ou d'un mépris à l'endroit de celui qui ne les décode pas que d'un jugement de valeur sur le trait d'humour lui-même. Car ces blagues (dont la présence dans les épisodes est d'autant plus marquée qu'elles suscitent ces interrogations) sont loin de faire rire les personnages qui en sont témoins. Popa le souligne à sa manière : «[...] quessé ça l'air, faire l'amour dans une éprouvette ?» Rénald : «C'est ben éprouvant ! [Il rit] Je vous l'expliquerai, Pepa, je vous l'expliquerai...» Popa : «Non, non ! C'correct. Laisse faire... Améliore-la, à place !» (*Belle-moman*, I) Si le téléspectateur rit devant les dialogues des personnages, il rit beaucoup moins (et peut-être même pas du tout) lorsque ceux-ci se fixent comme objectif d'être drôles. Comme quoi, il faut distinguer «l'humour de la fiction» de «l'humour dans la fiction». À cet égard, la finalité de ce dernier demeure équivoque. Popa : «J'espère que c'est une joke, hein ?» Moman : «J'espère pour toi, oui...» (*Ibid.*) Il sous-entend même que le rire pourrait avoir d'autre motivation et un autre dessein que le plaisir : «Tant qu'à rire, aussi ben avoir du fun !» (*L'hospice 1*, III) Dans cette perspective, les plaisanteries délibérées des personnages servent moins à la définition du genre humoristique de la série qu'à alimenter leur côté ridicule. Pas si simple de «faire rire», semble dire l'auteur, mais paradoxe aussi d'une série humoristique dont les personnages se dénient à chacun cette caractéristique. De fait, lorsque certains d'entre eux s'entendent pour dire de Popa qu'il possède le sens de l'humour, c'est soit ironique, soit le résultat d'une incompréhension[25]. Si Popa, à son tour, attribue cette qualité à Moman, c'est d'abord pour ramener à lui

---

23. Rénald : «Kidnappée — ravie !» (*La prise d'otage*, I) ; Rénald : «Popa demande à quel otage, Coucoune ?» (*Ibid.*) ; Rénald : «Pierre... Carrière !» (*La pierre au foie 2*, I) ; Réjean : «T-Bone Haché ?» (*Le prisonnier*, I)

24. Outre le fait que l'expression revient dans la bouche de la plupart des personnages de *La petite vie* — ce qui constitue en soi un indice d'une marque de l'écriture de l'auteur — on sait qu'elle appartient également à Dong, personnage incarné autrefois par Claude Meunier : «La pognez-vous ?» (*Ding et Dong, le film*, 1990)

25. C'est parce que Caro et Moman se méprennent sur les intentions de Popa qu'elles lui reconnaissent momentanément ce trait de personnalité. Caro : «C'est vrai qui a beaucoup d'humour [...].» (*Retour dans le passé*, II) ; Moman : «Sacré Petit-Mé ! Eh ! Que vous avez donc le sens de l'humour...» (*Ibid.*) ; quant à Réjean, c'est pour se défaire d'une situation embarrassante alors que Popa est transformé en intendant qu'il lui accorde aussi ce trait : «Ha ! Ha ! Ha ! Beaucoup d'humour ce Ephrem !» (*Réjean reçoit*, II)

le compliment («Madame est comme moi, a l'a beaucoup d'humour!» [*Info-Caro*, I]) ou pour réfuter le sens premier d'une de ses répliques (Popa: «[…] j'ai quelque chose à te demander, là…» Moman [lisant un ouvrage intitulé *Vivre son célibat*]: «Le divorce?» Popa: «Hé! Que t'as donc de l'humour!» [*Le zèbre*, IV]). Dans cette ambivalence d'être et de ne pas être, de reconnaître et de nier, le lien au sein du couple parental est indéniable. Popa ne le dit-il pas: «C'est elle qui m'inspire.» (*Le vidéo*, II)?

À l'occasion, Popa affiche un sens du comique qui s'inspire nettement de celui du clown de cirque. Plusieurs de ses tentatives sont reliées à sa détermination de faire rire la poupée thérapeutique adoptée par Rénald et Lison (*Le bébé pilote*, II) [26]. Parce que le «bébé» pleure, Popa se déguise en clown, en canard, en Capitaine Cosmos, en Ninja Turtle. En vain, cependant! Popa: «[…] ça va faire, là! J'ai tout essayé […] y a rien qui le fait rire…» (*Ibid.*) Comme si les personnages de *La petite vie* ne pouvaient adhérer à ce type de drôlerie, tous vont décrier les déguisements de Popa, en commençant par Moman: «Eh, toi! Innocent! Tu y fais peur […] tasses-toi! Tu vas y faire peur!»; Lison: «Voulez-vous la faire mourir ou quoi? Non, non! Y existe pas pour le vrai le gros canard, c'est juste un cauchemar…» (*Ibid.*) Manifestement, Moman ne reconnaît pas les déguisements, pourtant évidents, de Popa: «T'as l'air de Bozo embaumé!»; «Donald Duck […]»; «[…] ton habit de patate au four […]»; «[…] en pickle?» (*Ibid.*) Cette insistance à méconnaître l'identité des déguisements choisis par Popa nous semble signifier deux choses. D'une part, elle anticipe ou confirme l'échec des tentatives de Ti-Mé auprès de la poupée, d'autre part, elle indique le refus — pour les personnages de *La petite vie* autres que Popa — de reconnaître comme humoristique le genre clownesque. Tout se passe comme si seul l'humour cinglant avait droit de résidence dans la série. Et cela est si vrai que la poupée elle-même se révèle contaminée par l'humour qui préside à l'écriture des épisodes. Car c'est bien parce que Popa l'agresse (l'ouvre) avec un tournevis qu'elle commence à rire et, par la suite, parce qu'il utilise sa perceuse sur son front, qu'il dévisse son nombril, passe du papier sablé sur son ventre et finalement arrache un de ses bras que son rire se perpétue et se fait même de plus en plus joyeux. Si, dès lors, Popa croit la poupée masochiste («Y est maso un peu sur les bords…» [*ibid.*]), nous pensons, pour notre part, que le «bébé pilote» ne fait que répondre aux exigences d'un auteur qui cherche à maintenir une cohérence entre les éléments qui composent les épisodes et leur fonction. C'est parce qu'il fait mal (dans les faits, qu'il dit la réalité des faiblesses et des lacunes) que l'humour de *La petite vie* fait rire.

---

26. Dessein pour le moins ambitieux que de vouloir créer une émotion chez un objet inanimé; mais puisque nous sommes dans un univers imaginaire…

1.7. « *Un sac pour le dur… un sac pour le mou…* »

Le principe de l'opposition sur lequel repose la stratégie humoristique de Claude Meunier — et, par conséquent, le mode relationnel de ses personnages — est exprimé de façon métaphorique par le biais du partage que Popa fait de ses vidanges : « […] un sac pour le dur… un sac pour le mou… » (*Info-Caro*, I) Dans *La petite vie*, on assène des reproches, des critiques, mais on pardonne aussitôt les erreurs que l'on a désignées et on finit par déclarer l'affection et la tendresse. Il reste que notre analyse du fonctionnement du couple parental et de la force du lien qui l'unit serait partielle si elle ne nous conduisait pas à faire deux remarques parallèles. D'emblée, on constate l'importance — la contrainte — de la présence de spectateurs aux empoignades de Popa et Moman. Mais si chacun des deux parents est susceptible de prendre à témoin de ses frustrations, de sa colère, ou de ses sarcasmes, un des enfants ou de leurs conjoints, ce n'est pas pour autant qu'il leur donne l'autorisation de ridiculiser celui des deux qui fait l'objet du courroux. Popa l'énonce clairement dans *Info-Caro* (I) : « Ça va faire, là ! Ça, c'est ma femme, OK ? C'est peut-être pas grand-chose, mais y a personne qui parle de même à ma femme ! OK ? » Cette mise en garde, exprimée dès la première saison de la série, est réitérée à deux reprises. Dans un premier temps, lors du repas organisé pour leur quarantième anniversaire de mariage, Popa, ulcéré, réplique vigoureusement à Momo qui vient d'insulter Moman : « M'a t'en faire, moi, de traiter ma femme de "conasse" ! » (*Le 40ᵉ anniversaire*, III) [27] Dans un second temps, au cours d'un des derniers épisodes de la série, parce que Réjean, Thérèse, Rénald et Lison se moquent de Moman qui a tricoté des vêtements pour un bébé qu'elle souhaite voir naître dans la famille, Popa bondit hors de son fauteuil : « Ça va faire, là, rire de votre mère, là, OK ! Y a juste moi qui rit d'elle icitte ! » (*L'héritier*, IV) De son côté, Moman revendique, elle aussi, un pouvoir exclusif sur Popa et, du coup, protège son territoire : « Je le sais que Ti-Mé est bel homme ; est très bel homme même, mais malheureusement pour toi, y est pus sur le marché ! » (*L'ami de Caro*, I)

Par ailleurs, on note que le couple, qui se déchire en toutes occasions, se solidarise chaque fois que des intrus pénètrent dans le territoire familial. La rencontre (la confrontation) avec les Français Momo et Bobonne l'illustre largement. L'attitude on ne peut plus déplaisante de ce couple pousse Moman à demander l'aide de Popa dans le but de se débarrasser des indésirables : « Hey, Ti-Mé ! Fais quèque chose ! J't'à veille de les étriper ! » Popa : « Oui, oui ! T'chèque ben, t'chèque ben… » (*La correspondante de Moman*, I)

---

27. Certains pourraient voir dans l'injure lancée par Momo une expression argotique relativement fréquente en France. Il y a, toutefois, une distinction à souligner dans la signification de ce terme selon qu'il est employé au masculin ou au féminin. « […] on traite de con toute personne — amie ou ennemie— avec laquelle on se trouve, momentanément ou définitivement, en désaccord » ; « Conasse : Se dit d'une femme un peu demeurée […]. » (Robert Edouard, *Nouveau dictionnaires des injures*, Sand et Tchou, 1983, p. 206-207.)

La fin de l'épisode met en scène Popa et Moman qui — fait rarissime — partagent le même point de vue. Popa : « [...] une semaine, c't'un petit peu long, tsé, hein ? » Moman : « Oui ! Une heure, ça aurait été ben en masse... » Popa : « M'a te dire, cinq, dix minutes, ça aurait été l'bonheur, oui ! » (*Ibid.*) De la même manière, les Paré vont adopter une attitude commune face à Gérard-Marie et son épouse Darling, la fausse Anglaise. Transformés, l'un en intendant (Ephrem), l'autre en cuisinière (Mam-Adèle), Popa et Moman rivalisent de grossièreté à la mesure de celle des invités. Dans les deux cas, les visiteurs (les Français et les « Anglais ») ont été imposés à Popa et Moman. Le couple français annonce un jour (une nuit !) son arrivée au téléphone et Gérard-Marie et Darling ont été conviés par Réjean à venir souper chez Popa et Moman. On pourrait toujours opposer à notre analyse que Rénald et Lison, aussi, contraignent le couple Paré à les accueillir lors des « soupers du dimanche ». Et il est vrai que ces différentes occasions suscitent également une connivence manifeste de Popa et Moman. La différence, toutefois, réside dans le fait que, tout en étant les moutons noirs de la tribu, ce fils et sa femme n'y sont pas des intrus. Faut-il en conclure que la question de « l'étranger » fait problème à la famille Paré ? Loin de nous d'établir un tel constat, car *La petite vie* dénonce précisément le sentiment de suspicion à son endroit. Louis-Philippe Dubuc : « On s'imagine toutes sortes d'affaires quand on connaît pas quelqu'un. » (*La thérapie de Caro*, I) Dans les faits, c'est la langue — le français de France, avec Momo et Bobonne, et l'anglais avec Gérard-Marie et Darling — qui fait l'objet de l'opposition des Paré et, par là même, celui de ces épisodes. Cette question étant suffisamment majeure dans la série, nous y consacrons une partie du dernier chapitre de notre essai (cf. chapitre cinq : « L'écriture de *La petite vie* »[28]).

Nonobstant donc l'étalage systématique des difficultés d'une longue vie commune (avec la cohorte de ses ambivalences, de désirs, de sentiments, etc.), il demeure que le couple parental n'a de raison d'être que parce qu'il est en relation constante avec d'autres : ses enfants et ses amis. Et de fait, la presque totalité des épisodes de la série met en scène Popa et Moman avec au moins deux autres personnages. Dans cette perspective, il est aisé de constater combien chacun d'eux— y compris des personnages secondaires — se détermine par rapport aux « géniteurs » Jaqueline et Ti-Mé Paré.

2. Les personnages secondaires

2.1. Pogo, l'ami de Popa, le thérapeute

Au début de la série, Pogo, l'ami de Popa, a des problèmes de boisson. Le plus souvent nommés (Popa : « Une p'tite bière, mon Pogo ? [...] Ah, ah ! J't'ai pogné là, hein ? Pour un gars qui boit pus ! » [*Le souper avec vedette*, I]), ils sont parfois agis et expliqués par ses échecs avec les femmes : « [...] après

---

28. Chapitre cinq, section 4. : « La langue, [...] les entrailles d'un peuple ».

la game, est partie avec le goaler [...] C'est après ça que chus tombé dans le gin [...]. » (*Blind date*, I) Ses difficultés avec les femmes (« Ah! Chus pas capable... » [*ibid.*]) semblent se résoudre avec son passage à la télévision. Tout de suite après, en effet, Pogo arrive habillé en *crooner* et, devant l'étonnement de Moman (« Mon dieu! Qu'est-ce qui arrive avec toi? »), s'en explique ravi : « Parle-moi-z-en pas, j'ai une autre *date* à soir! Ça pas d'allure! Je fournis pus depuis l'émission [...]. » (*Info-Caro*, I)[29] Malgré cela, il (lui) faut attendre la seconde saison de la série pour qu'il amorce une véritable relation amoureuse, avec Linda Gaudette, une amie de Moman qu'il épousera[30]. Si aux yeux de la famille Paré, c'est le départ de Shirley, la femme aimée, avec un autre homme qui a déclenché cette méfiance à l'endroit des femmes, un aveu de Pogo à Linda dévoile une tout autre raison : « Ben, le vrai problème, c'est qu'un soir en cinquante-cinq, j'étais avec une dénommée X [...] Quand je suis sorti de la toilette, flambant, comme on dit, eh bien... elle s'est mise à rire [...] c'était vraiment de bon cœur! » (*Pogo's love story*, III) Cette castration, qui ne dure pas, est partagée, momentanément, par Rod, le fils aîné. Elle va conduire les deux personnages à se rapprocher lors de la « déprime » de Rod, que par ailleurs Pogo tentera de résoudre (*Le suicide de Rod*, II).

Les interventions thérapeutiques de Pogo

L'amitié de Pogo s'avère le prétexte à sa participation aux problèmes familiaux des Paré. Au départ, son attitude vis-à-vis des difficultés éprouvées par tout un chacun relève d'une réserve de bon ton, voire d'une indifférence polie. Sa manière de s'adresser à Moman indique bien à quel point il se désintéresse de celle-ci : « C'est drôle, j'pensais à toi hier soir et je me disais : tiens, j'pense à elle... » (*La pierre au foie 2*, I) C'est que la relation première est très clairement établie avec Popa : « Bonsoir Jacqueline [...] tout ce que je voulais te dire, c'est que, pour moi, t'auras toujours été la femme de mon meilleur ami. » (*Ibid.*) Cependant, plus largement considéré comme l'ami de la famille, Pogo assume à l'occasion un rôle de soutien. Dans cet emploi de « psychologue à la petite semaine », il échoue à tous les coups, ses prétendues paroles d'encouragement étant pour le moins équivoques. À Moman que tous croient au seuil de la mort, il parle en ces termes : « J'ai rarement vu une agonisante aussi resplendissante de trépas. [...] Et, à part ça, [...] toujours aussi, euh... radiale? [...] encore bravo! Tu es un exemple de courage et de... de phase terminale... pour toutes les pierres au foie du Canada... » (*La pierre au foie*, I) Quelques épisodes plus tard, devant Rod déprimé qui menace de se suicider, il ne trouve comme paroles encourageantes qu'un défilé de banalités composé d'adages et de trouvailles personnelles tout aussi

---

29. On comprend qu'il en soit satisfait, lui qui n'a pas craint de dévoiler à la caméra l'ampleur de sa solitude. Caro : « Célibataire? » Pogo : « Ça va faire quarante-huit ans cette année... » (*Info-Caro*, I)
30. *Pogo's love story* (II) ; *La jalousie de Pogo* (III).

insipides : « À chaque jour suffit sa peine [...] Aide-toi et le ciel t'aidera [...] La vie est un cendrier... Une cigarette, pardon. Il faut la fumer lentement... » (*Le suicide de Rod*, II) Dans un second temps, dans le but de faire sortir Rod de la chambre dans laquelle il s'est enfermé, sa stratégie repose sur une contamination de la dépression : « Ça file pas pantoute, mon homme... Y a raison [...] M'a aller me "flusher" dans les toilettes... » (*Ibid.*) On apprend plus loin qu'il s'agissait d'une simulation : (à Popa) « J'ai jamais voulu me tuer ! Psychologie, mon homme ! » (*Ibid.*) Mais si c'est bien à cause de Pogo que le fils des Paré accepte finalement de sortir de son antre, c'est moins en fonction de son intervention qu'à la suite de celle de Popa : « M'a y en faire, moi, démoraliser mon meilleur chum ! Y aimerait-tu ça, lui, que j'aille suicider un de ses chums ? Hey, le suicidé ! Sors de là ! Envoye ! » (*Ibid.*) C'est dire que Popa qui n'est jamais dupe des mises en scène de Moman a donc été leurré par celle de Pogo. L'honneur est sauf, cependant, puisqu'une fois de plus, c'est grâce à Popa que le problème est résolu. Il reste que dans sa tentative d'élaboration d'une « scène » imaginaire (le simulacre de sa propre dépression), Pogo n'obtient pas le résultat escompté.

À quelque temps de là, Pogo reprend sa stratégie du poncif (et de sa variation) lorsque Popa est, à son tour, déprimé : « Je me sens comme un vieux bazou. » Pogo : « Dis-toi une chose, mon homme : le bazou de quelqu'un est toujours la limousine d'un autre... » (*La déprime de Popa*, IV) Pas plus que sur Rod, les sentences de Pogo n'ont d'effet sur Popa. Mais puisque la tactique de Pogo repose en quelque sorte sur le langage, on est en droit de voir — là encore — la marque de l'auteur derrière ses personnages. Pour l'heure, le langage ne résout pas les problèmes de Popa. Il est vrai que l'usage qui en est fait ici (dictons et sentences) est dérisoire. Aussi, ne voit-on pas comment Popa/Meunier qui accorde tant d'importance (et donc de valeur) à la créativité langagière pourrait lui impartir un mérite particulier. Comme chez tout écrivain, la force de l'écriture de Meunier repose avant tout sur la singularité dans l'utilisation du langage, pas sur l'emploi de lieux communs. En même temps l'on sait, depuis Freud, combien le travail thérapeutique s'effectue à partir de la parole, combien l'efficacité même de la cure s'appuie sur le caractère fondateur de la parole. L'auteur en est averti. Manifeste, en tout cas, lors de l'épisode où Caro « couche » son père sur le divan (« J'vas te dire des mots, tu vas me dire à quoi ça te fait penser... » [*La thérapie de Caro*, I]), la chose est exemplifiée de nouveau au moment où Rénald, qui consulte un psychanalyste, commet un lapsus (« Je suis sûr que je l'aime Lison... euh, Gérarde... » [*Le divorce 2*, IV]). Dans cette perspective, les phrases attribuées à Pogo inscrivent le personnage dans ce registre de l'univers thérapeutique, tout en relativisant son efficacité, voire celle de la catégorie professionnelle qu'il représente.

Les thérapeutes dans La petite vie

De fait, le psychologue officieux de la famille Paré se laisse entraîner, réellement cette fois, sur la pente de la dépression, à l'occasion de celle de son ami. Popa: «Tu comprends-tu pourquoi chus down, astheure?» Pogo: «Ce que je comprends, surtout, c'est pourquoi moi je le suis!» (*La déprime de Popa*, IV) Cette fragilité du thérapeute de service est partagée par celle qui, dans la série, en exerce officiellement la fonction. À la fin de l'épisode qui la met en scène, la psychologue, qui intervient auprès de Caro, s'effondre: «Oh, non! Chus pourrie! Chus juste une grosse pourrie!» (*La grosse Caro*, IV) Entourée des Paré, elle reçoit les marques d'amour au départ destinées à Caro («On t'aime, madame! On t'aime!» [*ibid.*]). Étrange thérapeute que cette psychologue qui conduit les membres de la famille de sa patiente à une telle déclaration et qui se venge de ses propres complexes (elle est très grosse) sur l'un d'entre eux: (à Thérèse) «Ton petit va être gros, certain, toi!» (*Ibid.*) Ils sont pourtant nombreux les personnages de *La petite vie* qui consultent un thérapeute pour tenter d'en finir avec leurs difficultés. Caro, à cause de ses problèmes avec Popa (*La thérapie de Caro*, I) et de sa prise de poids (*La grosse Caro*, IV); Rénald et Lison pour leur problème de stérilité (*Le bébé pilote*, II); Réjean et Thérèse pour leur problème de couple (*Le blind date*, I); Réjean à cause de ses mensonges (*Menteurs anonymes*, III) et des problèmes de jalousie (*Le divorce 2*, IV) et Pogo pour la même raison (*La jalousie de Pogo*, III); Rénald, enfin, pour des problèmes d'érection (*Le divorce 2*, IV). Dans tous les cas, ce que l'on perçoit du milieu thérapeutique n'est guère encourageant. Le psychologue de Réjean insulte ses patients («Salut, les pourris!» [*Menteurs anonymes*, III]) et leur commande de s'injurier en se regardant dans un petit miroir («Trou de cul! Trou de cul! Trou de cul!» [*ibid.*]). Quant au thérapeute de Rénald, il n'écoute pas ce que lui dit ce dernier: «Docteur? You hou! J'ai dit: chus-tu en amour oui ou non?» Psychanalyste: «En amour avec qui?» Rénald: «Franchement! Avec Gérarde!» Psychanalyste: «Votre blonde, ça, Gérarde?» Rénald (exaspéré): «Non! Ma sacoche! […] Franchement! […].» (*Le divorce 2*, IV) On en déduit assez aisément la lecture (très) critique que la série traduit de l'efficacité des thérapies ou de la valeur de ceux qui en exercent la profession. À cet égard, lorsque la psychologue demande à Popa en quoi il s'est déguisé (alors que c'est justement elle qu'il a choisie pour cible), il réplique sans vergogne: «En névrose!» (*La grosse Caro*, IV)[31] Si un besoin d'aide se fait sentir, ce ne serait donc pas là qu'il faut aller le chercher, semble nous dire l'auteur. Encore qu'on ne voie pas pourquoi cet univers (des thérapeutes) serait plus ménagé qu'un autre dans *La petite vie*. Mais quoi qu'il en soit de l'opinion réelle ou caricaturée de l'auteur, il s'avère que le «psychologue» a toutes les allures d'un «intrus» que le clan Paré ne peut ou ne veut métaboliser. Privilège de la fiction sur le documentaire, la série prétend régler elle-même les problèmes qu'elle engendre et met en scène. En outre — et nous l'avons souligné déjà —, Popa agit dans la série en détenteur quasi exclusif du pouvoir décisionnel. Dans ce registre comme dans d'autres, Ti-Mé assume donc ses res-

---

31. Quelques minutes auparavant, il avait répondu à sa famille qui lui posait la même question: «En psychologie!» (*Ibid.*)

ponsabilités : les problèmes qu'il suscite comme les solutions à y apporter. Voilà sans doute pourquoi, d'une part, il n'hésite pas à se déguiser en « psychologue », d'autre part, il décide d'intervenir auprès de Rod.

Il reste que dans cette perspective où les thérapeutes de (ou dans) *La petite vie* ne sont guère crédibles, on peut comprendre que leur rôle — parfaitement dérisoire — soit alloué à Pogo, personnage secondaire. Si l'affectivité de Popa le rend aveugle quant aux capacités réelles de Pogo (« Ça va aller Moman ; Y est très fort Pogo ! » [*Le suicide de Rod*, I]), Moman, pour sa part, n'est pas dupe des limites du personnage : « Fort en déguisement, oui ! » (*Ibid.*) Comme toujours, la flèche décochée par Moman n'est pas gratuite. L'attachement de Pogo à Popa le conduit momentanément à occuper la place de Moman (par l'emprunt de ses vêtements), alors que chacun pense que celle-ci est en train de mourir (*La pierre au foie*, I). À ce moment, on se prend à penser que l'expression fréquente de Pogo (« Mon homme ») lorsqu'il s'adresse à Popa prend une tout autre signification que celle du trait culturel. (Nous y revenons dans notre prochain chapitre.)

Au demeurant, l'arrivée de Linda dans la série et la vie de Pogo engendre, avec la disparition des allusions à son penchant pour la boisson, une évolution du personnage [32]. Après une longue indifférence (apparente) à l'endroit des femmes, il se montre à présent maladivement jaloux : « Ça fait quatre fois tu me lâches la main pour prendre ton verre depuis t'à l'heure ! Regarde, tu l'as encore dins'mains, ton verre [...] Penses-tu je t'ai pas vue regarder le cendrier en rentrant ? » (*La jalousie de Pogo*, III) [33] Mais plus encore, Pogo apparaît moins innocent dans ses relations avec les femmes que les premiers épisodes le laissaient entendre. Lorsque, le temps d'une courte scène, surgit enfin Shirley, la femme fantasmée que l'on a pu croire aimée de façon platonique [34], elle est accompagnée du fils qu'elle a eu de Pogo (*Le zèbre*, IV).

L'ami ambivalent de Popa

Si, comme psychologue, Pogo se montre peu efficace, comme ami qui cherche à résoudre les problèmes de « dépression » de Popa, il est sans doute plus perspicace. En cela, il lui procure le remède à son sentiment d'inutilité : un travail : « Je vais te trouver une job, moi ! Placier au forum... » (*La déprime de Popa*, IV) L'idée en soi n'est pas si incongrue puisque Ti-Mé a lui-même

---

32. C'est même celui des personnages que la série, dans son développement, fait évoluer le plus. Il faut dire que son aspect pour le moins statique durant les premiers épisodes n'aurait pu le conduire autrement — du fait de son rôle secondaire et de faire-valoir — qu'à sa complète disparition.

33. Tous les personnages de la série partagent au moins un trait de caractère avec quelqu'un. Aussi, et en contrepoint à la jalousie de Pogo, amant traumatisé, on assiste à celle — paradoxale — de Réjean, mari infidèle (*Le divorce*, IV).

34. La reprise régulière tout au long de la série d'un moment musical qui accompagne le souvenir nostalgique de cet amour y participe beaucoup.

défini son problème comme résultant de l'inaction. Popa (à Moman): «Un homme, c'est fait pour travailler.» (*Ibid.*) C'est cependant un emploi que Popa ne saura pas garder et dont l'abandon pourrait expliquer en partie la réaction (anticipée) de déception chez Pogo. Curieusement, en effet, lorsque Moman confrontée à la déprime de Popa l'appelle à la rescousse, ce qu'elle lui dit au téléphone nous indique qu'il ne la reconnaît pas (Moman: «C'est Jacqueline! Ben, la femme de Ti-Mé!» [*ibid.*]), pas plus qu'il ne semble connaître Ti-Mé, lui-même (Moman: «Ti-Mé?! […] Ti-Mé Paré, ton grand chum! Quessé qu'y a l'air?! Y a une barbe, y a des lunettes. Son signe?» [*ibid.*]). Cette difficulté (ou ce refus) de reconnaissance correspond mal à une présence somme toute assez fréquente dans la série et une amitié pour Popa que l'on pense indéfectible. À croire peut-être que la jalousie de Pogo, mise en lumière lors de la saison précédente, l'entraîne dans un univers où même son meilleur ami devient un danger potentiel. Car on n'a pas revu Pogo chez les Paré depuis l'épisode de la jalousie. Il est vrai que Pogo avait prévenu Popa, auparavant, en l'assurant de sa propre intégrité: «[…] pour moi, la voiture d'un chum c'est comme sa femme, on touche pas à ça!» (*Le suicide de Rod*, I) Or, Popa n'a pas répugné à profiter du plaisir que lui procure son brusque don de voir les autres nus, notamment avec Linda [35]. Pogo, que l'on sait depuis le début de la série échaudé (pour ne pas dire traumatisé) par son aventure avec Shirley, trouverait-il plus prudent de s'écarter [36]? D'autant qu'il sait pertinemment que ce tabou de «la femme du meilleur ami» est, le plus souvent, transgressé. Lui-même, dans l'épisode où il assure Popa de sa fidélité laisse entendre, quelques scènes plus tard, qu'il pourrait le trahir: «[…] je pensais à ça, mon homme, ton char, là, ça m'intéresserait peut-être…» (*Ibid.*) Dans ce contexte d'un homme déjà angoissé (au point qu'un verre et un cendrier tenus par la main de sa femme réveillent les tourments), Pogo cherche peut-être l'occasion d'échapper à la revanche et au pouvoir de Popa. À défaut de pouvoir anéantir sa puissance, il tenterait de nier son existence. D'un autre point de vue, celui du fonctionnement de la série, faire en sorte d'écarter Pogo quelque temps, c'est aussi une façon, pour l'auteur, de maintenir ce personnage dans un rôle secondaire.

2.2. Jean-Lou, la différence affirmée, l'histoire jamais contée…

Introduit dans la famille comme un gendre possible (*L'ami de Caro*, I), Jean-Lou devient rapidement l'ami des Paré. À ce titre, il tisse des liens avec Popa et avec Moman, mais plus encore avec Moman. Son homosexualité permet de souligner la différence dans les choix sexuels: «Être gai, c'est pas

---

35. Popa: «Linda, c'est ton amie d'enfance, Moman, voyons!» Moman: «C'est pas moi qui vais la voir tout nue!» Popa: «J'l'sais ben! Ah! Ah! […] Esprit que ça m'écœure! Ah! Ah!» (*La jalousie de Pogo*, III)

36. Pogo: «Je l'ai amenée voir un match de lutte, pis là, ben…» Popa: «Est partie avec un lutteur?» Pogo: «Non! Avec l'arbitre!» Popa: «T'aurais du l'amener au bingo…» Pogo: «A serait partie avec le curé!» (*Le blind date*, I)

une infirmité, OK ? Même que c'est un des plaisirs de la vie ! » (*L'ami de Caro*, I) En même temps que de dénoncer les préjugés à l'endroit des homosexuels, Meunier met en relief la stratégie du couple parental dans son habitude de retourner, contre l'autre, les évidences énoncées par le premier. Moman : « Toi, pis tes préjugés ! » Popa : « Quels préjugés ? » Moman : « Sur les gais… » Popa : « Quels gais, Moman ? » Moman : « Celui qui sort avec ta fille… » Popa : « Qui c'est qui t'as dit qui était gai justement ? C'est toi qui as des préjugés. Ça, c'est pas beau, Moman ! Ah ! Qu'c'est pas beau penser de même ! » (*Ibid.*)

La présence de Jean-Lou qui cherche à assumer son identité d'homosexuel, tout en voulant vivre des expériences réputées plus strictement masculines (comme entrer dans l'armée), est l'occasion de comparaisons entre les hommes et les femmes (*Jean-Lou straight*, IV et *Le shower*, IV). Tandis que Caro rappelle aux femmes de la famille que les hommes « ça parle de char, de pêche et de hockey », Jean-Lou, pour sa part, explique aux hommes que « les femmes, ça jase de tout, de leurs bas, de leurs cheveux, de leurs varices » (*Le shower*, IV). Dans le cadre de ces distinctions soulevées entre les uns et les autres, Moman montre à Jean-Lou comment avoir une attitude virile. La scène — véritable morceau d'anthologie — mérite qu'on l'évoque ici : « Un homme, ça s'assoit pas, ça s'effouerre ! Pis, avant de s'asseoir, ça se place toujours le monsieur de même… Ah oui ! Pis gratte-toi aussi, ça fait viril, se gratter ! On récapitule : gratte… place… effouerre… » (*Jean-Lou straight*, IV) Pour une seconde fois dans la série (cf. l'épisode du *Frère jumeau*, III ; nous y revenons), Serge Thériault, à l'initiative de Claude Meunier, joue, pour notre plus grand plaisir, sur le double clavier de son identité d'acteur et de personnage. Ce faisant, la scène engendre un double effet de miroir entre Jean-Lou, personnage homosexuel marqué par sa féminité qui cherche à se faire passer pour un homme — au sens caricatural du mâle — et Moman (personnage féminin incarnée par un homme) qui a pour mission d'incarner alternativement toutes ces différences. Du coup, on comprend que le personnage de Jean-Lou ait pour fonction, dans la série, d'illustrer et de théoriser, en contrepoint des couples hétérosexuels, les bonheurs comme les difficultés des relations de couple. Et de fait, la présence du personnage dans la série est systématique, dès qu'il s'agit de mariage (*Le mariage du gai 1 et 2*, I) et de divorce (*Le divorce 1 et 2*, IV) ; voire de vœu de chasteté (*Caro religieuse*, III). Homosexuel affirmé, Jean-Lou ouvre la voie aux interrogations sur l'identité sexuelle et sur les désirs latents, voilés des personnages. Dans *Jean-Lou straight* (IV), c'est dans un registre ludique que le problème est abordé. Fiction dans la fiction, Bobby, l'amant de Jean-Lou, devient l'amant de Réjean tandis que Jean-Lou tente de faire croire au sergent Tanguay (recruteur pour l'armée canadienne) qu'il est le mari de Thérèse [37]. C'est avec Rod,

---

37. D'une manière ou d'une autre (de la fiction à la fiction dans la fiction), Jean-Lou conserve donc, dans le passage d'une fille Paré (Caro) à une autre (Thérèse), l'image possible d'un gendre de Popa et Moman.

toutefois, que la question de l'identité sexuelle, avec les tourments qu'elle peut parfois susciter, prend toute son ampleur. Or, c'est par le biais de sa rencontre avec Jean-Lou que Rod est conduit à s'interroger. Il s'agit moins, cependant, dans *La petite vie*, de poser la question de l'homosexualité (en est-elle une d'ailleurs ? On comprend que non) que d'inscrire celle de l'identité dans toutes ses variations, en commençant pas les anxiétés causées par l'identité sexuelle. En quelque sorte, et à l'instar des problèmes sexuels du couple parental qui aboutissent à ceux plus larges de la communication, les difficultés (lorsqu'elles existent) liées à l'homosexualité mènent à celles, plus vastes, de l'identité [38].

Quoi qu'il en soit, si le personnage de Jean-Lou est porteur d'une ambivalence au sein de la série, elle est d'un tout autre ordre. Autant lui est attribuée l'identité affirmée de son homosexualité, autant lui en est refusée une autre qui a à voir avec l'écriture et la fiction. À deux reprises dans *La petite vie*, on nous conte une histoire qui reste inachevée. La seconde est amorcée et aussitôt interrompue par Réjean qui se met à pleurer [39] ; la première nous est livrée par Jean-Lou, justement. Peu importe la teneur de l'histoire en question puisque, en l'occurrence, nous ne la connaîtrons pas. Popa, en effet, n'autorise pas qu'elle (nous) soit contée ! Tandis que Jean-Lou amorce son récit, Ti-Mé arrive en furie et arrête la narration : « Hey ! C'est quoi, c't'histoire, là ? » (*Le mariage du gai 1*, II) Si Popa empêche le cours de son développement, c'est parce que le récit ne relève pas de sa propre initiative. Moman : « Voyons Ti-Mé, laisse-le finir son histoire… T'as connais pas celle-là… » Popa : « *Moi, j'aime mieux la mienne !*» (*Ibid.* ; c'est nous qui soulignons.) La seule histoire qui compte donc ici, c'est celle que Popa/Meunier conte et raconte. En ne permettant pas que l'histoire soit énoncée, l'auteur réitère le pouvoir absolu du personnage de Popa sur le langage et sur le déroulement des épisodes. Mais, de par cette interruption, il nous indique aussi que c'est moins « ce qui est dit » qui prime dans *La petite vie* que le « comment cela est dit ». Tout au long de la série, la préséance est accordée à la manipulation du langage. Or, sauf rares exceptions, Jean-Lou ne joue pas avec le langage (« Ça va faire là, les allusions […] à notre fifure ! » ; « Bobby est parti voir un dimunologue » [*Rénald gai*, III]) ; aussi, au moment où il s'arroge le droit d'utiliser ce dernier à des fins plus créatives, Popa le renvoie-t-il à son registre habituel, sa préoccupation pour le corps : « […] tu vas prendre ton annonce de Docteur Gibaud, pis tu vas aller faire du jogging avec dehors ! » (*Le mariage du gai 1*, II) L'erreur commise par Jean-Lou est de vouloir occuper doublement le territoire de Popa. D'une part, et sur le plan littéral, sa demeure (Popa : « Je regrette ! C'est ma maison ici, ça, là, et tant que je serai ici, y aura pas de mariage dedans ! ») et, d'autre part, sur le plan métaphorique, l'espace

---

38. Nous abordons cette question dans un chapitre ultérieur (cf. chapitre quatre : « La filiation : Rod et la question de l'identité »).
39. Ce sont les effets secondaires de l'absorption d'un nouveau médicament qui sont à l'origine de ces larmes (*Le bébé pilote*, II).

de la fiction (Jean-Lou : « [...] Une fois, c'est deux gars... »). Si la maîtrise de l'imaginaire échappe ainsi au personnage de Jean-Lou (comme Pogo, prépondérant dans la série mais secondaire), c'est sans doute aussi parce que le rôle qui lui est dévolu consiste à porter et à défendre une réalité qui est celle de son identité. Dans la perspective où celle-ci joue en partant sur une certaine ambiguïté, il devient impensable qu'elle se double d'une autre (glissement du réel à l'imaginaire) qui pourrait abolir ou diminuer, par conséquent, l'affirmation de la différence (réelle) qu'il a à défendre.

On aurait donc tort de déduire que Meunier accorde moins d'importance à ce personnage qu'à d'autres dans la série ; sa présence dans différents épisodes en donne d'ailleurs un indéniable démenti. Il reste qu'on note, dans les relations avec le couple parental, une plus grande proximité de Jean-Lou avec Moman. Si Jacqueline, en effet, apparaît comme dénuée de préjugés par rapport à son époux (elle considère Jean-Lou d'un œil plutôt bienveillant : « Ben moé, je le trouve pas laid... » [*L'ami de Caro*, I]), Popa, pour sa part, ne cesse de repousser tout contact physique avec lui (« J'ai pas beaucoup de patience... » [*ibid.*]). Il est vrai que la question de l'identité sexuelle ne peut que rapprocher Jean-Lou du personnage / comédien qui incarne cette double posture...

2.3. Momo et Bobonne, le couple français en miroir

Si l'intimité entre Moman et Jean-Lou et entre Popa et Pogo est réelle (confidences sur les femmes ou sur les hommes selon les protagonistes), la relation établie par les Paré avec les deux Français est une relation de couple à couple. Momo et Bobonne apparaissent à quatre reprises dans la série ; deux fois pour un épisode dans son entier (*La correspondante de Moman*, I et *Le voyage*, IV) et deux autres de façon ponctuelle (*Le mariage du gai 2*, II et *Le 40ᵉ anniversaire*, III). Que les Français débarquent chez les Paré ou qu'ils reçoivent ces derniers chez eux (*Le voyage*, IV), ils manifestent chaque fois un mépris total vis-à-vis des deux Québécois. Momo : « [...] chez vous, c'est le style Buffalo Bill ? [...] » (*La correspondante de Moman*, I) ; « Ah ! Non ! Les deux conards ! » (*Le voyage*, IV) Ti-Mé et Jacqueline font ainsi systématiquement l'objet de leur sans-gêne et grossière moquerie. (À titre d'exemple, rappelons que le lit qui leur est réservé est installé dans la soue à cochon, à proximité d'une truie à laquelle Bobonne a donné le prénom de Moman !) Les deux épisodes construits autour de la rencontre des deux couples constituent les plus caricaturaux de la série et le rire cinglant qu'ils suscitent est souvent troublant, voire carrément dérangeant par tout ce qu'il sous-entend [40].

---

40. Cette question du mépris français à l'endroit des Québécois n'est pas chose nouvelle. Toutefois, il est notable que Momo et Bobonne (Français présentés dans leur habitat comme des provinciaux) se voient dans la série affublés de traits qui caractérisent davantage une population française citadine, pour ne pas dire emblématique de celle de sa capitale.

Pas plus que Jacqueline et Aimé Paré, Momo et Bobonne n'échappent cependant à la satire et à la raillerie. Béret, baguette de pain sous le bras, vieux camembert coulant, aisselles poilues, mauvaise odeur et malpropreté, tous les clichés qui servent à décrire les Français depuis toujours sont présents. On note, cependant, que cette diatribe relève davantage de l'auteur, alors que Popa et Moman subissent plus directement le persiflage des personnages français. Certes, Popa a amené Momo dans quelques lieux peu excitants, lors de son premier séjour à Montréal («[…] Canadian Tire, Monsieur Beigne […] la dompe municipale… » [*La correspondante de Moman*, I]). Mais l'on sait que pour Ti-Mé, ils présentent tous un grand intérêt. D'ailleurs, ne dit-il pas à Moman à ce propos : «J'ai voulu y montrer ce qu'il y a de plus intéressant à Montréal […]» (*ibid.*)? Les ordures municipales constituent même à ses yeux un endroit privilégié ; il y conduit Moman lors de leur première rencontre (*Retour dans le passé*, II), et c'est le seul endroit qu'il visite à Plattsburgh (Moman : «Ton père est allé visiter la dompe municipale» [*Le voyage à Plattsburgh*, I]). Par contre, la fausse visite que Momo fait faire à Popa et Moman de certains monuments historiques français est, elle, délibérée. Ainsi, le tombeau de Napoléon («[…] juste à côté de la maison») se résume à «une toute modeste croix de bois» (*Le voyage*, IV) L'objectif de Momo est clairement de se moquer des deux Québécois. Que les Paré restent dupes tout au long de la visite et que Popa en rajoute même sur la mise en lumière de son ignorance («Oui, oui, effectivement ! C'est une toute modeste croix de bois. Oui, d'ailleurs, je l'ai lu moi, ça. Je l'ai lu, oui […]» [*ibid.*]) ne justifie pas pour autant une telle muflerie. On dépasse, et de loin, la simple moquerie.

Dans ce contexte, on comprend mal ce qui motive le couple parental à subir ainsi le mépris, les insultes et, en partant, la présence même des deux personnages. Habitués, en effet, à Popa et à Moman le plus souvent sarcastiques, manipulateurs et actifs dans leurs relations avec les autres, on s'étonne de leur trouver soudain si peu de répondant. Il est vrai que les propos de Popa et Moman indiquent que ces rencontres leur sont infligées. Moman : «Quoi ? Vous arrivez dans deux jours ? Voyons donc, t'es-tu folle, toi ?» Popa : «Reste donc chez vous, fatigante, tsé… » (*La correspondante de Moman*, I) ; Popa : «Ah, non ! C'est pas vrai !» […] Moman : «Ah mon Dieu ! C'est pas vrai ! Dis-moi que je rêve, Ti-Mé !» (*Le mariage du gai 2*, II) De ce point de vue, le couple français apparaît davantage comme des correspondants imposés (par l'auteur) que des amis choisis et donc acceptés par les personnages. Demeure, cependant, la question des motifs de Popa et Moman d'aller retrouver de tels goujats. Car, alors qu'on les sait déjà échaudés par l'attitude de Momo et Bobonne à Montréal, Ti-Mé et Jacqueline se rendent en France et affrontent une fois de plus leurs violentes réactions. Il est vrai que Popa a adopté une réaction défensive dès le début de l'épisode. Profondément irrité par la manie de Momo de lui pincer le bout des seins (*La correspondante de Moman*, I ; *Le mariage du gai 2*, II ; *Le 40ᵉ anniversaire*, III), il a dissimulé sous sa chemise une bande de clous posée sur son thorax, de même qu'il en a caché un dans la poche arrière de son pantalon. Et de fait, Momo s'y fera prendre (*Le voyage*, IV). D'autre part, il rend à ses (faux) amis la monnaie de leur pièce. À la fin de l'épisode, Ti-Mé, furieux, n'hésite pas à dénoncer le couple français de trafic de drogue auprès des douanes canadiennes. Mais même si cette issue de l'épisode pour Momo et Bobonne est bien méritée (il y a des limites au ridicule et aux insultes), on note que Popa, qui a pourtant l'habitude de se débrouiller par lui-même, fait ici appel à un tiers (la douane) pour régler ses comptes [41]. Quoi qu'il en soit, et pour toutes ces raisons, on s'interroge sur la fonction que le couple français assume dans *La petite vie*.

L'épisode du *Voyage* donne peut-être une première indication sur l'apport du couple français dans la série en mettant en scène un effet de miroir entre les deux couples. Le second fils de Momo et Bobonne arrive à l'improviste chez ses parents [42]. Dans un premier temps, la surprise provient du fait que ce nouveau personnage est incarné par Marc Labrèche, le comédien qui assume le rôle de Rénald. Seul l'accent — français dans un cas, québécois dans l'autre — différencie les deux personnages ; l'acteur arbore la même coiffure, la même tenue vestimentaire et a même le caractère de Rénald. C'est d'ailleurs parce que Popa reconnaît celui-ci dans le fils de Momo qu'il trouve la solution pour l'obliger à quitter la maison : « Ton père veut que tu lui prêtes dix francs ! » (*Le voyage*, IV) Dans la foulée, on attend donc que la femme de ce fils, par ailleurs sans prénom — autant dire sans identité précise — soit jouée par Josée Deschesnes, la Lison de Rénald. L'arrivée de Diane Lavallée dans le rôle de la bru de Momo et Bobonne rompt brutalement avec cette attente tout en accentuant la confusion. Ses vêtements sont semblables à ceux de Lison (tailleur bien coupé et couleur vive) mais sa coiffure est l'exacte réplique de celle de Thérèse. Tout concourt à la superposition des personnages. La bru — Lili, comme dans Lison — entre en disant : « Bonjour groupe ! » expression propre à Lison ; quant au fils, il chante et esquisse une bamba, apporte un jeu de Monopoly. La réaction de Popa et Moman devant ces ressemblances est sans équivoque : réaction de rejet devant le garçon et leurre de Moman qui croit voir sa fille : « Thérèse ? »

La présence de ce couple étrange soulève un problème important encore non abordé dans la série : celui des relations incestueuses entre frère et sœur. Popa et Moman ne s'y trompent pas dans leur incapacité et leur refus d'assister aux embrassades du fils et de Lili. Moman se détourne (« C'est bizarre les voir s'embrasser, ces deux-là ! [...] Ah ! Non ! J'suis pas capable ! ») et Popa ne reste pas davantage neutre devant la scène : « Moi non plus, j'suis pas capable ! » (*Ibid.*) De fait, cette éventualité d'une relation incestueuse (fantasmée)

---

41. À moins qu'il ne s'agisse aussi, pour l'auteur, de reprendre avec Popa la stratégie employée avec Momo. Celui-ci, en effet, a utilisé un intermédiaire, un voisin (présenté comme le président de la république française), pour se moquer davantage de Popa et Moman.
42. Lors du *40ᵉ anniversaire* (dernier épisode de la troisième saison), l'on a appris que Momo et Bobonne ont déjà un fils, Bouboule, que Caro vient d'épouser.

entre Rénald et Thérèse est esquissée, lors du premier épisode de la série. Chagrine à cause du départ de ses parents, Thérèse, qui se trouve entre Rénald et Réjean, se réfugie spontanément dans les bras de son frère. La scène ne dure qu'une fraction de seconde, le temps que Réjean s'aperçoive de la confusion de son épouse et la (re)prenne contre lui (*Le voyage à Plattsburgh*, I). D'un voyage à l'autre, un lien étroit semble donc rapprocher le frère et la sœur. Partant, on devine les raisons inconscientes qui conduisent Thérèse à donner à la police la description de ce frère. En effet, et parce qu'elle prétend détenir un don de voyance, la police fait appel à son aide pour retrouver « l'étrangleur de pet shop ». Thérèse : « Imagine-toi donc que je suis rendue voyante, Moman [...] j'ai beaucoup de prémonitions ! » (*La jalousie de Pogo*, III) Le portrait-robot réalisé à partir de ses indications correspond à Rénald qui, du coup, sera arrêté. L'image floue, inconsciente, qu'elle a en tête (« J'ai jamais été capable de le voir clairement. C'était toujours flou [...] » [*ibid.*]) serait donc celle du frère aimé... Depuis plusieurs années — d'écriture et de diffusion —, il est vrai que le clan Paré fonctionne sur un nombre relativement réduit de personnages. Or, le problème de l'inceste est souvent relié à celui de l'exiguïté. La suite (éventuelle) de la série dira peut-être si l'auteur va reprendre cette question, ne serait-ce que pour la dénoncer d'une façon plus manifeste encore [43]. Il reste que, dans cette perspective, l'effet de miroir existant entre le couple français et le couple québécois pourrait avoir pour fonction de soulever la question de fantasmes incestueux à l'œuvre dans la famille Paré, tout en la déplaçant à l'extérieur du clan.

Quoi qu'il en soit, la symétrie entre les deux couples québécois et français est si importante qu'elle ne peut pas ne pas souligner la différence qui les oppose. De fait, la présence du couple français engendre la mise au jour des dissemblances de langage entre le français de France et le français du Québec. Pour l'essentiel, en effet, les dialogues échangés par les deux couples sont fondés sur des jeux homophoniques dont l'objectif est, avant tout, de montrer ce qui les distingue à l'intérieur de ce qu'ils possèdent de plus proche. Popa : « T'es pas mal morron, m'a te dire ! » Momo : « Non non ! Pas morron, marrant ! » ; Bobonne : « C'est un fromage de chèvre ? » Popa : « Non ! C'est un fromage de " ched " ! » (*La correspondante de Moman*, I) La différence culturelle conduit à une adaptation des surnoms utilisés par chacun des époux. Puisque Rénald nomme Lison « Creton », le fils cadet de Momo appelle sa femme « Terrine ». Outre le plaisir ludique instauré par le jeu du langage, c'est donc toute la question de la langue et de l'identité québécoise qui est ainsi évoquée par l'entremise de la présence des Français (cf. chapitre cinq : « L'écriture de *La petite vie* »).

---

43. Les positions de Claude Meunier face à cette question de l'inceste sont affichées clairement, ici comme ailleurs. Caro explique les problèmes de Ti-Bone qu'elle vient d'embrasser longuement : « Jamais son père l'a embrassé de même, jamais... ». Alors que Réjean réplique : « C'est rare qu'un père embrasse son garçon de même... », Popa rajoute : « Même sa fille, m'a te dire, tsé ! » (*Le prisonnier*, I) On sait gré à l'auteur de laisser entendre, à ce moment, qu'on ne peut pas s'amuser de tout.

2.4. Belle-moman, la toute-puissance de la mère...

Dernière — si l'on peut dire — des personnages secondaires de *La petite vie*, la mère de Popa, Belle-moman, fait un rapide tour de piste. En partant, elle explique, par le biais de la génétique, l'énervement et la parcimonie de Popa. À cette occasion unique (on ne la croise qu'une fois), Popa apparaît infantile, dominé par sa mère, naïf, mais d'une naïveté qui reste au service du jeu de langage : « Moman, c'est Moman, Moman ! Moman, c'est Moman ! Moman, c'est Moman ! » (*Belle-moman*, I)

Dans un premier temps, la mère de Popa dément, par l'ironie, la lecture que le personnage dominant, c'est Popa. Popa : « Je m'excuse mais c'est Bibi, l'boss ! » Belle-moman : « Oui, oui ! C'est toi l'boss ! (vers Moman) Ça n'en prend un, hein ? » (*Ibid.*) Si Popa est aveugle devant le comportement manipulateur de sa mère, Moman, en revanche, n'est pas dupe de la fausse soumission de sa belle-mère : « Oui ! Pis, on sait c'est qui ! » (*Ibid.*) Dans un second temps, Belle-moman ramène cependant le pouvoir à la masculinité : il s'avère qu'elle possède le même système pileux qu'un homme et même plus développé encore que la plupart d'entre eux. Popa : « Hé, monsieur ! [...] c'est rare une femme qui se rase ! » Belle-moman : « Oui, surtout deux fois par jour, c'est encore plus rare ! » (*Ibid.*) Par le biais du jeu langagier qui établit une équivalence entre les deux mères (« Moman, c'est Moman ! ») surgit, par conséquent, l'image inversée de Moman (femme dans la fiction incarnée par un homme dans le réel), en Belle-moman (femme dans le réel avec une caractéristique masculine dans la fiction). Dans le contexte d'une série où chacun des personnages est renvoyé en miroir à un autre, les images inversées se perpétuent. Et de fait, Moman, belle-mère tout au long de la série (plus encore de Lison que de Réjean qui n'en fait que très rarement état), se retrouve belle-fille le temps d'un épisode. Autant dire que cette arrivée de Belle-moman dans la série permet d'illustrer les rapports conflictuels entre les belles-mères et leurs belles-filles, leitmotiv des relations de Moman avec sa bru Lison. On assiste, du coup, à un dialogue savoureux entre elles, au cours duquel Moman s'enquiert auprès de sa belle-fille des ficelles qu'elle emploie pour se dépêtrer de sa présence. Moman : « [...] Lison, toi, qui a une belle-mère, justement [...] quessé tu fais, mettons, pour... euh... t'en débarrasser ? » (*Ibid.*) Dans ce piège tendu par le miroir, Jacqueline ne peut sortir victorieuse. Et en deux répliques consécutives, elle est renvoyée dans les cordes, par sa belle-mère d'abord (« Hey, viens icitte ! Moi aussi, j'en ai déjà eu une belle-mère ! ») et par sa belle-fille aussitôt après (« C'est pas de ma faute, moi, si votre belle-mère est plus vite que la mienne, hein ! » [*Ibid.*]). Qu'elle soit donc en interaction avec Popa ou avec Moman, Belle-moman mène le bal. Plus encore, elle est même détentrice d'un savoir (sur son petit-fils Rénald) dont le couple parental vient à peine d'être informé ! Pour justifier son insémination, Lison a indiqué à ses beaux-parents, au début de l'épisode, qu'elle « ovule seulement une heure par mois, pis c'est l'heure ousse que Pinson joue au bowling ! » (*ibid.*). Au moment où Rénald fait part à

Belle-moman de la « bonne nouvelle » (« Vous allez être arrière-grand-mère
[…] ! »), celle-ci réplique aussitôt : « Ah oui ? T'as lâché le bowling ? » (*Ibid.*)

La rivalité entre les deux mères (les deux « Moman » de Popa) prend également la forme d'une compétition entre deux « comédiennes ». Dans un premier temps, Belle-moman « joue » des troubles physiques : « Ayoye donc !
Ayoye donc ! […] Ça y est, ça y est, ça y est ! J'me suis donnée un tour de
reins […] j'ai les reins barrés […] j'vas m'étendre ici dans le portique. » (*Ibid.*)
Si Popa se laisse berner et prend très au sérieux la comédie de sa mère
(« Moman […] dis-y […] qu'elle aille [s'allonger] dans le salon ! »), Moman,
pour sa part, n'est pas dupe de l'artifice : « Non, mais si si est bien là ! […] J'la
voyais venir celle-là, moi ! » (*Ibid.*) Devant la récurrence du procédé (le mal
de reins reprend lorsqu'il s'agit d'aider à la cuisine, faire la vaisselle, mettre
la table et, plus tard, de fausses larmes coulent et une mauvaise grippe est
invoquée pour faire modifier le repas préparé), Moman tente de piéger sa
belle-mère. Elle lui montre comment exécuter la scène pour être crédible. À
ce moment, Belle-moman vient de se prendre les reins entre les mains :
« Ayoye donc ! Ayoye donc ! Ma grippe, encore… » Moman : « Non, non ! La
grippe, c'est ça… — elle tousse » (*Ibid.*) Moman est vite déjouée dans sa tentative ; Belle-moman : « Je l'sais. Mais est ben méchante, la grippe c't'année.
A tombe sur les reins, la grippe, OK ? » (*Ibid.*) Même le talent d'actrice de
Moman (si souvent employé et mis en valeur dans la série) est éventé par sa
belle-mère et surpassé par le sien. Moman : « Ah ! Mon dieu ! Mais vous êtes
ben blanche ! » Belle-moman : « Tu peux ben parler toi ! T'es vert pâle ! À ta
place, j'm'en irais direct à l'hôpital ! » (*Ibid.*) Belle-moman s'empare donc,
pour son propre bénéfice, de ce qui fait la force de Moman dans la série : son
sens de la répartie et de la réplique et sa faculté à interpréter, à jouer, diverses situations. À croire que s'il y a transmission héréditaire, c'est de façon
plus manifeste entre la belle-mère et sa bru qu'entre la mère et son fils.
D'ailleurs, Belle-moman n'a-t-elle pas associé Popa à son père (« Son père
tout craché ! ») et alors que Moman vient de traiter Popa d'« espèce de pissou » : « Oui, certain ! Le vrai portrait de son père ! » (*Ibid.*) On verra que cette
filiation belle-mère — belle-fille s'étend également au personnage de Lison
(cf. chapitre quatre : « La filiation »).

Ainsi, et quels qu'ils soient, les personnages secondaires de *La petite vie*
se situent immanquablement dans un rapport privilégié avec Popa ou
Moman, voire avec le couple parental. De ce point de vue, Pogo s'inscrit
dans un lien plus « attractif » par rapport à Popa et Jean-Lou avec Moman.
Pour sa part, le couple français agit comme un pendant au couple Paré dans
une dynamique d'attraction/répulsion. Finalement, Belle-moman affronte à
parts égales son fils Ti-Mé et sa belle-fille Jacqueline. À la différence des autres personnages secondaires de *La petite vie*, elle réussit le tour de force
d'annihiler toutes les habiletés qui caractérisent le couple parental. Pour une
rare fois dans la série, Popa se montre démuni et dépossédé de son pouvoir ;
quant à Moman, elle est soudain dépouillée de ses aptitudes habituelles et de

leur efficacité. Il est significatif, à cet égard, que le départ de Belle-moman de chez Popa et Moman relève strictement de sa propre décision. Ailleurs, dans d'autres épisodes, Ti-Mé et Jacqueline trouvent des solutions pour se débarrasser des importuns ; ici ils restent étrangement passifs ou incompétents. Si Belle-moman détient tant de pouvoir sur le couple parental, c'est peut-être parce qu'on peut la considérer comme doublement mère : d'une part de Popa, dans la fiction et, d'autre part, parce qu'elle est «jouée» par l'humoriste Dominique Michel, comme celle plus «symbolique» de Claude Meunier. À ce titre, elle rappelle donc l'importance du genre choisi pour la série : l'humour. C'est Popa qui le dit : «Ce qu'on rigole, nous, au Québec!» (*Le vidéo*, II)

Que l'on rie, cela va sans dire, et que Popa/Meunier y soit pour beaucoup, aussi. Mais l'humour de Claude Meunier a sa particularité qui le distingue d'une grande partie des humoristes québécois et francophones. C'est un humour fondé sur la mise en lumière des faiblesses humaines et des problèmes inhérents aux relations interpersonnelles, soit, mais c'est aussi un humour fondé sur le ludisme langagier et un jeu de structure. À cet égard, les jeux de miroir, tant aux points de vue de la construction des épisodes que des personnages qui se reflètent ou encore de l'écriture elle-même, constituent une des caractéristiques de *La petite vie*.

Chapitre trois

Les miroirs de la série

1. Les rappels d'un épisode à l'autre

Plusieurs facteurs concourent à l'établissement de la cohérence des épisodes et de la série en commençant par le rappel et la répétition de plusieurs éléments. Ce principe de répétition (lorsqu'il débouche toutefois sur une progression du discours) est à la base de la cohérence textuelle et discursive [1]. Par ailleurs, on sait, depuis Bergson, que la répétition provoque aussi le rire [2]. Aussi, parce qu'ils sont répétés, divers éléments en apparence anodins donnent à la série une partie de sa cohésion et participent de son effet comique. Souvent donnés en ouverture, parfois même repris tout à la fin des épisodes, ils encadrent, à l'occasion, le déroulement de scènes qui, elles-mêmes, se répètent d'un épisode à l'autre (à titre d'exemples : la musique du thème de Pogo ou les mots croisés), d'une séquence à une autre à l'intérieur d'un épisode (les leçons de conduite dans *Château-Ragoût*, I). Parmi les plus marquants, on relève les vidanges, les outils et les systèmes d'alarme de Popa, la dinde de Moman, les coiffures et le pâté chinois de Thérèse, mais aussi, et de façon moins insistante, les bas de Rod, l'aventure dans la Tercel de Thérèse, le vin de Réjean, la musique du thème de Pogo, la lampe du salon, les cartes de femmes nues et les cassettes de vidéos pornographiques apportées par Pogo…

1.1. Les paradoxes de la répétition dans La petite vie

Dans ce contexte d'une série où les épisodes répètent des manies et des expressions, remettent en scène des situations déjà exposées — en d'autres termes, fonctionnent sur la redite —, la reprise systématique des troubles de mémoire de Popa surgit soudain comme un paradoxe [3]. Paradoxe, en effet, dans la mesure où la répétition de la question de l'oubli a manifestement pour but d'établir un lien entre les épisodes, de les ramener au souvenir des uns et des autres (tant des personnages que des téléspectateurs). Dans *La petite vie*, en effet, on répète surtout pour construire une cohérence, asseoir une cohésion des différents épisodes dont l'ensemble constitue une œuvre.

---

1. Michèle Nevert et Jean-Luc Nespoulous, « De la cohérence textuelle. Étude de textes littéraires et pathologiques », *Recherches sémiotiques / Semiotic Inquiry*, vol. III, n° 2, 1983 ; Slaheddine Chaouachi et Alain Montandon, *La répétition*, Clermont-Ferrand, Publications de la faculté des lettres et sciences humaines, 1994, 331 p.
2. Henri Bergson, *Le rire. Essai sur la signification du comique*, Paris, Presses universitaires de France, 1975, 157 p.
3. Les problèmes de mémoire de Popa sont réitérés dans quatre épisodes : *Le cadran* (I), *Mlle Morin* (II), *Tous pour un* (II), *L'hospice 1 et 2* (III).

Ce faisant, Meunier établit une distinction nette entre l'auteur et le personnage. Cette différence est capitale car elle discrimine du coup la valeur attribuée à chacun des deux moteurs de la série : les liens familiaux et le rapport au langage. Lorsqu'il s'agit de langage et d'écriture, Popa et Meunier ne font qu'un ; lorsqu'il s'agit en revanche de l'aspect plus psychologique du personnage, Popa n'est rien d'autre qu'une projection imaginaire de l'auteur, au même titre que tous les autres membres du clan Paré. Nonobstant cela, le paradoxe que sous-tend le parti pris de rappels systématiques, concomitants à la répétition des pertes de mémoire, relève aussi d'une stratégie d'écriture ; celle d'un écrivain qui n'hésite pas à dire une chose et son contraire, pour le plaisir de l'élaboration d'un univers imaginaire et comique. Dans son essence, la contradiction (lorsqu'elle n'est pas dépassée), briseuse de vraisemblable et de réel, se présente comme l'expression permanente d'un lieu de fiction [4]. Ciment de l'écriture, les éléments répétés contribuent, par le biais de leur réitération, à l'élaboration d'une structure dense qui constitue en soi un des objectifs de *La petite vie*. À cet égard, on ne s'étonne pas que le langage soit lui-même invoqué et participe même activement à cette fonction. Plusieurs expressions reviennent chez l'un ou l'autre des Paré.

« Dis-le-moi… Dis-moi-lé… » (*Le voyage à Plattsburgh*, I) assène souvent Thérèse à Réjean, à Popa, à Moman. À cette quête incessante d'aveu, dont elle est porte-parole dans la série, correspond — comme en réponse — un fréquent refus d'obtempérer (« je te le dis pas ») déplacé, ailleurs, dans d'autres occasions. Si on « ne dit pas », dans *La petite vie*, c'est parce que, et selon le cas, « J'le sais pas […] y a pas voulu me le dire… » (Belle-moman : *Belle-moman*, I), « C'est une surprise » (Popa : *La jalousie de Pogo*, III), « J'ai pas le droit de le dire » (Lison : *L'élection*, IV), « Ça me revient pas » (Popa : *Caro religieuse*, IV). C'est aussi, parfois, parce que la demande et le refus sont énoncés dans la même phrase comme pour retarder l'échéance d'une réponse qui a toutes les chances de se retourner contre soi (« Non, non ! Ne réponds pas tout de suite ! Penses-y… » dit prudemment Réjean, tout au long de la série). Que cette demande, même répétée, ne soit donc pas agréée dans la série, cela va dans le sens de ce que nous avons déjà constaté à propos du rapport du couple parental. La gratification, active ou passive, ne caractérise pas — loin de là — la famille Paré. Il reste qu'avec ce refus de « dire », et quelles que soient les raisons évoquées, nous sommes face à un paradoxe de plus ; celui créé par cette forme de « silence » qui s'oppose au « bruit » instauré par l'étalage constant des conflits et des difficultés de chacun. Si, de la même manière, Thérèse interroge fréquemment le lieu où se trouve sa mère alors même que celle-ci est en face d'elle et dans sa cuisine (« Moman, ousse que t'es ? Moman, ousse que t'es ? » [*New You*, I] ; *Le chalet*, IV, etc.), c'est une façon de plus de nous indiquer que *La petite vie* se situe dans un lieu dépourvu de références réelles, dans un espace imaginaire.

---

4. Michèle Nevert, *Des mots pour décomprendre*, Montréal, Balzac, coll. « L'écriture indocile », 1993, 176 p.

1.2. Des éléments répétés puis qui disparaissent

Toutes les reprises à l'intérieur de *La petite vie* (les bas de Rod [5], la Tercel de Thérèse [6], le vin de Réjean [7], la musique du thème de Pogo [8], etc.) servent donc à établir des ponts entre différents épisodes écrits et diffusés, qui plus est, sur plusieurs années. Du coup, ces redites qui nous ramènent parfois de longs mois en arrière participent également de l'élaboration d'un temps quelque peu fixe à l'intérieur de *La petite vie*. Certains éléments ne reviennent qu'à quelques reprises et finissent pas disparaître. C'est le cas des cartes et des vidéos pornographiques de Pogo, des sandwiches aux tomates et même de la lampe du salon…

Détail en apparence sans grande importance, la lampe du salon de Popa et Moman est l'objet désiré par Lison : « […] j'aime beaucoup votre lampe […] J'aimerais tellement ça m'en occuper si jamais y vous arrivait quèque chose… Pauvre p'tite lampe […] » (*La pierre au foie 2*, I) Les remarques qu'elle suscite occupe cependant plusieurs fonctions. L'intérêt que lui porte Lison est déjà inscrit dans *Le voyage à Plattsburgh* (« […] est cute c'te lampe là, hein ? J'sais pas qui, qui va l'avoir quand euh… »). Il annonce, d'une part, l'indifférence des enfants qui envisagent sans scrupules le décès des parents, avec sa conséquence, le partage des biens et, d'autre part, la rivalité qui va opposer tout au long de la série les deux couples Rénald/Lison et Réjean/Thérèse [9]. Par ailleurs, les remarques caustiques de l'invitée anglophone à son égard (Gérard-Marie : « […] look at the lamp honey… » Darling : « My god ! What is the word ? Kétaine ? » [*Réjean reçoit*, II]) présagent de la raillerie systématique de tous les personnages secondaires à l'endroit de Popa et Moman [10]. Puisque tout le monde (à part Lison — et, on le suppose, Popa et Moman) s'accorde pour considérer l'objet comme disgracieux, le désir répété de Lison d'en prendre possession traduit (avec un manque de goût) sa bêtise. Du coup, on se demande si ce n'est pas la prise de conscience de Moman de cette nouvelle incongruité de sa belle-fille qui la conduit à donner la lampe à Napoléon. Moman : « […] nous aussi on a un cadeau pour l'Ouganda. C'est un cadeau qui nous vient du cœur et aussi du salon. Voilà ! [Moman lui donne un sac dont elle sort la lampe du salon] » (*Le vidéo*, II)

---

5. *Le voyage à Plattsburgh* (I) ; *Le suicide de Rod* (II) ; *Retour dans le passé* (II).
6. *Info-Caro* (I) ; *L'aventure de Réjean* (II) ; *La jalousie de Pogo* (III) ; *L'accouchement* (IV).
7. *Château-Ragoût* (I) ; *Réjean reçoit* (II) ; *Le 40e anniversaire* (III).
8. *Info-Caro* (I) ; *Le blind date* (I) ; *Pogo's love story* (II) ; *La jalousie de Pogo* (III).
9. Quelques heures à peine après le départ de Popa et Moman, Réjean et Rénald font la liste des biens dont ils veulent hériter. Rénald : « […] j'ai faite une petite liste au bureau ce matin… Rien de compliqué là, pour le plaisir, comme ça… Comme la lampe, justement, nous autres, on pensait prendre la lampe […] » Réjean : « Ah ! C'est drôle parce que sur ma liste à moi, la lampe c'est nous autres qui la prenaient […]. » (*Le voyage à Plattsburgh*, I)
10. On note là, toutefois, un léger déplacement par rapport au début de la série. Lorsque Belle-moman arrive chez les Paré, elle porte son attention sur le vase du salon plutôt que sur la lampe. Les commentaires qu'elle énonce à son sujet ressemblent néanmoins étrangement à ceux de Gérard-Marie et de Darling à propos du vase. « Mon Dieu… C'est donc ben laid, ce vase-là ! » (*Belle-moman*, I)

Les cartes de femmes nues et les vidéos pornographiques

Les cartes de femmes nues comme les vidéos pornographiques apportés par Pogo à Popa constituent l'essentiel des moments d'intimité partagés par Popa et son ami. Il serait facile, à cette étape-ci, de n'y voir qu'un plaisir assez commun à la plupart des hommes. Et d'ailleurs Réjean, l'homme à femmes de la série, participe à cet intérêt pour les revues pornographiques [11]. Le fait qu'il ne partage pas pour autant ces moments privés entre Pogo et Popa souligne l'intimité et, par conséquent, l'ambiguïté de la relation des deux amis. On se souvient que lors de l'épisode où Moman est hospitalisée, Pogo prend sa place auprès de Popa. En surface, il lui emprunte ses vêtements et ses gestes, mais il reprend aussi à son compte son mode d'être avec Popa. Pogo : « J't'ai préparé des toasts [...] Y as-tu d'autres choses que Moman faisait pour toi [...] ? » (*La pierre au foie 1*) Cet épisode qui commence avec la proposition de Pogo de regarder un film pornographique (« [...] j'ai un petit film assez Arraviga [...] « Le vrai titre c'est Joe le Vibrateur [...] » s'achève donc sur la mise en lumière d'une relation ambiguë entre Pogo et Popa. Si la première saison de *La petite vie* ne nous indique pas si les deux amis dorment ensemble (Pogo se couche et Popa reste devant la télévision [12]), en revanche plusieurs épisodes plus tard, Pogo rejoint Popa dans son lit et nous renvoie à l'épisode déjà cité : « M'a te dire ben franchement mon homme, *je prendrais ben la place de ta femme* deux minutes... » (*Pogo's love story*, II ; c'est nous qui soulignons.) Ainsi, et avec un intervalle de quinze épisodes, l'auteur reprend, par le biais d'une allusion, une situation esquissée sur le mode humoristique et imaginaire (Pogo est « déguisé » en Moman) lors d'une saison précédente. Elle impose du coup une interprétation parallèle au constat d'une construction narrative fondée sur les rappels. À cet égard, les nouveaux indices fournis pour conduire le téléspectateur sur la piste d'une homosexualité latente des deux hommes sont nombreux.

Nous l'avons déjà évoqué à quelques reprises, si Popa et Moman reviennent un jour à Plattsburgh, c'est dans le but de favoriser une relation amoureuse entre Linda (qui le souhaite ardemment) et Pogo paralysé d'épouvante. Une fois les deux couples arrivés au motel, Pogo, qui cherche à fuir par tous les moyens la présence provocatrice de Linda, se réfugie auprès de Popa. Les propos échangés par les deux amis laissent entendre clairement l'ambiguïté de leur relation. Pogo (à propos de la chambre) : « Ça fait un peu féminin, mais c'est correct » ; plus tard, alors que les deux hommes dansent ensemble, Popa interroge : « Ça te dérange pas, mon homme ? » Pogo : « Non, au contraire ! » Finalement, lorsque Popa appelle Moman (« Arrive, qu'on se couche ! »), c'est Pogo qui entre dans la chambre : « J'arrive, mon homme » (*Pogo's love story*, II) C'est parce que Pogo a peur des femmes (et en l'occur-

---

11. Alors que Popa montre une photo de femme nue à Jean-Lou, Réjean, qui surgit à l'improviste, la reconnaît : « Véronika... Mai 1954 ! » (*Jean-Lou straight*, IV)
12. Rappelons que nous avons déjà montré que Popa attribue à celle-ci une fonction de repoussoir (cf. chapitre premier)...

rence de Linda) qu'il se sauve auprès de Popa. Il demeure toutefois qu'on peut interpréter ce moment comme la tentative de passage à l'acte d'un désir inconscient annoncé dans *La pierre au foie* au moment où Pogo se substitue à Moman! La réaction de Popa mérite qu'on s'y arrête. Face à Moman qui lui a fait un peu plus tôt des propositions concrètes, il se défile (Moman : « Allez, faisons l'amour… » Popa : « Ensemble ? » [*Pogo's love story*, II]), confirmant que c'est moins l'acte sexuel qui fait problème que la femme (ou la personne) avec laquelle il doit s'exécuter. Face à Pogo, en revanche, Popa cultive l'ambiguïté à l'aide d'une réponse qui s'oppose à l'ironie du ton. Pogo : « Ça fait drôle de se retrouver dans le même lit […] » Popa : « Moi, ça fait trente ans j'attends ça […] » (*Ibid.*) Déjà dans *La pierre au foie 1*, Popa avait pris un instant à son compte l'ambiguïté de la situation. Pogo, qu'il a appelé « Moman », lui fait part de sa gêne : « Scuse-moi, mon homme […] J'pense j'aime mieux « mon homme » que « moman », mon homme ! » Popa : « Pas de problème, mamon homme… ». La création verbale de Popa (lapsus du personnage, jeu de langage de l'auteur) réunit donc en une seule forme la femme et l'homme. Vraisemblablement, et en surface, l'inquiétude de Popa envers Moman (plus préoccupé, cela dit, à l'idée de devenir veuf que par le décès de son épouse) explique-t-elle qu'il n'accorde pas outre mesure d'importance à son lapsus (Popa : « En tout cas… là, arrange-toi avec ça ! »). Mais du point de vue de la création de la série, il ne s'agit que de transformer, une fois de plus, un homme en femme. Il n'y a rien là de si étonnant [13]. Ainsi, si les deux épisodes cités flirtent avec la possibilité d'une homosexualité latente chez l'un ou l'autre des deux amis, ce n'est que de façon transitoire. C'est aussi, bien sûr, parce que l'auteur se donne comme objectif de laisser le spectateur de la série (celui qui la regarde comme celle qui tente d'analyser son fonctionnement) se promener dans des interprétations qui relèvent à leur tour d'une pure fiction ! Mais peut-être aussi Popa accompagne-t-il quelque temps Pogo dans son ambiguïté parce qu'il la sait conséquente à sa peur des femmes et, plus encore, temporaire. De cette manière, Popa assumerait momentanément l'ambiguïté de la relation, ne serait-ce que parce qu'elle pourrait conduire Pogo à le délaisser au profit d'une femme. Prêt à tout pour aider son ami à dépasser ses peurs, mais plus encore pour le détourner de lui, Popa accepte Pogo dans son lit et danse avec lui (*Pogo's love story*, III). On s'interroge alors s'il n'y a pas là, dans le désir d'en finir avec cette ambiguïté, la motivation profonde qui le pousse à accepter ce second voyage à Plattsburgh…

---

13. Rappelons tous les cas déjà cités : Moman incarnée par un homme ; Jean-Lou qui cherche à reproduire les gestes et les attitudes d'un « vrai mâle » ; Belle-moman qui se rase comme un homme ; le frère jumeau de Moman (joué également par Serge Thériault) qui se fait passer pour elle…

Les sandwiches aux tomates

D'autres éléments qui reviennent dans la série servent — paradoxalement — à éviter la redondance de scènes qui n'auraient d'autre intérêt ou de
fonction que le principe même de répétition. Il en est ainsi des sandwiches
aux tomates préparés par Moman. La première fois qu'on en entend parler,
ils sont au menu du *Souper du dimanche* (I). Cet épisode tourne autour de
l'écœurement de Ti-Mé et de Jacqueline de recevoir Rénald et Lison à souper tous les dimanches. Popa : « C'est pas qu'on aime pas ça les voir mais
c'est juste qu'à chaque dimanche, ça fait que ça vient… euh… comme un petit peu… euh… [Réjean : " chiant ? "] ». Une allusion à ces repas était déjà inscrite dès le premier épisode de la série. C'est Rénald lui-même qui l'énonce :
« […] la maison… tu sais comment c'que Lison pis moi on aime ça venir
ici… » (*Le voyage à Plattsburgh*, I) Si plusieurs références à ces soupers traversent la série, pour autant, un seul épisode leur est totalement consacré. Par
conséquent, la reprise des sandwiches (au Jello blanc et à la morue « crute »
dans *Miss Madame*, III) favorise à la fois le rappel de ces rencontres (et l'ennui qui les caractérise), en même temps qu'elle permet d'éviter leur répétition dans la mise en scène des épisodes. Popa : « Ah non ! Baptême ! Pas encore des sandwiches aux tomates ! » Moman : « Rénald pis Lison viennent
encore souper… » (*Le bébé pilote*, II) Par ailleurs, la confection de ce plat par
Moman répond aux récidives de Rénald qui apporte — et cela aussi est plus
souvent nommé que montré — un jeu de Monopoly et esquisse une bamba.
Popa : « Pas juste ça. Y va encore nous chanter sa bamba, là [14] ! »

Parmi les éléments qui reviennent dans la série, quelques-uns appartiennent sinon à tous, du moins à de très nombreux épisodes. C'est le cas de la
dinde de Moman et des coiffures et du pâté chinois de Thérèse [15]. Une de
leurs caractéristiques communes consiste à ouvrir, la plupart du temps, les
épisodes qui les contiennent.

1.3. Les éléments récurrents

Les coiffures de Thérèse

Les coiffures de Thérèse, pour le moins extravagantes, constituent un
des grands plaisirs de *La petite vie*. Dès le premier épisode de la série, la coiffure de Thérèse la signale comme le personnage surréaliste de la famille
Paré, reconnu et accepté comme tel par celle-ci. Contrairement aux autres

---

14. On retrouve, en effet, des allusions à la passion de Rénald pour la bamba dans plusieurs
    épisodes : *Le souper du dimanche*, I ; *Tous pour un*, II ; *Le bébé pilote*, II ; *Le voyage*, IV. Rénald
    présente cette danse comme une offrande à ses parents : « J'aimerais dédier à mes parents
    ce que le titre et moi appelons la bamba. » (*Le souper du dimanche*, I)
15. C'est volontairement que nous passons sous silence la répétition de la scène des mots croi-
    sés dans la première saison de la série : « Bizarre, c'te mot croisé-là, Moman […] ! » (*La
    pierre au foie 1* ; *Thérèse au Wac-Do* ; *Le prisonnier*). L'analyse de la fonction de ces mots croi-
    sés fait l'objet d'un chapitre ultérieur (cf. chapitre cinq : « L'écriture de *La petite vie* »).

membres de la famille, elle ne suscite pas de réelle agressivité, plutôt de l'étonnement, voire de la stupéfaction. Moman : « [...] t'es-tu mis la tête dans un moule à Jello ? » ; Réjean : « Hé Monsieur ! Qu'est-ce qui arrive avec toi, Thérèse ? Es-tu tombée dans sécheuse ? » (*Le voyage à Plattsburgh*, I) ; Caro : « [...] quessé qui arrive avec toi ? T'es-tu faite coiffer à Tchernobyl ? » (*Ibid.*) ; Rod : « Hey super ça ! Oussé qu't'as pris ce casse-là ? » (*Ibid.*) Présentes tout au long de la série, les coiffures singulières de Thérèse accompagnent l'évolution du personnage. Au début de *La petite vie*, elle en souffre (« Ah mon dieu ! Moman ! Ça pas d'allure, r'garde moi la tête... J'ai l'air d'une vraie folle ! » [*ibid.*]) ou, tout au moins, démontre qu'elle en est consciente : « J'ai demandé la coupe Brigitte Bardot ; j'pense qu'a l'a compris la coupe chien barbet ! Tsé, faudrait quasiment que j'me r'vire la tête de bord ! » (*Le souper avec vedette*, I) Très vite, cependant, avec la perte de ses inquiétudes, elle perd aussi la conscience de l'étrangeté de son apparence. C'est ainsi qu'elle surgit un jour chez ses parents, coupe afro avec une boule côté gauche ; Moman : « Mon dieu ! Qu'est-ce qui arrive avec toé ? As-tu dormi sur le côté gauche ? » Thérèse : « Oui, comment ça se fait tu sais ça ? » (*Le cadran*, I) Plus encore, encouragée lors d'un jeu télévisé par le membre d'une équipe adverse qui arbore la même coiffure, elle la considère comme esthétique : « Il est bien cute, lui ! » (*Le combat des clans*, III) Il est vrai qu'à partir de la troisième saison de *La petite vie*, les coiffures de Thérèse ne font plus l'objet de remarques de la part de sa famille ; elle-même n'en fera plus état autrement que fièrement et pour en souligner les avantages : « Ça fesse, hein ? » (*Le million*, III)

Le pâté chinois

C'est aussi que sa préoccupation s'est déplacée vers celle que lui procure la confection du pâté chinois. « C'est le 300e pâté chinois que je fais pis, j'en ai pas encore réussi un ! » dit-elle dans *Retour dans le passé* (II). Ses tentatives répétées pour réaliser le plat vont elles aussi évoluer. Les premiers temps, ce sont les ingrédients qui font problème. Moman : « [...] ta rangée de ketchup est de trop [...] Mon Dieu ! C'est quoi, ça ? Des anchois ? » Thérèse : « J'avais pensé mettre de la crème fouettée à place... » Moman : « Un T-Bone ? Mais quessé ça ? » Thérèse : « [...] mais c'est quoi, déjà [...] Bananes, ananas, meringue ? » (*Retour dans le passé*, II) Dans cette perspective, on ne s'étonne pas que revienne régulièrement dans cet épisode comme dans tous les autres et, sur le mode de la litanie, la recette du plat : « steak, blé d'Inde, patate... steak, blé d'Inde, patate... steak, blé d'Inde, patate... ». Cette répétition inlassable de Moman que Thérèse réclame est ressentie par elle comme un traumatisme. À la question de l'animateur d'un concours auquel elle participe : « Quelle est la phrase qui vous a le plus marquée ? », elle répond, à juste titre, par la recette du pâté chinois (*Miss Madame*, III) [16]. Il

---

16. Cela étant, Thérèse n'est pas la seule à vivre cette répétition comme un traumatisme. Moman, que Thérèse prend systématiquement comme le témoin désespéré de ses tentatives,

reste qu'il serait erroné de croire que Thérèse est incapable de retenir les ingrédients qui composent le plat élu. La fin de l'épisode *Retour dans le passé* en fournit d'ailleurs la preuve : « Regarde mon pâté chinois, là, je l'ai Moman... Là, je l'ai, regarde [17] ! » Si la fille aînée des Paré démontre à ce moment qu'elle a compris, pour autant, elle conserve toute sa créativité. Le choix des aliments ne lui causant plus de difficultés, c'est maintenant la présentation du plat qui va porter la marque de son excentricité et sa répétition. De fait, un gros plan du pâté chinois montre le steak haché à gauche, le blé d'Inde au centre et les pommes de terre à droite (*Retour dans le passé*, II). C'est qu'il s'agit bien plus de mettre en lumière l'heureuse extravagance de Thérèse qu'une quelconque stupidité du personnage. Dès lors, la confection du pâté chinois relève systématiquement de sa créativité (et par conséquent de celle de Claude Meunier) sur le mode : thème et variations. On n'en finit pas de voir apparaître le pâté chinois sous toutes les formes possibles : en mini bouchées et en cocktail dans des verres apéritifs (*Le 40ᵉ anniversaire*, III) ou encore en pop sicle (*Le chalet*, IV). La place qu'il occupe est si grande qu'il va même jusqu'à occuper un espace entier en prenant la forme d'une planète (*Le rêve de Moman*, III). Tout se passe, en fait, comme s'il fallait représenter formellement cet envahissement de Thérèse en même temps que l'immense potentiel créatif que possède le personnage et, à travers lui, celui de la série tout entière.

La dinde de Moman

Un second plat alimentaire recouvre *La petite vie* : la dinde de Moman. Cet élément évolue lui aussi dans la série. Longtemps cuisinée (durant les deux premières saisons, autrement dit sur une période qui couvre trente-trois épisodes), la dinde reste vivante dans la troisième et la quatrième saison. Son évolution suit un attachement toujours plus grand de Moman envers elle. Au point que Jacqueline Paré éprouve de plus en plus de difficultés à la tuer (*Le million*, III), cherche ensuite à dialoguer avec elle (*Menteurs anonymes*, III) et finit par l'installer dans la chambre conjugale (*Caro religieuse*, III). C'est par le biais de Belle-moman que la dinde fait sa première apparition dans la série. Nous apprenons à cette occasion qu'elle constitue le plat traditionnel des Paré. Belle-moman : « Ah non ! Dis-moi pas qu'on mange encore de la dinde ? » (*Belle-moman*, I) Dans les faits, elle ne sera pas mangée puisque Belle-moman persuade Popa de faire venir des mets chinois ; mais nous ne perdons rien pour attendre. L'auteur vient ainsi d'annoncer la présence de la dinde, et de fait, elle ne quittera plus la série, devenant en quelque sorte un

---

se retrouve le temps d'un rêve sur une planète Pâté chinois dans laquelle elle s'enfonce et retrouve bien évidemment sa fille (*Le rêve de Moman*, III).

17. Plus encore, dans *Le bogue de l'an 2000*, elle rectifie, étonnée, la nouvelle composition du plat annoncée à la télévision. Daniel Pinard : « [...] steak, blé d'Inde, Prozac ; steak, blé d'Inde, Prozac » Thérèse : « Patates, y veut dire ? [...] Ah non ! Je commençais à l'avoir enfin [...] ».

autre personnage secondaire de *La petite vie*. Très tôt, les épisodes insistent sur la relation particulière qu'entretient Moman avec sa dinde ; une relation que l'on peut qualifier, sans exagération, de maternelle : « C'est à qui la tite fille, hein ? C'est à qui la belle p'tite fille, hein ? » (*Le prisonnier*, I) ; « Bonne nuit, cher Trésor, ferme tes jolies cuisses… » (Moman berce sa dinde, *Le vidéo*, II). Quelque temps, une ambiguïté va toutefois demeurer : « J'y fais un massage pour qu'a soit plus tendre » (*Le camping*, II) ; « […] je la trouvais grosse… J't'allée la faire courir pour qu'a maigrisse un peu […] » (*Le kick de Moman*, II) Pour l'heure, on ne sait donc pas trop si la dinde est déjà personnalisée. La suite, cependant, ne laissera aucun doute. Moman aime sa dinde comme un animal domestique qui vient combler une carence affective, un animal à qui l'on s'adresse lorsque les interlocuteurs se font rares ou sans écoute. Nous ne pensons pas, néanmoins, que l'attachement grandissant de Moman va de pair avec une évolution de sa relation avec Popa ou avec ses enfants. Le lien de plus en plus serré que noue Moman avec la dinde s'effectue indépendamment de ses frustrations, sauf à formuler l'hypothèse que, le temps passant, il lui faille trouver un substitut à des relations affectives qu'elle vivrait comme défectueuses… Une telle hypothèse, toutefois, ne prendrait pas en compte que le temps, dans *La petite vie*, n'a pas grande importance. D'autre part, elle délaisse un autre élément, cher à Moman, et dont la fonction ressemble étrangement à celle de l'animal. Car la place en apparence encore inoccupée par la dinde au début de la série est comblée, lors des premiers épisodes, par la plante verte Lucille. Moman : « […] by bye, Lucille… Si jamais tu t'ennuies, juste à faner un tit peu […] » ; « […] ça, c'est pour ma belle Lucille : du Vitagro américain ! » ; « Pis Lucille ? Ça a ben été ? » (*Le voyage à Plattsburgh*, I) ; « Dis bonjour ! Envoye ! Dis bonjour à ma tante Linda ! » (*Le blind date*, I) L'analogie entre les deux liens est assez évidente : Moman s'adresse à la plante, lui rapporte un cadeau (du Vitagro !), la traite comme son enfant, l'inscrit dans son entourage le plus proche. Si le déplacement de la plante à la dinde ne trouve pas de réelle explication (l'intérêt pour la plante disparaît sans autre forme de procès [18]), c'est peut-être que l'animal permet dans sa représentation davantage de variations. En d'autres termes, le passage de Lucille à la dinde et l'évolution de la relation à l'animal relèvent, croyons-nous, d'une stratégie d'écriture. Claude Meunier conserve ainsi un élément de cohésion de plus entre ses différents épisodes sans que sa répétition devienne lassante ou apparaisse gratuite.

---

18. On peut noter toutefois que la lecture du scénario de Meunier (celui qui a précédé le tournage de l'épisode), montre une dernière fois Moman en grande conversation avec sa plante : « Comment ça va, ma grande Lucille ? C'est l'heure de ta "tite" collation toi-là… (elle lui verse de l'eau) Tiens, ma belle !… Hon ! J't'ai pas dit ça, j'ai vu un beau cactus hier chez le fleuriste… Un beau grand six pieds… Non ! Non ! Non ! Fais pas ton indépendante… Ça marche pas avec moi ces faces-là… » (*La pierre au foie 1*, I) À la suite de ces phrases, Moman a une nouvelle douleur au foie. Au tournage, ce monologue est absent et, d'ailleurs, on ne s'adressera plus à Lucille qui disparaît ainsi pour ne rester qu'au niveau du décor, en lieu et place de Moman qui, elle, se sortira de ses troubles physiques.

Si les éléments répétitifs évoluent, les caractéristiques des différents personnages de la série restent, pour leur part, pratiquement immuables. De cette manière, c'est l'écriture qui porte l'avancement de la série et non pas la psychologie de ses personnages. En ce qui les concerne, les éléments répétitifs qui appartiennent à Popa rassemblent toutes les caractéristiques et les fonctions évoquées plus avant. À l'affection exagérée de Moman pour sa plante et sa dinde correspond celle tout aussi excessive de Popa pour ses vidanges et ses outils. À la créativité singulière de Thérèse révélée par ses coiffures et ses pâtés chinois correspond celle des «patentes» pour le moins originales de Popa (bricolage, *remote* et systèmes d'alarme). Nonobstant cela, ces rappels de Popa sont à comprendre à deux points de vue selon les deux sens possibles du mot. Ainsi, ils rappellent au sens où ils sont chargés de remémorer, mais ils nous rappellent également les intentions de l'auteur, explicitées par Popa...

1.4. Les «rappels» de Popa

Les vidanges

S'il est un élément qui accompagne Popa tout au long de la série, c'est bien les vidanges! Il n'y a guère d'épisodes où elles ne sont pas présentes ou évoquées. Leur présence prépondérante dans la série et le rôle principal qu'elles occupent dans la vie de Popa sont traduits de multiples façons. D'emblée, Popa les impose et ce, dès la première réplique de la série, comme sa priorité absolue : «Moman, tu m'déranges dans mes vidanges, là...» (*Le voyage à Plattsburgh*, I) Le contraste véhiculé par la première scène de *La petite vie* est on ne peut plus significatif. Tandis que Popa s'enferme dans l'univers de ses vidanges comme dans un monde intérieur que nul ne peut et ne pourra partager, Moman chantonne ce qui sera son (faux) désir tout au long de la série, posséder une intimité réelle avec Popa : «Voulez-vous souper avec moi, ce soir...». Peine perdue, la prévalence est attribuée aux ordures ménagères. Dès les premières minutes de *La petite vie*, nous l'avons vu, Popa met sa femme au service de ses sacs à vidanges : «Tu me finirais-tu ça, SVP? Parce que c'est les vidanges recyclables demain [...]». Comme en écho à la relation de Moman avec sa plante et sa dinde [19], il les humanise, les personnalise : «[...] les vidanges qui passent à sept heures et demie, j'ai même pas pu leur dire bonjour.» (*Le cadran*; I); «M'a me cacher dans mon sac à vidanges [...] a un restant de saumon dedans... M'a jaser avec, tsé...» (*La prise d'otage*, I). Cette passion est si surprenante et si envahissante que l'animatrice Jeannette Bertrand envisage (dans la fiction) d'en traiter dans son émission [20]. Moman : «Dites-moi pas que vous voulez faire [...] une

19. Compte tenu de l'arrivée première des vidanges dans la série, il y a tout lieu de penser, au contraire, que c'est en réponse à l'attachement de Popa pour ses ordures que Moman développe le sien pour sa plante et sa dinde...

20. Cette éventualité ne déconcerte pas plus Popa que le téléspectateur. Pour Ti-Mé, la vie des vidanges a plus d'intérêt que celle des humains; peut-être parce qu'elle en est emblématique.

émission sur nous autres ? » Jeannette : « Pas sur vous, sur les poubelles ! »
Popa : « Sur les poubelles ! Ben, mon dieu ! Y a pas de problème. Rentrez, m'a
vous les présenter, Jeannette… » (*Info-Caro*, I)

Les vidanges de Popa vont le servir à différentes fins. En premier lieu,
elles le définissent comme un individu quelque peu obsessionnel (« […] c'est
pas compliqué les vidanges : le dur dans le fond, pis le mou en haut… » [*Le
voyage à Plattsburgh*]) et un tantinet radin (« Je fais ça, asteure, avec mes
sacs : je les stretche. Comme ça, je gagne un demi-pouce par sac […] Ça a
l'air de rien, mais au bout de trois cents sacs, t'as quasiment un sac gratis,
tsé ! » [*Le blind date*, I]) [21]. Il les utilise également pour présenter le Québec
aux étrangers (« […] vidanges québécoises. T'checque ça, mon homme ! […]
J'ai voulu y montrer ce qu'il y a de plus intéressant à Montréal […] la dompe
municipale […] » [*La correspondance de Moman*, I]) ou le comparer d'une manière qui lui est favorable à la société américaine (« […] côté vidanges, on a
rien à envier aux Américains… » [*Le voyage à Plattsburgh*, I]). On doute toutefois des impressions positives que ces différentes comparaisons suscitent !
Par l'intermédiaire de ses vidanges, Popa peut également gratifier ou mena-
cer. À deux reprises, il les offre en cadeau ; d'abord au joueur de hockey, Guy
Carbonneau (« c'est un cadeau qu'on vous donne, c'est, euh… c'est pour ma-
gasiner les soirs de coupe Stanley… Sur la rue Sainte-Catherine. » [*Le souper
avec vedette*, I]), ensuite à la poupée de Rénald et Lison pour laquelle il confectionne un petit sac (« Tiens, son p'tit sac à vidanges… » [*Le bébé pilote*, II]).
Mais la plupart du temps, Popa étant peu enclin à faire partager sa passion
(peu enclin d'ailleurs à partager quoi que ce soit), ses « offrandes » sont
moins fréquentes que les menaces. Moman : « Si quelqu'un touche à tes mau-
susses de vidanges, y se fait-tu écarteler ? » Popa : « Ça moman, j'aime autant
pas t'en parler. […] Juste d'y penser, les ongles d'orteil me décollent. » (*Le retour de Rod*, I)

La considération que voue Popa à ses vidanges est inversement propor-
tionnelle à l'attention qu'il porte aux membres de sa famille et à leurs problèmes. Devant Moman qui vient de crier de douleur pour la énième fois,
Popa reste indifférent : « […] " ayoye donc ", voyons donc ! (il montre sa tasse
de café vide). Tu me ferais-tu un p'tit allongé, toi, là ! » (*La pierre au foie*, 1).
À l'opposé, il fait le bouche à bouche à un sac de vidanges qu'une voiture
vient d'écraser (*L'ami de Caro*, I). Ce souci abusif pour les uns et le détachement outrancier envers les autres sont parfois donnés en parallèle : « […] m'a

---

Pour le téléspectateur, l'arrivée de Jeannette Bertrand n'est que le juste retour de l'animatrice doublée dans la fiction avec son émission par Caro et *Bonsoir avec un gros B*. Le personnage doublé double à son tour sa propre doublure dans la fiction, en même temps
qu'elle reprend sa place originelle.

21.   Il faut noter que l'obsessionnalité de Popa augmente au fur et à mesure de la série. C'est
son rapport aux vidanges qui en témoigne en premier. Lors du premier épisode de la série, Popa utilise le même sac pour le dur et pour le mou. Dans *Info-Caro* — dernier épisode
de la première saison —, les déchets sont répartis en différents sacs ; « Regardez bien…
Ça, c'est mon sac de mou […] Ça, c'est mon entremou […] Ça, c'est le dur. » (*Info-Caro*, I)

aller sortir ça, m'a dégeler ça ; c'est les vidanges demain [...] m'a vous laisser à vos niaiseries. » (*La thérapie de Caro*, I) Aussi, on ne s'étonne pas que ce soit en référence aux vidanges que les membres de la famille interrogent Popa sur son rapport à eux. Moman : « Me prends-tu pour un égout, toi ? » (*Le voyage à Plattsburgh*, I) ; Caro : « Mélange-nous pas avec tes sacs à vidanges, quand même ! » (*Info-Caro*, I) Il est vrai que Popa utilise lui-même ses ordures dans ses relations avec les autres, les femmes plus particulièrement. Dans un cas, c'est pour séduire Moman lors de leur première rencontre (« Voyez-vous Jacqueline, toutes ces vidanges, là, dans des sacs à papier pis dans des boîtes en carton ? Ben, un jour, ça va tout être dans des sacs de plastique verts, ça... » [*Retour dans le passé*, II]) ; dans l'autre, pour cacher une (éventuelle) aventure extraconjugale. Popa : « Là, y revient à maison [...] fait comme si de rien était, tripe dans ses vidanges... La bonne femme a l'air d'une belle tarte, pis a le sait pas, (à Moman) hein ? » (*L'aventure de Réjean*, II). Contrairement à ce que pense Popa, Moman n'est pas aussi dupe qu'il l'imagine du lien qu'il établit entre la femme et le sac à vidanges. Dans un premier temps, elle ironise sur le sujet : « (à Caro) Y a du monde qui sont à toutes sortes d'affaires de nos jours. Prends ton père : y est ben aux vidanges, lui ! » (*L'ami de Caro*, I) Par la suite, elle s'en inquiète : « (Moman sort du lit, vêtue d'une chemise de nuit-sac à vidanges) T'es sûr c'est normal de faire l'amour habillé de même ? C'est drôle, j'ai l'impression tu me prends pour un sac à vidanges des fois... » (*Le mariage du gai, 1*, II) Et dans l'évolution encore de la série, elle souligne cette curieuse compétition que lui fait vivre Popa : « Tu m'aimes pas Ti-Mé ! [...] tu aimes plus tes vidanges que moi ! » (*La jalousie de Pogo*, III) À ce stade, Popa ne dément pas : « Moman, on ne reviendra pas là-dessus ! OK, là ! Je te l'ai déjà dit, c'est deux amours différents. Y en a un qui est physique... » Moman : « Et moi je suis platonique ! » Popa : « Exactement ! » (*La jalousie de Pogo*, III)

Cela étant, Moman n'est pas la seule que les vidanges de Popa ne leurrent pas. Ordures dépourvues de gratitude à l'égard de celui qui les affectionne tant, il arrive que les vidanges abandonnent Popa au lieu de le soutenir dans ce qu'il attend d'elles. Pas plus que Guy Carbonneau, en effet, le couple français ne se laisse prendre à leur fonction gratifiante. Le sportif à qui Popa a demandé après son cadeau : « Me permettriez-vous d'être niaiseux ? » répond sans hésitation : « Oui ! T'es bien parti, quand même... » (*Le souper avec vedette*, I) Quant à la perception du Québec et des Québécois par Momo et Bobonne, elle est loin d'être flatteuse. En témoigne largement cette réaction de Bobonne : « Et c'est où que vous avez massacré les Mokas l'an dernier ? [...] y paraît que vous avez été vraiment dégueulasses ! » (*La correspondance de Moman*, I) Mais il y a pire encore. Les vidanges parfois trahissent Popa. De fait, et parce que l'un des amis de Caro partage son apparence physique et plus encore son intérêt pour les ordures (Constant : « J'ai remarqué dehors, vous êtes assez bien équipé en vidanges... »), par l'effet de miroir qui le rapproche soudain de ce « chum » (Popa : « C'est drôle, on dirait j'vous ai déjà vu la face en quèque part, vous ! »), elles laissent entendre son propre désir — inconscient — à l'endroit de sa fille Caro (*La thérapie de Caro*) [22]. Si les vidanges peuvent ainsi se retourner contre Popa, lui-même est capable d'affadir l'image merveilleuse qu'il cherche à en donner vis-à-vis de lui-même. De fait, lorsque sa famille se ligue pour lui faire des reproches et qu'il lui est impossible de déconstruire les faits auxquels il doit faire face, l'évocation des vidanges le diminue encore. Popa: «C'est pas une raison pour me mettre dans l'sac, m'a te dire!» (*La thérapie de Caro*, I); «Je demande un sac à vidanges pour me le mettre sur la tête...» (*Le cadran*, I)

Comme d'autres éléments qui sillonnent à tout moment *La petite vie*, les vidanges nous renvoient aussi au processus de création. Seul dans la cuisine, Popa leur conte une histoire: «OK! Bonsoir les boys et bienvenue au Cabaret Glad... Une fois, c'est trois sacs à vidanges qui jasent dans le port de Montréal [...] est effrayante!» Moman: «Bon, quessé tu fais là, toi? Tu comptes encore des jokes à tes sacs?» Popa: «Ben quoi? J'voudrais ben te voir toi partir pour la dompe, toi... T'aimerais ça en avoir une petite joke!» (*Le kick de Moman*, II) Dans le rappel d'une expression typique du personnage de *Dong* créé et incarné autrefois par Claude Meunier («est effrayante!») doublé du genre particulier choisi pour le conte (une «joke»), le rapport de Popa aux vidanges s'inscrit donc très clairement du côté de l'humour et de la fiction [23].

Quoi qu'il en soit, et parallèlement aux vidanges, Popa éprouve une passion pour tout ce qui concerne le bricolage dans la mesure où cette activité consiste à créer des «patentes» plus originales et singulières que réellement utiles: «J'fais rien. Je l'sais pas trop... Je bizoune quèque chose.» (*Le retour de Rod*, I) Concomitants ou séparés dans les épisodes, les systèmes d'alarme de Popa, son *remote* et les outils qu'ils nécessitent, reviennent inlassablement et constituent un fil directeur au sein de la série.

«[...] un p'tit détail, mes outils là ...» (Le voyage à Plattsburgh, I)

Pas plus que Popa ne permet de fouiller dans ses vidanges, il n'autorise quiconque à emprunter ses outils: «Mes outils? [...] jamais [...] va falloir

---

22. Si, pas plus que Popa, Caro ne voit ce que peut signifier cette ressemblance entre son père et Constant, Moman, elle, le devine rapidement: (À Caro) «J'pense que tu l'as trouvé ton père ce coup-là! [...] lâche ton psychiatre pis prends-toi un optométriste!» (*La thérapie de Caro*, I)

23. De ce point de vue, on peut noter une évolution de la fonction accordée aux vidanges dans l'œuvre de Claude Meunier. En effet, dans *Appelez-moi Stéphane*, l'auteur y fait déjà allusion, en les situant toutefois à l'extérieur du registre comique: «[...] avant [...] le monde mourait de rire quand j'arrivais, mais à un moment donné y a quelqu'un qui m'a dit "ça fera", pis qui m'a faitte baisser mes culottes. C'gars-là, j'i dois ma chemise aujourd'hui. I' m'a faitte découvrir que j'avais une poubelle dans le fond de moi. Un gars a beau rire dans son salon, i' faut qu'i' sorte ses vidanges de temps en temps, sinon ses farces vont commencer à sentir mauvais.» (Claude Meunier et Louis Saïa, *Appelez-moi Stéphane*, Montréal, Leméac, coll. «Théâtre», 1981, p. 54.)

que tu m'a passes sur le corps avant [...] Va falloir tu m'arraches les ongles [...] va falloir tu me coupes un bras pour les avoir [...] Dis-toi ben une chose [...] le jour où tu vas toucher à mes outils, j'vas être six pieds sous terre» (*Retour dans le passé*, II) L'interdit, toujours accompagné de menaces, est annoncé dès le premier épisode de la série «[...] un p'tit détail, mes outils là... [...] Fait qu'si tu viens pour prendre les tournevis ben tu reçois d'l'acide dans face, OK?» (*Le voyage à Plattsburgh*, I) Il est répété à plusieurs reprises dans la série: «Touche pas à ça... C'est des clous venimeux... [...]» (*Le souper avec vedette*, I) Les conséquences d'un emprunt des outils de Popa sont suffisamment claires pour que chacun respecte la consigne[24]. En même temps, le danger encouru est si considérable qu'on s'interroge avec Rod sur la fonction qu' occupent ces outils. Popa: «Touche pas ça, c'te scie là c'est pas une scie pour scier, ça...» Rod: «Ben c't'une scie pour quoi d'abord?» Popa: «Laisse faire, c'est personnel... C'est dur à expliquer...» (*Le retour de Rod*, I) Si le rôle de l'outil est difficile à expliquer, c'est parce que l'objet n'a de réelle valeur que dans son rapport avec les bricolages qu'il sert à réaliser. Dès *Le voyage à Plattsburgh*, Popa l'a précisé: «Chaque outil est relié à un système d'alarme, OK?» Dans cette perspective, il nous faut donc nous pencher à présent sur la fonction des «créations» de Popa.

Les systèmes d'alarme

Les premières occurrences des systèmes d'alarme dans la série laissent croire que c'est la crainte d'un vol qui pousse Popa à les confectionner: «[...] une dernière affaire: monte jamais le thermostat, OK, là? Si jamais tu le montes plus qu'à douze, ça sonne au poste de police...» (*Le voyage à Plattsburgh*, I). Cette peur du cambriolage, légitimée au départ par le voyage des Paré, prend vite des allures délirantes: «[La tank à eau chaude] je l'ai vidée, pis je l'ai remplie de goudron... Le gars qui va la voler, y est mieux de mettre un casque de bain mais qui prenne sa douche. [...] le système d'alarme est installé [...] si jamais quelqu'un pique une feuille, envoye! Au poste le malade...» (*Pogo's love story*, II); «J'ai fini. Aïe! R'garde-moi le système d'alarme, toi, là, là [...] J't'e dis: avec ça, y a même pas un maringouin qui va vouloir rentrer dans la maison!» (*Le retour de Rod*, I) La disproportion entre la protection contre le vol et le système mis en place pour le contrer s'explique sans doute en partie par la terreur que lui inspirent les agressions: «Bon ben, j'vas installer mes mines moi, là [...] des mines pour sauter... On sait jamais, d'un coup on se fait attaquer par un «grizlou»...» (*Le camping*)[25]

---

24. Valable pour tous (Pogo y compris), le tabou sera respecté tout au long de la série à l'exception, toutefois (nous l'avons vu), de deux épisodes: *Le changement de caractère* (I) et *Retour dans le passé* (II).
25. Le fantasme de l'agression est évoqué lors de la scène au motel de Plattsburgh où Popa et Moman passent la nuit. Parce qu'une automobile vient de s'arrêter devant le motel, Moman en conclut sans raison que ses occupants leur veulent du mal: «[...] y a un gros gars [...] Ah non! Y ressemble à [...] Luther King [...] l'assassin de Kennedy...» (*Le voyage à*

Néanmoins, cette interprétation s'avère insuffisante pour expliquer la déme-
sure des moyens mis en œuvre par Popa. Moman qui partage ses craintes [26]
la dénonce elle-même : « [...] ton père a pogné un p'tit contrat de Saddam
Hussein... » (*Le retour de Rod*, I) Il reste que les fabrications de Popa ne sont
pas toutes données comme des systèmes de défense. Ti-Mé prend la peine
d'ailleurs de le signaler à Moman : « [...] c'est pas rien qu'un système
d'alarme, ça, Moman... C'est également un système d'horaire... Comme
vois-tu, là, à six heures le matin, le café part [...] dans cafetière [...] Après ça,
à six heures et dix, les armoires se rouvrent ; six heures et demie, le beurre
vient mou... Après ça, huit heures le soir, la cuisine se ferme, pis le chauf-
fage tombe à moins deux, oui [...] tout est relié... » (*Ibid.*) Ainsi, au delà de
la phobie du vol et de la frayeur de l'agression, c'est le désir de relier les différents éléments de la maison qui conduit Popa à élaborer ses systèmes. La
valeur fondamentale allouée à l'instauration d'une chaîne qui ficelle les objets entre eux est réaffirmée dans *Retour dans le passé* (II). Caro a dans les
mains le marteau de Popa : « Si je donne quatre coups, qu'est-ce qui arrive ?
Le système d'alarme part ? » Popa : « Exactement ! Y est relié par un fil ici,
pis... dès que le système part, le marteau lâche le clou pour celui qui cloue. »
(*Ibid.*) Par l'évidence de sa gratuité, la fabrication de ce bricolage met d'autant plus en lumière la préséance du lien sur l'objet lui-même. Même la fonction du *remote* (version plus condensée des « patentes » de Popa) comporte
le même objectif : « C'est une télécommande que j'ai patentée moi-même.
[...] Ça, mon vieux, ça... ça, ça actionne les rideaux... le lavabo... le tapis
[...] » (*New You*, I) ; Popa : « Passe-moi donc mon *remote*, m'a allumer la fournaise » Moman : « C'est pas ton *remote* à tévé ça ? » Popa : « Tévé et fournaise
astheure [...]. » (*Le bogue de l'an 2000*)

Dans ce désir de Popa d'établir des réseaux, ne devrait-on pas lire celui
de Claude Meunier d'établir des connexions et des corrélations entre les divers épisodes de la série grâce aux objets qui la traversent fréquemment ?
De fait, l'auteur tisse inlassablement des liens qui donnent de cette manière
une cohérence profonde à la structure de *La petite vie*. De ce point de vue, les
systèmes bricolés par Popa métaphorisent ceux de l'auteur dans la structure
du texte et le mouvement même de l'écriture. Dans cette perspective, et si
l'on poursuit notre hypothèse d'une transposition dans la fiction du travail
d'élaboration de l'écriture, la lecture d'un extrait du *Retour de Rod* (I) nous
livre d'autres indications sur la construction de la série et de son succès.
Popa : « [...] attends un peu, m'as trouver le code, là [...] Moman, rouvre le
lavabo, OK ? Deux secondes d'eau chaude ; après ça, trois secondes d'eau
froide, OK ? Caro, rouvre le poêle, pis ferme-lé trois fois. Rod, excuse-toi au

---

Plattsburgh, I). Contaminé par l'affolement de sa femme, Popa, qui ne perçoit pas la confusion, ouvre la porte de la chambre et jette au-dehors leur portefeuille et la sacoche. Si Popa
envisage sur le coup un vol d'argent, Moman, pour sa part, imagine une agression
sexuelle : « D'un coup, y veulent faire l'amour à quatre ! » (*Ibid.*)

26. (Le frigidaire est entouré de chaînes) Moman : « Bon ! Le frigidaire est barré... le lavabo est
dans le char... le piège à ours est dans la boîte à pain [...] » (*Pogo's love story*, II)

frigidaire [...]» (*Le retour de Rod*, I) En premier lieu, et au point de vue de l'épisode, parce que Popa implique dans le fonctionnement de son système plusieurs membres de sa famille, il met en lumière, d'une part, la complexité de la structure de ses réalisations et, d'autre part, l'unité du clan Paré[27]. En second lieu, et sur le plan de l'écriture cette fois, Claude Meunier, derrière Popa, relie dans un nœud indissociable l'importance du travail de l'écriture avec celle des personnages ; de cette façon, il souligne en même temps l'évidence du travail d'équipe dans *La petite vie*, dont la performance des acteurs n'est pas un des moindres facteurs.

Certes, les bricolages de Popa sont emblématiques du travail d'écriture de Meunier, mais ils servent aussi le genre humoristique que ce dernier a choisi pour sa création. Lorsque Popa cherche à réparer la poupée de Rénald et Lison — nous l'avons vu —, celle-ci se met à rire («Ah ben! Y rit le tisnoro?» [*Le bébé pilote*, II]). Parce que la scène provoque l'amusement y compris à l'intérieur de l'épisode, la fiction, ici, double sa représentation. Les créations de Popa comme leurs réparations suscitent donc le rire : d'une part, un bon nombre de ses réalisations sont aussi extravagantes qu'inutiles ; d'autre part, Popa n'est pas un bon bricoleur. À cet égard, l'animateur «Monsieur Bricole» montre à la télévision une cabane à moineaux particulièrement ratée qui se révèle la reproduction exacte d'une tentative de Popa. M. Bricole «[...] si vous avez mal suivi les instructions ou que vous avez un problème de barnique, ça pourrait ressembler à ça!» Moman : «Ha! Ha! Ha! Est bonne, hein?» Popa : «Oui, oui, esprit de malade... J'voulais y envoyer justement pour y faire une joke...» (*Le mariage du gai 1*, I) On en est guère étonné car, quelques épisodes plus tôt, Popa s'est avéré incapable de monter une tente. Moman : «C'est quoi ce morceau, là? C'est pas pour aller au milieu?» Popa : «[...] c'est le javelot!» [...] Moman : «C'est normal que la fenêtre soit sur le plancher? Popa : «Absolument! Ça... Ça sert de trappe...» (*Le camping*, II) Il est vrai que dans *La petite vie*, la représentation de la réalité n'offre guère d'intérêt. Plus les créations sont gratuites, plus elles provoquent le rire et servent cet objectif de s'éloigner de la réalité. Ainsi, le *remote* construit par Popa dans *La prise d'otage* a pour fonction d'ouvrir les sacs de chips à distance. C'est pourquoi, à la question de Rod qui l'interroge sur la nature de l'objet en cours de fabrication, Popa réplique très honnêtement : «Je l'sais pas trop... Je bizoune quèque chose...» (*Le retour de Rod*, I) C'est également pourquoi Popa, quelque peu désespéré devant l'incompréhension de Moman, lui rappelle : «Ça fait combien de fois que je l'dis Moman? [...] Mais y a personne qui l'écoute, le bonhomme ici, hein? C'est ça qui se passe ici, là [...] Je suis celui qui frappe dedans le clou à grands coups d'amour...» (*Ibid*.) Comme quoi, si la répétition sert à la compréhension formelle de la série, elle ne garantit pas celle des personnages entre eux!

---

27. En effet, ce n'est pas parce qu'aucune des chicanes entre les Paré ne nous est cachée qu'il faut conclure à une famille déchirée ; bien au contraire. Nous reviendrons sur ce point dans le prochain chapitre (chapitre quatre : «La filiation»).

1.5. Thème et variations : la question de la répétition...

Il se produit dans *La petite vie* une courte scène qui met en exergue une répétition dont l'interruption s'avère brutale ; elle constitue l'amorce d'un épisode. Popa, assis à la table de la cuisine, écoute l'enregistrement sur cassette audio d'un match de hockey : « Et là, c'est Damphousse qui passe à Recchi, à Popovic, il lance... et compte... et compte... et compte... et compte... et compte... [etc.]. » (*La déprime de Popa*, IV) Le but marqué est répété (comme un bégaiement sans fin) jusqu'à ce que Moman arrête brusquement le magnétophone. À un premier niveau, celui de l'épisode, la scène introduit à la déprime de Popa (il ne réagit pas) : « Moman, je suis inutile. » (*Ibid.*) Ramenée au plan de la série, cette fois, elle souligne les limites de la répétition lorsque celle-ci ne conduit pas à une évolution du texte ou du discours. De fait, on constate que, parmi tous les éléments de rappels de *La petite vie* que nous avons évoqués, certains d'entre eux disparaissent au bout d'un certain temps (la lampe, la plante, la musique de Pogo, etc.). Tout se passe comme s'ils avaient épuisé les productions de sens que pouvait engendrer leur répétition. Il est vrai que lorsque celle-ci n'a pas d'autre objectif que l'affirmation de son principe même, on sombre rapidement dans la litanie. Ces redites de type écholalique, vides de sens, qui se présentent comme des formules magiques ou rituelles, n'obéissent apparemment à d'autre fonction déterminée que de colmater les « trous » du discours. Il s'agit, la plupart du temps, d'ordres, d'impératifs, de lois comme édictées par une autorité extérieure. Ce faisant, ces ordres, ces impératifs interdisent à l'individu l'accès à une parole personnelle, mettant ainsi en cause la possibilité de faire valoir sa propre pensée, qu'il pourrait marquer de son identité [28]. Lors des premières scènes qui mettent en place la confection des pâtés chinois, c'est bien plus une règle qui est dictée par Moman qu'une recette qu'elle rappelle à maintes reprises au souvenir de sa fille (« Steak, blé d'Inde, patates... Steak, blé d'Inde, patates... Steak, blé d'Inde, patates... » [*Retour dans le passé*, II]). Face à cette loi qui lui intime de respecter la norme, Thérèse échappe tout de même à l'enlisement par le biais du jeu qu'elle entreprend alors avec les différentes formes qu'elle donne à son pâté chinois. Et c'est Moman qui se retrouve durant son rêve enfoncée dans la planète pâté chinois, tandis que Thérèse lui suggère fort judicieusement : « Réveillez-vous ! » (*Le rêve de Moman*, III). De cette façon, l'auteur évite d'inscrire le personnage de Thérèse dans le registre de la pathologie, même s'il flirte avec cet aspect tout au long de la série [29]. Pour autant, les contraintes d'écriture de la série demeurent. D'une part, l'auteur se doit de maintenir ce

---

28. Sur cette question, voir : Michèle Nevert, « Ma prison est une répétition... L'enfermement du psychotique dans le langage ; la libération de Dominique Charmelot », *L'Esprit créateur*, vol. XXXVIII, n° 3, 1998, p. 17-27.
29. Cf. chapitre quatre : « La filiation ». Par ailleurs, il faut noter que la dynamique pathologique à l'œuvre entre la mère et sa fille contient parallèlement une mise en garde de la mère elle-même (« Correct correct... Viens pas folle là... » [*Retour dans le passé*, II]). Double contrainte bien connue des psychotiques pris au piège d'un discours contradictoire.

personnage dans l'espace frontière entre folie ludique et folie pathologique où il le place depuis le début de *La petite vie* (à défaut de quoi, le personnage de Thérèse n'aurait plus de raison d'être…) et, d'autre part, il doit également poursuivre sa stratégie des reflets pour le maintien de la cohérence textuelle. C'est pourquoi, sans doute, durant la saison où justement l'hypothèse d'un trauma de Thérèse est évoquée (« La phrase qui vous a marqué le plus ? » [*Miss Madame*, III]), l'on assiste à un déplacement du pâté chinois en carré aux dattes.

Cette nouvelle « composition » reproduit « à la lettre » celle qui préside à la confection des pâtés chinois. Là aussi, en effet, la première difficulté éprouvée par Thérèse concerne les ingrédients. Elle provoque, du coup, la même réaction chez Moman avec la réitération de la loi tripartite : « Encore une fois, tu forces trop ma peanut. On repart à la base : moton — datte — moton ! » (*Menteurs anonymes*, III) Une fois dépassé l'apprentissage des ingrédients, Thérèse se livre aussitôt à un nouveau travail de composition sur le mode du thème et de la variation, à partir de la confection des carrés aux dattes : « […] un rectangle aux dattes, un triangle isocèle aux dattes, un parallélogramme aux dattes, un hexagone aux dattes. » (*Ibid.*) La réaction du personnage n'est pas sans faire penser à celle de Nelligan lors de son internement à Saint-Jean-de-Dieu. Interné, le poète est assujetti à la contrainte de retranscrire (de répéter) ses poèmes antérieurs, de préférence les plus connus, les plus reconnus. Cette exigence est imposée par les intervenants de l'institution psychiatrique pour lesquels il ne peut y avoir de poète lorsqu'il y a folie, comme si le trouble mental dépossédait immanquablement l'individu de son talent. En même temps, la force intérieure du créateur lui commande de maintenir son travail d'écrivain. Aussi le poète, pris entre ces deux tensions (de répéter et de poursuivre), trouve-t-il comme solution à cette double contrainte de se livrer à diverses réécritures (au sens de variations) de ses poèmes. Ainsi, « Le vaisseau d'or » se transforme-t-il en « vaileau d'or ». Dans sa lumineuse analyse des « Carnets » du poète, Jacques Michon montre combien les transformations auxquelles s'adonne Nelligan (substitutions, déplacements, déconstructions et reconstructions du texte) « en produisant des agencements inattendus, inouïs, témoignent d'un nouveau rapport au langage […] et nous informent sur le travail poétique lui-même[30] ». Dans la même perspective, les variations de Thérèse sur la confection du pâté chinois et des carrés au dattes nous indiquent toute l'importance du travail sur la forme effectué dans *La petite vie*. À cet égard, la première scène des carrés aux dattes précise les particularités de ce travail sur la forme. Qu'il s'agisse de pâté chinois ou de carrés aux dattes, en effet, la loi de Moman est toujours tripartite. Cette caractéristique pourrait sembler lui appartenir dans la série. On se souviendra, en effet, d'une autre règle tripartite qu'elle énonce

---

30. Jacques Michon, *Émile Nelligan. Les racines du rêve*, Montréal/Sherbrooke, Les Presses de l'Université de Montréal/Les Presses de l'Université de Sherbrooke, Sherbrooke, 1983, 178 p.

à Jean-Lou («Gratte... Place... Effouerre...» [*Jean-Lou straight*, IV]). Nous n'en tirerons pas, toutefois, la conclusion hâtive que cette «loi» relève exclusivement de la mère. Car il arrive que d'autres (Réjean, Popa) l'énoncent à leur tour et l'expriment à leur façon. Réjean: «[...] un beau souper: calvar, steak and turf [...]» (*Le souper du dimanche*, I) Pour sa part, Popa répète — et qui plus est à trois reprises — le même énoncé sous forme d'énumération: «Marteau, tournevis, drille... Marteau, tournevis, drille... Marteau, tournevis, drille...» (*Le combat des clans*, III) [31] Du coup, cette loi tripartite, inscrite à même le langage, nous renvoie à double titre à l'auteur de la série: au Père de *La petite vie*. Du point de vue de l'œuvre, elle constitue une marque singulière de son écriture et, dans une perspective psychanalytique, elle nous renvoie à l'importance d'une reconnaissance de la triangulation que le père impose à l'enfant, dans le but de lui permettre d'advenir comme sujet [32].

Il reste que les premiers mots énoncés par Moman («Encore une fois, ma peanut [...]») en réponse à l'interrogation de Thérèse sur la composition des carrés aux dattes, tout en signalant la répétition en jeu, redoublent ce que la forme même de la séquence indique déjà clairement: elle souligne l'effet de miroir de la scène conséquente à la répétition. Cette préséance accordée aux reflets est traduite dans la série par leur présence à tous les niveaux, par l'emploi de toutes leurs variations possibles: rappels d'éléments, de personnages, de scènes et d'épisodes.

2. Déguisements, doubles et dédoublements
2.1. *Premiers miroirs, premiers reflets dans l'œuvre de Claude Meunier*

Répétitions d'éléments et d'expressions mais aussi utilisation de déguisements, dédoublements et mise en place de ressemblances entre différents personnages, *La petite vie* met en scène de nombreux effets de miroir... Une première indication, comme une clé de lecture pour la construction de la série, nous est donnée à la fin du générique qui précède chacun des épisodes. Nous l'avons déjà mentionné: le couple parental installé dans la voiture (avec Réjean et Thérèse) regarde une télévision qui affiche à l'écran le nom de la série. Cette courte scène nous laisse imaginer que les personnages se regardent. C'est le cas dans l'épisode intitulé *Le vidéo* (II) où les Paré visionnent le documentaire réalisé sur leur famille; c'est ce qui se produit encore, lorsque Popa et Moman regardent à la télévision un extrait de spectacle de *Ding et Dong*, leurs créateurs putatifs (*Miss Madame*, III). Comme si l'auteur voulait s'assurer que ce lien (de filiation) ne nous échappe pas, les commentaires de Popa et Moman à l'endroit de leur double originel sont à la mesure

---

31. Peut-être faut-il joindre à cet exemple le «classement» que Popa effectue un jour alors qu'il présente ses vidanges: «Ça, c'est mon sac de mou [...] Ça, c'est mon entremou [...] Ça, c'est le dur.» (*Info-Caro*, I)?
32. À défaut de quoi, l'enfant demeure dans la relation duelle, fusionnelle avec (le corps de) la mère et sombre dans la psychose.

de ceux que profèrent régulièrement les enfants Paré à l'égard de leurs propres géniteurs. Popa : « Ah non ! Pas eux autres ! [...] Celui avec les lunettes : chus pas capable. [...] Je l'sais pas si c'est sa voix... Juste l'entendre, ça me rend fou... » Moman : « L'autre par contre, y est sympathique [...] (à Popa) vire pas fou... Cute... Veux-tu faire l'amour avec, un coup parti ? » (*Ibid.*) Cette scène assume deux fonctions. À un premier niveau, elle favorise l'expression coutumière des sarcasmes des Paré vis-à-vis d'eux-mêmes et de leurs enfants. Popa : « Ben là, charrie pas ! Imagine-toi les enfants que ça ferait... ». Et puisque toutes les occasions de ridiculiser chacun (en commençant par soi-même) sont bonnes à saisir, c'est justement un des enfants, Rénald, qui renchérit : « Hé, monsieur ! Méchants tawouins... » (*Ibid.*) À un second niveau, du point de vue de l'écriture cette fois, la scène permet à l'auteur de renforcer la cohérence de son œuvre. La séquence, où Popa et Moman se regardent en *Ding et Dong* par le biais des comédiens Claude Meunier et Serge Thériault, trace la ligne qui dessine les contours de l'œuvre entier de Meunier, en même temps qu'elle établit une relation de filiation entre les deux duos comiques. Partant, on pourrait penser que la création première du duo d'humoristes persiste à marquer l'œuvre de l'auteur. Certes, la complicité des deux artistes, établie depuis tant d'années, n'est pas sans lien avec la construction de la série et son immense succès. Cependant, cette problématique du double et du dédoublement fonde également l'écriture de l'auteur.

Lors d'une étude que nous avons consacrée aux publicités Pepsi, nous avons montré que, la plupart du temps, les personnages des divers sketches sont au nombre de deux (toujours interprétés par Claude Meunier) et souvent pris dans une relation de miroir[33]. Qu'on se remémore, à ce propos, le commercial qui met en scène « Les frères Jumo » (1986), celui du « ventriloque Pierre et de sa marionnette Pierrot » (1985) ou encore celui du « skieur Pompon et de son fils » (1989)[34]. Cet effet miroir recouvre la structure même des publicités de Meunier. Le message publicitaire se présente, de fait, toujours en deux parties. La première, la plus longue, celle qui compose la quasi-totalité de la publicité, contient la situation comique, le gag, et met en jeu un personnage inventé. Après cette courte scène, Meunier apparaît tel qu'en lui-même, sans fard, sans grimace et livre le message publicitaire (« Aujourd'hui, c'est Pepsi ! »)[35]. Ainsi, l'auteur double son personnage (déjà doublé ou dédoublé) en s'imposant comme dernière image. On retrouve la même construction dans l'annonce réalisée par l'auteur pour l'association Parents anonymes. Une première partie met en scène Popa et Moman (« [...] être parent, c'est pas toujours facile ») et une seconde (plus courte) Claude

---

33. Michèle Nevert, « L'humour dans la publicité : Claude Meunier, terrible, terrible, terrible ! », André Smith (dir.), *Claude Meunier dramaturge*, Montréal, VLB éditeur, 1992, p. 53-64.

34. Ce n'est sans doute pas un hasard s'il est fait allusion dans *La petite vie* à l'un de ces personnages. Dans *L'aventure de Réjean* (II), en effet, le curé interpelle Popa ainsi : « Calme-toi, Pompon ! »

35. Structure identique et présence analogue de deux personnages (à titre d'exemple : le peintre et le critique) dans les publicités élaborées récemment par Claude Meunier (1999).

Meunier, qui reprend la phrase énoncée par Moman (« C'est vrai qu'être parent, c'est pas toujours facile ») avant de donner le numéro de téléphone de Parents anonymes. Que la présence de doubles dans l'œuvre de Claude Meunier soit antérieure à *La petite vie* ne peut que confirmer notre hypothèse d'une singularité de l'écriture de l'auteur et nous incite à nous pencher sur leurs fonctions au sein de la série. Mais on peut d'ores et déjà souligner que la publication des « Commentaires de AIMÉ (Ti-Mé) PARÉ » dans *Le monde de La petite vie* constitue, d'une part, un double des confidences de Popa dans un épisode de la série (*Retour dans le passé*: « Les mémoires d'un Petit-Mé ») et, d'autre part, un double de l'écriture de Meunier, au sens où ils redoublent une écriture destinée à la télévision par une autre destinée cette fois à la publication. À un autre niveau, on note également que le dédoublement de l'auteur/comédien est « signé » dès la couverture de l'ouvrage: « *Le monde de La petite vie* de Claude Meunier. Commentaires de AIMÉ (Ti-Mé) PARÉ ».

2.2. Le frère jumeau

Au troisième temps de la série, tout un épisode met en scène le frère jumeau de Moman (*Le frère jumeau*, III). Double performance de dédoublement pour l'acteur Serge Thériault travesti en femme (Moman) pour les besoins de la série et personnage masculin (le frère jumeau) déguisé en femme (Moman) pour ceux de l'épisode. Ainsi, dans l'épisode qui met en scène ce dédoublement à l'intérieur même de la fiction, le personnage (re)double la performance et le travail d'acteur du comédien. Dans le réel comme dans la fiction, un homme se déguise en femme, la même en l'occurrence. Dans le réel, le même acteur joue les deux rôles; dans la fiction, les personnages sont jumeaux et, de ce fait, se redoublent. Dédoublement redoublé dans le passage du réel à l'imaginaire et redoublement du double dans le réel de l'imaginaire! Le dédoublement intrinsèque à la profession d'acteur a déjà fait l'objet de travaux scientifiques et même de réflexions des artistes eux-mêmes [36]; mais le plus souvent, on assiste dans les œuvres de fiction à un dédoublement relativement simple. Ainsi dans le film *Victor Victoria*[37], une femme se déguise en homme qui se travestit en femme selon un processus que l'on pourrait qualifier de linéaire. Dans l'épisode du *Frère jumeau*, un comédien homme habituellement déguisé en femme dans la série se redédouble en homme en doublant (puisqu'il est son jumeau) la femme produit de son premier dédoublement. Seule l'identité sexuelle différencie les deux personnages. Une différence aux contours néanmoins indistincts puisque au delà même de la ressemblance gémellaire qui les induit, l'acteur est chaque fois un homme que par ailleurs la qualité de sa performance nous conduit la plupart du temps à considérer comme une femme. C'est pourquoi, sans doute, l'auteur prend-il la peine de

---

36. Voir, à ce propos, nos chapitres sur « Les dédoublements » et « Les doubles » dans Michèle Nevert, *Devos, à double titre*, Paris, Presses universitaires de France, 1994, p. 33-56.
37. *Victor Victoria*, Blake Edwards, 1982.

nous rappeler à plusieurs reprises la réalité de cette transposition. On nous le dit et on nous le répète! Jean-Lou: «J'ai des hanches de gars.» Moman: «Ben oui! R'garde donc ça, j'ai le même problème, moi!» (*Le mariage gai 1*, II); le curé à l'hospice: (à Popa et Moman) «Bonne nuit, les boy's!» (*L'hospice 1*, III); Popa: (à Moman) «C'est quoi ton nom, déjà, toi? [...] Jean-Paul?» (*Le changement de caractère*, I); «Bonne nuit, mon homme.», etc. (*L'hospice 1*, III) Ces différents rappels nous suscitent deux réflexions. D'emblée, on devine toute l'importance de ces clins d'œil humoristiques. À un premier niveau, ces allusions font ressortir le travail d'acteur pour le moins éclatant de Serge Thériault, alors que le comédien est parvenu, dès le début de la série, à nous faire oublier qu'il est un homme jouant le rôle d'une femme. D'autre part, elles nous rappellent l'identité réelle du comédien caché derrière Moman. À un autre niveau cette fois, ces rappels nous conduisent à nous souvenir d'une remarque de Jean-Lou sur la bisexualité inhérente à l'être humain que Freud ne démentirait pas: «[...] veut, veut pas, on a tous les deux sexes en nous.» (*L'ami de Caro*, I) Quoi qu'il en soit, on peut comprendre que le frère jumeau de Moman ne fasse qu'un tour de piste dans la série. Une seule apparition suffit pour saluer de façon emblématique et le travail d'acteur du comédien Thériault et l'importance du partenariat qu'il réalise avec Claude Meunier. Il reste que nous sommes incités à poser la question suivante: ce frère jumeau de Moman dans la série n'est-il pas aussi et surtout celui de Popa/Meunier dans la vie artistique, une sorte de double?

2.3. Les doubles enfants

Mis à part un ami de Caro qui ressemble étrangement à Popa et qui ne fait qu'une courte apparition dans la série (Constant dans *La thérapie de Caro*, I), pour leur plus grande part, les doubles des personnages sont assumés par les enfants. Nous avons déjà vu comment l'effet de miroir entre le couple Paré et le couple français est, entre autres, fondé par la mise en place d'un double du fils (Rénald) et de la fille (Thérèse) qui redouble, en ce qui la concerne, la bru Lison. Il reste que, la plupart du temps, les «doubles enfants» sont de jeunes enfants. C'est d'ailleurs au moment où le désir de Popa et Moman d'avoir un petit-fils ou une petite-fille est énoncé dans la série (lors de sa quatrième saison) que ces types de doubles se manifestent régulièrement. Il en est, pour exemple, le fils de Shirley et de Pogo dont la ressemblance avec son père est pour le moins troublante (même tenue vestimentaire, même coupe de cheveux, etc., *Le zèbre*, IV). Certes, l'hérédité est une raison suffisante en soi pour justifier cette ressemblance; mais c'est aussi parce que l'enfant s'exprime avec les mêmes expressions que Pogo (accent y compris) — alors même qu'il ne le connaît pas — qu'il nous est permis de voir en lui un double de Pogo [38]. Quoi qu'il en soit, la grossesse de Thérèse engendre,

---

38. Fils de Pogo (à Popa): «Salut, mon homme!»; (à Moman): «À part de ça, Haqueline?» (*Le zèbre*, IV)

dans la série, des fantasmes de « reproduction » ! Lors de *L'héritier* (premier épisode de la quatrième saison), le désir de Moman — relayé par celui de Popa — la conduit à faire un rêve au cours duquel Lison accouche de jumelles, toutes deux interprétées par Rénald. Toutes les indications nous sont d'ores et déjà fournies. Ces doubles enfants annoncent l'aboutissement du dernier épisode de la série : l'enfant de Thérèse est, en fait, au nombre de deux (*L'accouchement*, IV). Rénald l'avait d'ailleurs prédit en voyant Réjean entrer avec un ventre de femme enceinte ; riant, et regardant tour à tour Thérèse et son mari, il avait dit : « Vous allez avoir des jumeaux… » (*Le divorce 2*, IV)[39] Or, ces jumeaux sont l'exacte réplique physique de Popa et Moman. Que les deux bébés « reproduisent » Popa et Moman plutôt que Réjean et Thérèse n'est toutefois guère étonnant. Car c'est bien Jacqueline et Ti-Mé qui souhaitaient la venue d'un enfant et non pas Thérèse et Réjean (pas plus d'ailleurs que Rénald et Lison). Pour que les enfants du couple parental (Réjean, Thérèse, Caro, Rénald et Lison) se mettent en demeure de faire à leur tour un enfant, il faut que Popa formule un enjeu. Et cet enjeu énoncé par Popa pour les stimuler n'est rien de moins que le don de la maison parentale : « […] le premier qui va avoir un bébé […] y va avoir en héritage… écoutez ben ça !… la maison et tout c'q'y a dedans ! » (*L'héritier*, IV) L'abandon annoncé de tout ce que possèdent Ti-Mé et Jacqueline au futur héritier ne pouvait conduire la série autrement qu'à accoucher une seconde fois du couple parental ; à défaut de quoi, *La petite vie* devrait s'éteindre avec l'élimination de ses deux personnages principaux. Partant, la série peut se poursuivre encore telle quelle (où se déplacer) puisqu'elle vient, en quelque sorte, de mettre au monde sa propre reprise. Parallèlement, ce désir de Popa et Moman de se reproduire n'est pas sans nous faire penser qu'il reflète (et prolonge) la réalité créative du couple Meunier/Thériaut. Celui-ci, en effet, a commencé par engendrer *Paul et Paul*, puis *Ding et Dong* et enfin Popa et Moman. Dans cette répétition de l'engendrement, on conçoit bien que le succès de la série n'incite pas Claude Meunier à chercher à créer un nouveau couple, mais plutôt à recréer (tel quel ou autrement) celui qui a permis à son écriture de passer à l'étape de la maturité.

2.4. Les déguisements

Il reste que, dans *La petite vie*, ce désir de reproduction du couple parental accompagne celui d'être quelqu'un d'autre. Ce sont avant tout les déguisements qui véhiculent ce fantasme. Si les doubles enfants appartiennent surtout à la quatrième saison de la série, les déguisements, pour leur part, sont surtout présents lors de la seconde et de la quatrième. Popa est tout seul

---

39. Lors d'une grossesse imaginaire, Thérèse a eu elle-même ce fantasme d'être enceinte de jumeaux. À cette époque, nous n'en sommes qu'à la première saison de la série : « Pis, le pire, c'est que j'ai l'goût d'une langue dans l'vinaigre. C't'écœurant ! Pour moi, c'est des jumeaux ! » (*La pierre au foie 1*, I)

à être déguisé — mais à plusieurs reprises — dans *Le bébé pilote* (II) et dans *Le divorce 1* (IV). Popa et Moman sont tous deux déguisés dans *Réjean reçoit* (II) et *Musique plus* (II) ; et, finalement, toute la famille Paré est déguisée dans *Le vidéo* (II) et dans *La grosse Caro* (IV). Lorsque Popa est seul à endosser la peau d'un autre, c'est chaque fois dans le but de séduire : un bébé ou Moman. Mais qu'il se travestisse en canard, en clown, en Ninja Turtle (*Le bébé pilote*) ou en Tom Cruise ou en Richard Gere (*Le divorce 1*), ses tentatives échouent ; il provoque les larmes, suscite de l'effroi, de l'indifférence. D'autre part, Popa et Moman se revêtent à deux reprises d'habits chargés de leur donner une autre identité. Dans les deux cas, ils répondent à une demande. Lors de *Réjean reçoit*, c'est Réjean qui les conduit à se transformer en serviteurs ; dans *Musique plus*, c'est pour Rod, qu'ils accompagnent à un concours d'animateur, qu'ils se transforment en chanteurs Pop (« un membre du groupe Zizi Top » et « Madonna ») [40]. Puisque ces transformations leur ont été en quelque sorte imposées, l'échec lié au déguisement s'applique non pas à leur porteur mais à celui qui en est à l'origine. De fait, par crainte de représailles, Réjean quitte précipitamment la maison de ses beaux-parents et Rod, qui se met à bégayer, rate son concours. Finalement, dans l'épisode intitulé *Le vidéo*, les déguisements n'ont pas tant pour fonction de donner à chacun une autre personnalité que de représenter un type, une personnalité, voire un peuple du Québec. Ainsi, Caro est-elle habillée à la canadienne et Napoléon vêtu d'une chemise à carreaux, d'une ceinture fléchée et d'une tuque ; Popa arrive en tenant un violon à l'épaule, Moman est habillée en Sagouine, Lison en Indienne et Rénald en père Brébeuf. Ce lien entre Moman et la Sagouine avait déjà été établi par Popa dans un épisode antérieur : « T'as quèque chose de la Sagouine, Moman… » (*Le souper du dimanche*, I)

Se vêtir comme l'autre a pour fonction apparente de permettre à la psychologue de Caro de montrer à tous l'origine des problèmes de celle-ci. Dans ce but, son injonction a été claire : « Que tout le monde s'habille en la personne de la famille qui lui tombe le plus sur les nerfs. » (*La grosse Caro*, IV) Le résultat est probant, car tous — Caro, Moman, Rénald, Lison, Réjean et Thérèse — arrivent habillés en Popa. Psychologue : « Oh boy ! Pas long qu'on a trouvé où il est le bobo, hein ? » (*Ibid.*) Le choix de Popa de rester tel qu'en lui-même ne correspond pas à un refus de suivre la règle de la psychologue ; bien au contraire, il confirme ainsi ce que tout un chacun a dit et redit tout au long de la série. En outre, il rajoute chez Popa une lecture de lui-même (« Moi-même, je me tombe sur les nerfs… » [*ibid.*]) qui nous renvoie à sa déprime mise en scène lors de la même saison (*La déprime de Popa*, IV). Quelles que soient les motivations psychologiques au sein de l'épisode, l'effet de réflexion au sein de la série est indéniable. Si Popa est, de l'avis de tous, l'auteur de tous les maux, il est aussi, par le biais de Meunier, l'auteur de tous les liens. Et la scène fonctionne comme deux miroirs qui indéfiniment se re-

---

40. Et plus tard dans l'épisode, en chanteurs tyroliens à l'initiative de Rénald cette fois.

flètent. Partant, la confusion des identités va poursuivre son cours et cette réflexion en miroir va se reproduire autrement, par la mise en lumière de doublets. La psychologue formule donc une seconde fois sa demande avec une légère variante : « OK ! On recommence tout ça, demain soir. [on s'habille] en la deuxième personne qui vous opprime le plus… » (*La grosse Caro*, IV) On assiste à un premier redoublement : celui de l'accusation de Caro qui s'habille pour la seconde fois en Popa. Suivent Moman en Lison et Lison en Moman, la psychologue en Popa et Popa en la psychologue. Ces doublets suscités par les échanges de vêtements ne produisent que peu de surprises. Depuis le début de la série, on connaît les accrochages incessants entre Moman et Lison ; quant à la psychologue, elle s'est emparée, le temps de ces deux scènes, du pouvoir de Popa. Dans leur échange de vêtements, Popa et la psychologue se renvoient donc, qui à l'origine des problèmes, qui à son incapacité à les résoudre ; dans tous les cas, ils annulent le droit de chacun de mener la scène.

L'arrivée de Thérèse en Caro provoque la première surprise, tant la nôtre, d'ailleurs, que celle de Caro elle-même : « En Caro ! Comment ça se fait ? En Caro ! Thérèse, j'te tombe sur les nerfs ?! » (*Ibid.*) L'explication physique que donne Thérèse à son choix (« Non, non ! C'est pas ça… C'est parce que avec ma bedaine, ça me prenait quelqu'un de gros, tu comprends ? » [*ibid.*]) souligne l'absence (actuelle) d'une rivalité ouverte entre les deux filles Paré. Il est vrai que leur caractère les conduit, le plus souvent, à rester (con)centrées sur leurs problèmes personnels. Mais c'est aussi que les enfants Paré étant plus souvent en interaction avec leur parents qu'entre eux, la série n'a encore que peu abordé cette question. Néanmoins, la grossesse de Thérèse provoque une réaction réelle de ses frères et sœurs. Caro : « Je suis grosse, parce que je suis jalouse de Thérèse » ; Rod revient (avec un ventre de femme enceinte) après une absence de quatre mois : « Je sais que vous aimez plus le bébé de Thérèse que moi… ». Même Réjean est jaloux de Thérèse (« Il est jaloux de ma bedaine » [*Le divorce*, II]) [41] ! La seconde surprise de la scène survient avec l'arrivée de Rénald déguisé en Lison. De par son choix, Rénald rompt avec toutes les prévisions. Réjean est apparu en Rénald et, dans la suite des doublets mis en place, on attend donc que ce dernier arrive déguisé en Réjean ; d'autant plus que la rivalité entre le fils et le gendre est notoire dans la série. Qui plus est, Rénald en avait averti Lison (« Mon écœurant ! Tu m'avais dit que tu te déguisais en Réjean ! »). Ce dernier brise donc l'effet attendu en doublant (dans tous les sens du terme) sa propre épouse : « C'est pas ma faute si je suis hypocrite, moi ! » (*La grosse Caro*, IV) Mais en tout état de cause, lorsque la famille Paré est attaquée de l'extérieur, elle resserre aussitôt les rangs ; et du coup la bru Lison, comme le gendre Réjean, se retrouvent vite à la périphérie (cf. *La prise d'otage*, I ;

---

41. On s'attendrait, dans ce contexte, à une réaction semblable de Rénald. La suite de *La petite vie* nous donne l'explication à ce silence. La fin du dernier épisode de la série nous apprend, en effet, que Lison aussi est enceinte. (*L'accouchement*, IV).

cf. *Le cadran*, I). Comme quoi on ne se rebelle pas impunément contre Popa dans *La petite vie*.

Quoi qu'il en soit, ces échanges de vêtements ne nous livrent rien de vraiment nouveau sur les relations interpersonnelles de la famille Paré. On s'interroge alors sur ce que ces déguisements peuvent bien cacher. Par un procédé bien connu de la psychanalyse (le déplacement), il s'avère que ce qui ne se dit pas ouvertement à cet endroit est dévoilé, ailleurs. Ainsi, que Moman et Lison se confondent l'une avec l'autre nous renvoie à une scène au cours de laquelle Lison, lasse d'une activité sexuelle trop répétée avec Rénald (il s'agit pour leur couple de faire un enfant avant les autres), propose à Moman de la remplacer auprès de Rénald : « Ça vous tente pas de le faire à ma place ? » (*L'héritier*, IV) La question de l'inceste se profile donc une fois encore dans la série, et une fois de plus, elle est liée au fils mal aimé, Rénald. Que la mère soit soudain évoquée dans une possible relation incestueuse avec son fils ne doit pas pour autant nous faire oublier que ce fils est aussi associé, et par la même question, à sa sœur Thérèse. (On l'a vu plus tôt par le biais de la fonction de miroir créé par le couple français.) Par déplacement donc du fils à la mère, puis du fils à la sœur et finalement de celle-ci à la mère, une autre scène de la série mérite qu'on s'attarde. À l'issue d'une thérapie chargée de régler ses problèmes de jalousie, Pogo propose aux Paré un échange de couples. Sur différents papiers, il a inscrit les prénoms de chacun. Moman tire celui de Thérèse. Pour aussi surprenante qu'elle soit, la réaction de celle-ci ne fait aucun doute. Thérèse : « Oh ! Woah ! Super ! » (*La jalousie de Pogo*, III) À son tour, Thérèse s'empare d'un papier : Pogo. La déception qu'elle énonce clairement renchérit sur l'aveu de son désir premier : « Oh ! Non ! Pogo... [...] moi, je voulais faire l'amour avec Moman... » (*Ibid.*) [42] En d'autres termes, et qu'il s'agisse de Rénald/Thérèse (comme dans *Le voyage*, IV ou *La jalousie de Pogo*, III), de Rénald/Moman (*L'héritier*, IV) ou encore de Thérèse/Moman (*La jalousie de Pogo*, III), c'est toujours autour des trois mêmes personnages que se dessine la question de l'inceste. On pense alors à cette loi tripartite, énoncée à quelques reprises par la mère.

2.5. Les dédoublements

À force de jouer avec les doubles et les déguisements, on flirte forcément avec la question du dédoublement. D'autant plus que, nous l'avons dit, cette question est inscrite en partant par le choix (réaffirmé à plusieurs reprises) d'un comédien homme pour jouer le personnage de Moman. Pour l'essentiel, les dédoublements dans *La petite vie* concernent trois des person-

---

42. Deux remarques à cet endroit. D'une part, le désintérêt de Thérèse à l'endroit de Pogo a été exprimé dans un épisode antérieur, au moment où Réjean soupçonne Pogo d'être l'homme de la Tercel : « Ben non, minou ! Pas avec lui, quand même ! » (*Info-Caro*, I) D'autre part, ce lien étroit entre la fille et la mère va par ailleurs conduire cette dernière à remplacer sa fille à l'épreuve du maillot de bain, lors d'un concours de beauté (*Miss Madame*, III).

nages de la série : Popa, Moman et Réjean[43]. En ce qui concerne le couple parental, c'est Moman qui prend l'initiative de ce dédoublement[44]. Inspirée par sa lecture du roman d'Alexandre Jardin, *Le zèbre*, Moman a créé le personnage d'Égouïne (« Je vous attends demain après-midi au motel La Grande Passe » [*Le zèbre*, IV]) et, dans la foulée, elle crée celui de James, que Popa va endosser sans trop de restriction. À ce moment, où « double » et « déguisement » sont confondus, Popa n'est pas complètement dupe : « Votre voix me dit quelque chose », dit-il à Égouïne ; et d'ailleurs lorsque Moman propose de se dévoiler (« Je n'sais pas si je devrais enlever mon masque... »), il refuse (« Non ! Non ! » [*ibid.*]). C'est que Ti-Mé va trouver un moyen plus subtil pour prendre Moman à son propre piège, et s'abstenir une fois de plus de lui donner satisfaction : « Écoutez [...] Si je reste avec ma femme, rien n'empêche que c'est vous que je vais aimer jusqu'à la fin de mes jours... » (*Ibid.*) La réplique de Moman ressemble à ses interrogations habituelles face aux compliments ambigus de Popa : « C'est fourrant ça, là... ». Comme si l'échec de sa tentative n'était pas suffisant, elle va se faire prendre elle-même au piège du dédoublement. Le temps d'un dialogue avec Linda, son personnage va lui échapper et mener une vie autonome[45]. Linda : « L'écœurante ! Guidoune ! [...] l'Égouïne, elle couche-tu avec ton mari oui ou non ? » Moman : « Ben là, pas encore... » Linda : « Non ! Mais c'est pas long par exemple... » Moman : « Mais, t'as raison ! C'est une écœurante, ça ! » (*Ibid.*) Au bout du compte, cependant, le désir de Jacqueline trouve satisfaction au moment où son stratagème semble avoir échoué. Car, si dans le réel de la fiction, Égouïne et James ne font pas l'amour, en revanche, Popa et Moman le feront par le biais de ce fantasme de Moman que Popa n'hésite pas à récupérer comme tel : « Moman, écoute ben, j'ai... j'ai quèque chose à te demander, là. Tiens ! Ça te dérangerait-tu de mettre ça, Moman, une petite fantaisie pour t'amuser, hein ? [Il lui tend un masque]» Moman : « [...] Oh, James ! » Popa : « James ? » Moman : « Ça te dérange pas que je t'appelle James ? » Popa : « Non, non ! Ousse que t'a pris ça ? Ah ! Égouïne ! Ça te dérange pas : Égouïne ? [...] Ah ! Égouïne ! M'a te manger la face, toi ! » (*Ibid.*) Plus qu'une préservation de la morale, il y a là, sans doute, une autre indication du pouvoir de Popa sur le déroulement des épisodes.

Avec les dédoublements de Réjean, on frôle davantage la pathologie. Lui-même, par ailleurs, en fait état lorsqu'il fait allusion à cette jeune

---

43. Pour être juste, il faut ajouter un court instant de dédoublement vécu par Caro, prise entre son désir pour les hommes (alors que le chanteur Richard Séguin vient d'entrer chez les Paré) et le vœu de chasteté qu'elle s'apprête à prononcer. Richard Séguin : « Est-ce que Caro est ici ? » Caro : « Caro ? Oh ? Caro ? Oui, oui ! (elle se détourne) Non, non ! Elle vient juste de partir, là ! (se retourne vers Richard Séguin) Ben, est revenue ! » (*Caro religieuse*, IV)

44. Que l'origine du processus relève de Moman n'est pas étonnant en soi, puisque c'est justement Thériault/Moman qui incarne cette problématique (cf. *Le frère jumeau*, III mais aussi *Le rêve de Moman*, III).

45. On songe au docteur Jekyll, lorsqu'il ne parvient plus à maîtriser Mister Hyde. Robert Louis Stevenson, *Strange Case of Dr Jekyll and Mr Hyde*, London, Longmans, 1886.

schizophrène américaine, Sybil, à l'origine de multiples dédoublements : « Chus comme une espèce de Sybil… » (*Le blind date*, I) [46] Le dédoublement de Réjean est lié à ses infidélités. Surpris par ses beaux-parents avec une danseuse, Réjean nie son identité : « Euh… Non ! Non !… Vous devez vous tromper de personne… » (*Ibid.*) C'est Thérèse (qui en connaît un bout sur les troubles mentaux) qui nomme le problème de son époux : « Imaginez-vous donc qui fait du dédoublement de personnalité […] » (*Ibid.*) Il s'ensuit un dialogue savoureux, que nous citons pour le plaisir. Réjean : « Ah oui ! Ah oui !… Ben oui… Cette nuit en rentrant à la maison, j'sais pas c'qui est arrivé, mais j'ai eu comme l'impression que je vous avais vu quèque part hier soir… Là, tout a éclaté dans ma tête : j'me suis rendu compte que ça fait des années que j'me dédouble avec d'autre monde. » Moman : « Avec d'autres femmes surtout ? » Réjean : « Oui ! Surtout, oui ! » (*Ibid.*) Malgré cette remarque de Moman, le couple parental garde pour lui sa rencontre fortuite avec Réjean et la danseuse et renonce à dénoncer les écarts de son gendre. Du point de vue de Popa et Moman, il s'agit de préserver la naïveté de Thérèse et de lui éviter une blessure, mais du point de vue de l'auteur, c'est permettre la suite des infidélités de Réjean tout au long de la série.

Cette poursuite des aventures du gendre est annoncée lors d'un dialogue entre Réjean et Thérèse. L'interrogation de cette dernière est empreinte de scepticisme. Thérèse : « Pauvre tit-pit… maintenant, c'est fini, hein ? » Réjean : « J'espère, câline ! » (*Ibid.*) De fait, lors de la seconde saison de la série, Réjean est une nouvelle fois démasqué par ses beaux-parents. Sa réaction spontanée l'entraîne à réutiliser le même procédé (« Ah ! Non ! Simonac !… euh… Réjean qui ? Vous voulez dire ? Y en a plusieurs Réjean quand même… » [*Le camping*, II]), mais Popa l'interrompt brutalement : « Hey ! Y recommencera pas ça, là, hein ? » Réjean : « Non ! Hein ? » Popa : « Non ! » (*Ibid.*) Puisque Popa a jeté un interdit sur le processus (pas question de passer pour imbécile), Réjean devra donc trouver un autre stratagème. Comme les autres personnages, cependant, il est contraint par les stratégies d'écriture de l'auteur et se doit, entre autres, de respecter le registre des thèmes et variations largement utilisé dans la série. Aussi, et s'il use encore du dédoublement de personnalité, il modifie sa tactique et, pour ce faire, crée un nouveau personnage détenteur d'un autre nom que le sien… Nous sommes à la troisième saison de *La petite vie* et Popa et Moman ont été placés dans un hospice à l'initiative de Rénald et Lison. À la suite des explications données par son beau-frère, Réjean voit rapidement tout le bénéfice qu'il peut tirer de ce placement, mais la rivalité entre les deux couples le conduit à se méfier. Aussi, et dans le but d'obtenir une procuration de Popa, invente-t-il un frère aîné à la famille : « Adrien m'a appelé […] votre fils aîné […] y va venir vous voir demain […] Adrien, y a ben peur de Rénald. » (*L'hospice 2*, III) Si Réjean ment sur l'existence d'Adrien, il avoue cependant, par le biais de ce double qu'il

---

46. Flora Rheta Schreiber (1973), *Sybil*, Paris, Albin Michel, 1974, 408 p.

invente, sa propre crainte de Rénald dans la course aux gains qu'ils mènent tous les deux. Popa, qui se doute du complot dont sa femme et lui font l'objet, récupère à son avantage l'annonce faite par Réjean de la visite d'Adrien et repousse au lendemain le moment de la signature. Dans ce dialogue entre Réjean et Popa où chacun tente de déjouer l'autre dans la logique même de son argumentation, ce qui est mis au jour, c'est justement le jeu qui s'élabore entre les deux personnages. Réjean, en tout cas, l'explicite clairement: «Y peut vous appeler aussi [...] *Ah! là... il l'a...*» (*Ibid.*; c'est nous qui soulignons.)

De cette façon, la question du dédoublement rejoint celle des doubles dans la série et coïncide avec une stratégie d'écriture qui met en avant un travail de cohésion et de cohérence fondé sur les reflets et les effets de miroir dans un registre ludique et non pas pathologique. Parties prenantes d'un travail indéniable sur le langage, les dédoublements de Réjean s'inscrivent avant tout dans l'utilisation systématique qu'il fait de la troisième personne du singulier lorsqu'il parle de lui. Rénald: «Bon, v'là-tu pas l'autre, astheure...» Réjean: «Lui-même... Lui-même...» (*Le roast de Rénald*, I) Parfois, l'inscription de ce dédoublement véhiculé (plus exactement engendré) par le langage est inscrit au sein de la même phrase: «Ah! Lui, c'est numéro 1! Même que j'pense qu'y va se prendre une p'tite bière...» (*Le voyage à Plattsburgh*, I) Il reste que la plupart du temps, il a toujours un témoin, un interlocuteur (Popa, le plus souvent), et qu'il inclut également ce dernier. (Réjean emploie aussi la troisième personne lorsqu'il s'adresse à Popa.) En ce sens, la frontière entre le ludisme et la pathologie est maintenue. Une fois, cependant, elle tend à s'estomper dangereusement. Réjean est acculé par une de ses maîtresses à choisir entre elle et son épouse. La perturbation qui en résulte explique vraisemblablement le monologue que tient Réjean à voix haute: «Y sera jamais capable? A le connaît mal pis c'est vrai! [...] y va y parler... Y aime ça y jouer dans le dos; mais là, y est temps qui y joue dans face un tit-peu! [...] Pas capable! Pas capable! Tu le fais rire...» (*L'aventure de Réjean*, II) Il reste que c'est moins l'angoisse causée par deux amours concomitants (on doute que Réjean soit véritablement amoureux, il se trompe en la nommant: «[...] j'vas y parler à Sandy, euh... à Thérèse, j'veux dire...» [*ibid.*]) que le fait que Manon l'a piqué dans son amour-propre («Me semble, oui... Tu seras jamais capable!» [*ibid.*]). Quoi qu'il en soit, devant l'étrangeté de ce discours tenu devant elle mais qui ne s'adresse pas à elle, Manon interroge: «Qui ça? De qui tu parles au juste?» (*Ibid.*) Et il est vrai que, parfois, Réjean lui-même ne sait plus de qui il parle. Popa: «Bon, y est encore dans le frigidaire, là, lui?» Réjean: «Oui! Ça l'air à ça, hein?» Popa: «Penses-tu qu'y va se tanner un moment donné?» Réjean: «Y a pas l'air parti pour ça...» Popa: «Ah, non? Va-tu falloir qu'il lui en parle lui-même?» Réjean: «Ben, peut-être, oui?... En tout cas, si jamais ça y tente, y a juste à y dire: on l'avertira...» Popa: «Coudonc, de qui y parle au juste, là?» Réjean: «Y l'sait pus trop, là...» Popa: «Ouais, eux autres non plus, ils l'savent pus...» (*Château-Ragoût*, I) Mais si parfois, dans *La petite vie*, du fait des nombreux déguisements, dédoublements, etc., l'on ne sait plus trop qui parle, en revanche, le nom du destinataire, qu'il soit explicite ou implicite, est toujours le même. De fait, et qu'il s'agisse du rapport au langage ou des relations interpersonnelles, Popa apparaît toujours comme l'élément central de *La petite vie*.

CHAPITRE QUATRE

La filiation dans *La petite vie*

Quand ce n'est pas en permanence, chacun des enfants Paré et de leurs conjoints éprouve, un jour ou l'autre, des difficultés avec Popa. Omniprésent (il est de tous les épisodes), le père de famille constitue le centre des relations ambivalentes de *La petite vie* et suscite des sentiments extrêmes. Il engendre à cet égard des réactions diverses selon les enfants Paré. À la fureur fréquente de Caro, correspondent les déclarations d'amour intempestives de Rénald ; à l'impossible relation et au rejet presque méprisant de Rod, le décalage permanent et l'insouciance de Thérèse. Par reflet avec le fonctionnement du couple parental (inséparable mais en constant affrontement), les relations de Moman avec ses enfants sont marquées d'ambivalence. Tantôt prise à témoin par ses enfants, tantôt assimilée par eux à Popa, elle participe de façon active et passive à leurs insatisfactions. C'est cependant par le biais du rapport au père (et au beau-père) que les enfants et les conjoints de *La petite vie* posent les questions soulevées par la série. Tout se passe comme si chacun des personnages reflétait un fragment du miroir que constitue Ti-Mé Paré. On a vu plus haut comment chacun se déguise en Popa en réponse à la demande de la psychologue de « s'habiller en la personne qui lui tombe le plus sur les nerfs » (*La grosse Caro*, IV). Au delà de l'aveu collectif des conflits qui se jouent avec le père, l'image que nous renvoie cette scène est aussi celle d'un miroir qui se reflète à l'infini. D'autant plus que Popa, géniteur à double titre du clan Paré (en tant que père de famille et auteur de la série), est resté à cette occasion tel qu'en lui-même. De ce point de vue, les problèmes de communication et d'identité vécus par les uns, et expliqués à un premier niveau par la complexité du rapport au père, transcendent l'univers des Paré pour s'étendre à l'ensemble de la société. De la même manière, la fuite dans l'imaginaire et les jeux de langage utilisés par les autres dans le but d'échapper (en surface) au pouvoir de Popa, révèlent la solution préconisée par l'auteur pour s'extraire de l'impasse créée à ses yeux par les relations humaines. Ainsi, les conflits de Rénald, Rod et Caro avec Popa nous renvoient aux difficultés inhérentes aux relations interpersonnelles ; quant aux personnages de Thérèse, Réjean et Lison, ils offrent l'échappatoire suggérée par l'auteur : l'élaboration d'un univers imaginaire marqué par un rapport singulier au langage.

Afin de rendre compte du fonctionnement des deux moteurs de la série (les relations affectives et le rapport à la langue) dont Popa s'avère la figure originelle, nous avons scindé notre chapitre consacré à la question de la filiation dans *La petite vie* en deux grandes parties : I — LES DIFFICULTÉS DES RELATIONS INTERPERSONNELLES et II — LA SOLUTION DE L'IMAGINAIRE.

I. LES DIFFICULTÉS DES RELATIONS INTERPERSONNELLES

1. Rénald et le problème de communication

1.1. Le vilain petit canard

Quels qu'ils soient, les personnages de la série se conduisent avec Rénald comme envers une personne que l'on déconsidère, rabaisse et rejette. L'extrait suivant en fournit un exemple prégnant. Moman classe les photographies de ses enfants ; la pile consacrée à Rénald se résume à une seule image sur laquelle Caro s'attarde : «[…] mais y est où lui ? » Moman : « En arrière de l'arbre… J'voulais photographier l'arbre mais y s'était sorti la tête à dernière minute… J'étais bleue ! » (*Tous pour un*, II) Malgré ses efforts, le plus jeune des Paré ne reçoit jamais de gratification de ses parents : « J'ai été élu gérant de caisse de l'année… [il montre une plaque honorifique] Ça, c'est le meilleur gérant sur mille trois cents ! Réalisez-vous, Pepa ? […] Eh ! que vous devez être fier de moi, hein ? » Popa : « Ça doit, oui… » (*Ibid.*) Peu importe, d'ailleurs, qu'il tente de se révolter («[à Moman] Rod ! Rod ! Y a pas juste Rod, dans vie… » [Mlle *Morin*, II), il est définitivement le mal aimé et le mouton noir de la famille. Popa en donne un jour l'explication : « Le dernier, Rénald, ça va être un accident […] méchant accident à part ça ! » (*Retour dans le passé*, II) Cet absence de désir des parents pour leur dernier enfant contamine la famille dans son entier. Belle-moman affiche ne pas se souvenir de son prénom : « Ah, ben ! Si c'est pas… mon beau chose, là… Voyons ? » (*Belle-moman*, I) Et même Caro, que l'on ne voit que plus rarement en relation avec ce frère, adhère à cette perception négative. D'une part, elle répète mot à mot le commentaire de Popa («Méchant accident, à part de ça !» [*Retour dans le passé*, II]), d'autre part, elle profite de leur désaccord politique pour énoncer le rejet commun de la famille : « C'est de toi qu'on veut se séparer. DE TOI ! » (*L'élection*, IV) Dès lors, on comprend mieux les raisons qui conduisent Rénald à attacher autant d'importance à son image extérieure. Cette préoccupation du « qu'en-dira-t-on » se manifeste, entre autres, lors de la confusion de l'éprouvette prévue pour l'insémination de Lison avec celle d'un homme de race noire. Rénald : «[…] eux autres, y peuvent toujours dire que c'est un albinos, tsé, mais moi, quessé que j'vas dire ? » (*Belle-moman*, I) Son interrogation inquiète ne recueille que propositions mortifiantes et commentaires vexants. À la question posée, sa grand-mère réplique : « Juste à dire que t'es cocu, c'est toute ! » (*Ibid.*) ; quant à Popa, pris à témoin par son fils (« Le problème, Popa, c'est pas que cet enfant-là va être noir… c'est que là, y a aucune chance de me ressembler »), il affirme : « Ben justement, c'est un plus pour lui, voyons ! » (*Ibid.*) Devant le reniement de sa famille à son endroit, la riposte de Rénald comporte — juste retour des choses — une négation de l'existence de celle-ci. Tante : « T'as pas de frère ni de sœur ? » Rénald : « Ça pas l'air, non ! » Tante : « Pis tes parents eux autres ? Sont-tu encore vivants ? » Rénald : « Si mes parent sont vivants ? Me semble que non ! » (Mlle *Morin*, II) L'hésitation contenue dans ses propos (« Ça pas l'air » ; « Me semble que non ») laisse entendre toutefois, outre la gêne causée par l'énormité du mensonge, que le fils mal aimé refuse de considérer comme définitif son rejet du sein de sa famille. Le « vilain petit canard » des Paré n'est pas dupe des préjudices qu'il subit et il n'hésite pas à le clamer haut et fort lorsque l'occasion s'en présente : « [...] votre honneur [...] je suis actuellement traité pour manque d'amour affectif » (*Le cadran*, I) Son besoin de reconnaissance est tel qu'il le conduit à tricher lors d'un jeu télévisé. C'est au moment où il est confondu dans ses manigances que l'on en mesure l'ampleur : (à l'animateur) « Je vous en prie : demandez-moi une autre question... Juste une, pour montrer à Pepa que je connais [...] » (*Tous pour un*, II) D'autant plus accablé par sa mésaventure qu'elle a eu lieu au vu et au su de tous, Rénald s'abandonne à ce qu'il imagine du désir de ses parents : « Tenez, Pepa [il lui tend une lettre] ma lettre de démission. Je démissionne de la famille ! » (*Tous pour un*, II) La réaction de Moman devant la désespérance de leur fils a de quoi surprendre : elle réagit promptement (« Y en est pas question ! ») et explique même à Popa (avec la fonction de l'épisode) le sens du geste de Rénald à la télévision : « T'sais Ti-Mé [...] "Tous pour un", c'est un message d'amour [...] » (*Ibid.*)

Que la famille Paré ait pour objectif de traquer les travers de ceux qui la composent, et qu'elle mette par moments à l'index un certain nombre d'entre eux, il faut en convenir. Et Rénald a triché, certes, mais, pas plus que la série, les personnages ne cherchent à faire la morale [1]. Ils démontrent plutôt leur tolérance par l'affection implicite qui les maintient unis. Par ailleurs, cette sollicitude soudaine, qui surgit au moment précis où Rénald est prêt à s'effacer, correspond aussi à la volonté de l'auteur de conserver son personnage et, ce faisant, de poursuivre la série avec ce fils, ce frère et ce beau-frère, si exaspérant. Aussi à quelques scènes de là, toute honte bue, Rénald reprend-il la narration des événements insipides de sa vie : « [...] à matin, j'ai changé mes clous de place dans mon coffre à outils [...] quessé j'ai mis à droite ? Vous le croirez pas : mes vis ! » (*Ibid.*) Plus stoïque que Moman qui fuit rapidement (« [...] chus pus capable ! J'veux dire, chus capable, mais faut j'aille au centre d'achat ! » [*ibid.*]), Popa demeure auprès de Rénald qui continue son récit en dépit du désintérêt manifeste de son interlocuteur. Popa : « Ça te dérange pas si je ferme les yeux un peu [...] Ça te dérange pas si je ronfle un tit-peu ? » (*Ibid.*) On songe que Popa, habituellement fasciné par les outils et le bricolage, aurait pu trouver là un sujet de discussion avec son fils. Soit, la conversation de Rénald est particulièrement assommante. Mais il arrive aussi que Ti-Mé suscite l'ennui des uns ou des autres lorsqu'il s'enthousiasme pour ses vidanges ou ses outils. Quoi qu'il en soit, plus Rénald cherche à se rapprocher de son père et lui déclare son amour (« [...] Pepa : JE VOUS AIME. Je vous aime, Pepa. Je vous aime

---

1. Dans le même sens, Moman, un jour, consciente des dérapages interprétatifs de sa fille Caro, décide d'intervenir : « [...] j'pense qu'on aurait besoin d'avoir une petite discussion toutes les deux... » (*La thérapie de Caro*, I) Ce que la mère dira à sa fille, cependant, nous n'en saurons rien. L'objectif de *La petite vie* n'est pas non plus d'être didactique.

avec un grand A, Pepa!» [*Le cadran*, I]), et plus celui-ci manifeste sa lassitude («J'savais que ça finirait de même!» [*Le shower*, IV]) et son dégoût («[…] tout doux, tout doux… mouille pas tout mon linge là… J'te dis: avant qu'on ait un chien nous autres!» [*Retour dans le passé*, II]). C'est pourquoi Rénald se sent-il justifié de désigner le responsable de sa détresse: «[…] si je suis ici, c'est pour crier […] à quel point j'ai manqué d'amour paternel […].» (*Le cadran*, I)

1.2. Le fils rejeté de Popa

Le plus gros des problèmes reconnus et nommés par Rénald concerne ses rapports avec son père. Il est vrai que ce dernier affecte à son endroit un détachement et une indifférence qui frisent parfois la négation même de son existence. Moman: «On a pas de nouvelles de Rénald […]» Popa: «Rénald?» Moman: «Ton fils!» (*Tous pour un*, II) Le problème est d'autant plus crucial pour Rénald qu'il considère l'amour d'un père comme prédominant à tous les autres: «Je parle pas de l'amour entre deux personnes de sexes différents. Je parle du vrai amour, de celui entre un fils et son père…» (*Le cadran*, I) L'insistance de ses tentatives pour entrer en communication avec Popa n'a malheureusement d'équivalent que la platitude des sujets qu'il aborde: «Pis vous, à part de ça Popa, vous êtes… êtes-vous satisfait de… de vos coudes? […] Pis les genoux, eux autres, ça va? […] Les poignets? Ça roule, les poignets? Ça va bien?» (*Le souper du dimanche*, I) Sans quitter des yeux la télévision, Popa tente de mettre fin à la conversation: «[…] s'cuse-moi, Rénald, c'est parce que j'écoute ça. C'est très très bon!» Rénald: «Ah oui! C'est quoi ça?» Popa: «Aucune idée!» (*Ibid.*) En vain! Rénald, enlisé dans un piège qui se resserre inexorablement autour de lui, amenuise encore l'intérêt de son bavardage: «[…] c'est en tissu ce sofa-là? […] Ça, là, c'est un tissu à base de fibres qu'on appelle […] c'est une très très très belle fibre, ça […] regardez donc là de plus près, Pepa, là» (*Ibid.*) De guère lasse, Popa souligne ce rétrécissement de la conversation par une fine allusion à l'infiniment petit: «Oui oui, j'vois même l'atome de la fibre. OK, là?» (*Ibid.*) Si ce passage témoigne clairement des efforts infructueux du fils pour établir un contact avec son père [2], le dialogue qui suit illustre largement le vide de leur relation. Popa: «Excuse-moi, Rénald. C'est parce que faut que j'aille me chercher du euh… du…» Rénald: «Chercher quoi?» Popa: «Je l'sais pas… En veux-tu?» (*Ibid.*) Tout à la fois drôle et pathétique, la réponse de Rénald atteste de son désir de s'approprier quelque chose du père: «Oui, je vais *vous en* prendre.» (*Ibid.*; c'est nous qui soulignons.) Cette demande du fils à son père, moult fois réitérée, s'exprime également dans une inversion de

---

2. Le refus de Popa de s'entretenir avec son fils s'exemplifie autrement alors qu'il décide une fois de plus de couper court à leur conversation, au téléphone cette fois: «En tout cas, Rénald, tu peux continuer sur mon répondeur si ça te tente, OK? Bye!» (*La pierre au foie 2*, I) On peut difficilement mieux signifier à quelqu'un que, peu importe la teneur de ses propos, ils seront «enregistrés» mais point «entendus»…

propositions, alors que Rénald a rejoint Popa au chevet de Moman : « Écoutez Pepa, Pepa écoutez ! J'veux juste vous dire une affaire : [il le prend par les bras] chus là Pepa ! OK ? Chus là là ! » Popa : « Moi aussi chus là là, OK ? Moi aussi chus là ! » Rénald : « J'peux compter sur vous d'abord ? » Popa : « Oui oui, c'correct, c'correct... » Rénald : « Good ! Good ! » (*La pierre au foie 2*, I) La question posée par le fils dépasse largement la situation du moment ; pouvoir compter sur son père au sens d'être reconnu par lui constitue bien l'essentiel du désir de Rénald.

La reconnaissance attendue n'aura pas lieu. Bien au contraire, exaspéré, Popa décide un jour d'en finir avec la répétition hebdomadaire des repas qui réunissent le couple parental, Rénald et Lison. Popa : « [...] on est pu capables ! Pu ca-pa-bles, OK ! » (*Le souper du dimanche*, I) La réponse de Rénald, qui au même moment vient de recevoir un morceau de plafond sur la tête (« Ayoye, ça fait mal ça ! »), provoque chez Popa un comportement inattendu : « Excuse-moi Rénald. J'voulais pas te faire de mal, là ! » (*Ibid.*) Dans le contexte d'une série où le dénigrement de Rénald se montre systématique, on ne s'attend guère à une telle bienveillance. Mais nous avons vu plus haut combien le discrédit subi par le fils n'entame pas réellement l'affection de ses parents. Popa l'énonce d'ailleurs à sa manière : « C'est pas qu'on vous aime pas, c'est juste votre présence physique qui nous fatigue [...] » (*Ibid.*) Cette phrase nous amène à faire deux remarques. Comme pour confirmer cette hypothèse d'un attachement plus réel qu'il n'y paraît, la consultation des manuscrits du *Roast de Rénald* (I) nous permet de relever une réplique de Popa, abandonnée lors de la dernière écriture de l'épisode : « Alors moi, je m'étais pas préparé pour cracher sur mon garçon [...] » (« avant-dernière version », p. 29). On note alors un double mouvement, inverse, de l'écriture. Dès les premières ébauches des épisodes à leur version finale, l'auteur cherche à éliminer les indices d'une tendresse trop affichée. À l'opposé, et dans le déroulement de l'écriture de la série, l'évolution du personnage de Rénald le rend plus sympathique, plus attirant, sans pour cela que les rapports du père et du fils soient modifiés. Par ailleurs, et compte tenu de l'explication donnée par Popa à son intolérance vis-à-vis de ce fils, ne peut-on pas comprendre son rejet comme un refus (inconscient) de l'image peu gratifiante de lui-même que lui reflète Rénald ? Cette interprétation nous semble d'autant plus plausible que justement Popa n'hésite pas à énoncer leur ressemblance lorsqu'il est témoin de la réussite de Rénald. Popa : « Juste me signer un petit autographe [...] "À mon géniteur favori qui m'a légué sa mémoire ". » (*Ibid.*) Et il est indéniable que les deux personnages partagent plusieurs traits de caractère, parmi les moins glorieux. Obsessifs, ils rangent, classent et ne supportent ni l'un ni l'autre le changement : on le sait pour Popa par le biais de ses vidanges, ses outils, sa voiture ; on le devine très tôt pour Rénald et on en reçoit, un jour, l'éclatante confirmation : « La salière qui a changé de place en plus ! » (*Le million*, III) Et puis, Popa n'est-il pas lui aussi quelque peu chiche : « Vous voulez pas de lift ? [...] Bon, un p'tit trois piastres de gaz de sauvé ! » (*Château-Ragoût*, I) ? Dans cette perspective d'un effet de miroir insupportable[3], on peut imaginer que la simple vision («physique») du fils suffise à engendrer chez le père une réaction de répulsion.

1.3. Le problème de communication

Il arrive une fois, cependant, que Popa s'adresse à Rénald avec beaucoup de sincérité. Curieusement, son discours concerne justement les relations parents/enfants : «[...] tu vas voir, Rénald [...] être parent c'est ce qu'il y a de plus beau au monde. [...] Tu peux pas savoir comment qu'on les aime nos enfants quand y sont petits.» (*Belle-moman*, I) Préoccupé par son histoire actuelle, Rénald ramène, par le biais d'un sous-entendu, la question à lui-même : «Pis quand y sont grands?» Popa : «C't'une autre affaire. J't'en parlerai une autre fois, OK là, là... Mais quand y sont petits...» (*Ibid.*) Décidément désintéressé des tourments de son fils et différant une fois de plus la satisfaction d'un désir énoncé, Popa se tourne vers sa propre mère pour l'interroger sur son enfance et les souvenirs qu'elle en conserve : «Vous rappelez-vous de moi quand j'étais petit? [...] Quessé que j'avais l'air?» (*Ibid.*) À l'instar de Rénald, Popa ramène donc la question à lui. Mais pas plus que le père ne sait ou ne veut répondre aux demandes de son enfant, la mère du premier ne satisfait celles du sien. La réponse espérée ne viendra pas : «T'avais l'air p'tit... qu'est-ce tu veux j'te dise!» (*Ibid.*) Au delà du parti pris de l'auteur de faire rire et de fournir des indices sur les répétitions familiales, il y a quelque chose de l'ordre d'une cohérence d'écriture qu'il nous faut souligner. Popa n'a-t-il pas mérité, en effet, cette réplique de Belle-moman, lui qui à une question semblable de son fils aîné Rod («Tu te souviens quand j'étais petit?») avait justement rétorqué : «C'est drôle, j'me rappelle pas de toi quand t'étais p'tit...» (*Le retour de Rod*, I)?

Longtemps plus tard (au cours de la troisième saison de la série), Popa répond en quelque sorte à la question de Rénald. Les Paré viennent d'apprendre que Lison a gagné six millions à la loto 6/49, mais Rénald, souffrant de problèmes cardiaques, n'en est pas avisé. Chez ses parents, il est allongé, la tête sur les genoux de son père qui le flatte : «Coquelicot, coquelicot [...] J'me rappelle de toi quand t'es né [...] Si j't'aimais!» (*Le million*, III) C'est donc l'appât du gain qui modifie (en apparence) le comportement de Popa et l'entraîne à relier habilement la question implicite posée autrefois par Rénald avec l'interprétation espérée par ce dernier. Car si le père se souvient de son fils enfant, c'est que donc il l'a aimé et l'aime même peut-être encore! En même temps, et derrière les propos tenus par Popa, Claude Meunier réussit à établir un autre pont entre les différentes saisons de *La petite vie* : avec la première, par le rappel de la question sur l'enfance (*Belle-moman*) et, avec la seconde, grâce à la reprise d'une expression affectueuse émise par

---

3. On se souvient que Popa a déjà avoué se trouver lui-même exaspérant : «Moi-même, j'me tombe sur les nerfs!» (*La grosse Caro*, IV)

Moman : « Bye Bye, mon coquelicot ! » (*Tous pour un*) [4]. Ainsi, et en une seule phrase (de Popa), l'auteur réunit près de quarante épisodes écrits à plusieurs années d'intervalle. Mais qu'il s'agisse pour Claude Meunier d'user d'un prétexte de plus pour la consolidation de son œuvre ou, pour Popa, de tirer parti d'une situation qui pourrait lui être favorable (une somme d'argent dont il profiterait), Rénald ne parvient pas, malgré l'occasion exceptionnellement offerte d'une proximité physique, à « toucher » son père, à entrer en contact avec lui. Il est vrai que le changement d'attitude de Popa reste pour le moins équivoque. La suite du dialogue le démontre : « J't'aimais tellement que je te mettais dans mes sacs à vidanges [...] Combien de fois ta mère t'a retrouvé à la dompe [....] des dizaines de fois ! » (*Ibid.*) Une fois de plus, Popa joue de l'ambiguïté, comme il le fait parfois avec Moman en l'amenant à s'interroger sur le sens de ses propos. Chacun sait bien comme il aime les vidanges et les dompes municipales ! Aussi, même si Rénald, choqué à juste titre, réagit d'abord vivement (« À la dompe ! Vous m'avez sacré à la dompe ! » [*ibid.*]), il demeure auprès de son père pris au piège de son double discours, immobilisé par l'énoncé concomitant de l'aveu et du déni. C'est donc une impossible communication qui relie le père à son plus jeune fils et qui explique leur absence de dialogue. Popa l'avait d'ailleurs explicité : « On a un petit problème de communication, Rénald là, je pense... » (*Le souper du dimanche*, I) Moman, à son tour, avait souligné ce problème dont souffre Rénald dans une recommandation qu'elle avait effectuée juste avant de fuir cet enfant et sa conversation : « [...] on devrait essayer de l'écouter plus à l'avenir... » (*Tous pour un*, II) Mais quand bien même Popa consent-il [5] à cette suggestion de la mère — une proposition vaine en partant puisque celle qui l'énonce est aussi celle qui s'en dégage —, Rénald donne la preuve de son propre refus (ou de son incapacité) à être en relation avec son père. Lorsque Popa s'enquiert auprès de lui si « ça [le] dérange pas [qu'il] ferme les yeux et [qu'il ronfle] », Rénald, au lieu de profiter de l'occasion qui se présente à lui, répond par : « Pas de problème ! », « Non, non ! » (*Ibid.*) De ce point de vue, le maintien du « silence » entre le père et le fils (assumé donc par l'un comme par l'autre) souligne — au delà même de leurs relations — un des problèmes cruciaux posé et dénoncé par les relations interpersonnelles de *La petite vie* : celui de la difficulté de communication entre les êtres. On peut penser, dès lors, que c'est parce que Rénald est porteur de cette problématique essentielle dans la série qu'il y est tant nécessaire. Car, qu'il subisse les attaques de tous sans trop se défendre ou qu'il réagisse aux insultes, il révèle, avec ses difficultés personnelles, celles que dénonce plus largement la série.

C'est donc par le biais des relations défectueuses du fils avec le père que la question est abordée. Si la relation de Rénald et de Popa s'avère emblématique d'un problème de communication, celui-ci existe aussi pour les autres

---

4. Rappelons qu'à ce moment Rénald est devenu un objet de gratification pour ses parents : il a remporté les premières épreuves d'un concours télévisé consacré à la bamba.
5. Faussement d'ailleurs, car s'il reste auprès de son fils, pour autant, il ne l'écoute pas...

membres de la tribu. Dieu sait, cependant, si l'on parle dans la série avec les uns et avec les autres ! Pour autant, il semble bien chaque fois que ce qui cherche à s'énoncer ne parvient jamais à l'autre, n'est jamais vraiment entendu, et la réponse jamais satisfaisante. L'analyse du fonctionnement du couple parental en témoigne largement. Mais c'est aussi le drame de tous les enfants dans leur interaction avec leurs parents, entre eux ou avec d'autres. Impossibilité pour Caro de faire entendre ses désirs par les siens comme par ses « chums » ; quiproquos ou arrêts des dialogues à différentes reprises entre Rénald et Lison ; choix, par dépit ou par défaut, de Thérèse et de Réjean d'« aller ailleurs » (pour Thérèse : s'extraire de la réalité, pour Réjean : se griser dans des fantasmes incessants de réussite ou de multiples aventures avec d'autres femmes) ; activisme sexuel insatisfaisant pour Rod qui le conduit peu ou prou à la dépression. Sous couvert d'humour, *La petite vie* nous assène que rien n'y fait et rien n'y peut. Quelles qu'elles soient, les relations de couple [6], les relations parents/enfants et les relations entre amis ne conduisent qu'à la mise en lumière d'un défaut de communication. L'« autre » ne répond jamais à notre désir ; le dialogue, l'échange pourtant toujours recherché, s'avère impossible. Constat désolant, désespérant, certes ! À moins d'en prendre son parti, ce que nous laissent entendre également les personnages de la série. La tribu Paré y semble bien résignée puisque, bon an mal an, elle persiste à fonctionner et ses déchirements ne sont jamais que momentanés. Mais si par malheur — en plus — on doute de soi, alors le problème évoqué se double d'une autre angoisse et le défaut de communication peut se traduire concrètement par des troubles du langage comme le bégaiement de Rod (*Musique plus*, IV). D'autant que l'effet de miroir entre Popa et son fils aîné prend une tout autre perspective…

2. Rod et la question de l'identité

2.1. Les interrogations de Rod

On apprend très tardivement dans la série (lors de la quatrième saison) que Rod a souffert de troubles de la parole et qu'il peut en pâtir encore. Devant une caméra, il se met à bégayer ; Popa rappelle qu'il en fut déjà ainsi : « (à Moman) Tu te rappelles pas la fois où il a fait une émission de TV au cégep là ? Dès que la petite lumière rouge s'allumait sur la caméra : « Kikikiki-kikiki » ; monsieur jammait ben raide ! » (*Musique plus*, IV). Qu'il en soit fait état dans *Musique plus* (IV), *L'élection* (IV) ou encore *L'accouchement* (IV), ces problèmes causés par la présence d'une caméra font partie intégrante des interrogations du personnage sur son image, sa valeur, son identité.

---

6. À cet égard, les réponses apportées par Popa et Thérèse à la question de Rénald (« Des choses que l'on fait en couple ? ») sont révélatrices. Popa : « S'ennuyer ! », Thérèse : « Se tromper. » (*Le combat des clans*, III)

C'est tout d'abord la question de son identité sexuelle qu'il [se] pose par le biais d'un refus de sa virilité. Dans un premier temps atteint par l'échec d'une relation amoureuse ou plus sûrement blessé dans son amour-propre (« Nicole ? [...] a l'a un nouveau chum [...] C'est écœurant, a m'a planté là ben raide, Moman... » [*Le retour de Rod*, I]), Rod interroge la vacuité de son existence fondée sur la recherche de conquêtes et ce qu'il nomme « le trip de sexe » : « Ma vie, ça pas d'allure ! Une femme différente chaque soir... J'me couche le soir, j'sais pas avec qui j'vas me réveiller le lendemain. » (*Ibid.*) Malgré l'envie qu'il suscite chez son père (« Ça doit pas être si pire quand même ! » [*ibid.*]), ses interrogations (« Pourquoi faut je le fasse si souvent [...] pourquoi ? » [*L'ami de Caro*, I]) se changent bientôt, au cours d'un dîner avec une amie de Caro, en un violent désespoir : « Maudit que j'm'écœure ! Maudit macho ! Maudit que chus tanné d'être un homme [...] Quessé que je fais avec ça entre les jambes moi là ? Pourquoi chus né avec ça, moi là ? » (*Le retour de Rod*, I) Cet affolement soudain le conduit tout de go à envisager la suppression définitive de ses attributs de mâle : « Non j'me calmerai pas ! M'a m'les arracher moi là ! On va avoir la paix ! [...] Là, chus tanné là, chus assez tanné ! » (*Ibid.*) La solution on ne peut plus radicale envisagée par le « macho » déclenche d'autant plus le rire qu'elle est peu probable, d'une part, et que, de l'autre, la jeune femme, devant laquelle il a tenu ces propos avant de quitter précipitamment le restaurant, démontre un tout autre désir : « Ah ben cibole ! Tout ça, pis même pas de gars en plus ! » (*Ibid.*) Dans un dialogue qui réunissait plus avant dans l'épisode Popa, Moman, Rod et Caro, celle-ci avait déjà annoncé le péril qui guette son frère. Cet avertissement subtil au spectateur, en même temps qu'il signe une des traces du travail de l'écriture, découlait par ailleurs du découragement de Caro devant l'inculture de Rod : « Tchernobyl ? Ça te dis-tu quèque chose, ça, Tchernobyl ? » Rod : « Tchernobyl ? C'est le premier ministre de la Russie, là ? » Caro : « Pis Moscou, c'est qui ça Moscou ? Son chien, j'suppose ? » Rod : « Ben là, je connais pas son chien quand même ! » [...] Caro : « C'est ça ! Pis *Castro*, c'est *une sorte d'opération.* » (*Ibid.* ; c'est nous qui soulignons.) Nous aurions tort, cependant, de prendre trop à la légère les menaces de Rod (« M'a m'les arracher »), car si elles ne sont pas mises à exécution, elles engendrent des stigmates quelques épisodes plus tard : « [...] hier soir, j'étais avec une fille, pis [...] j'ai pas été capable de le faire trois fois de suite [...] » (*L'ami de Caro*, I) Une fois enclenché, le processus de brèche dans la virilité poursuit son cours et aboutit à une castration symbolique : « Hier, j'étais avec Nathalie [...] zéro fois... Caput ! » (*Ibid.*) Tout naturellement dans le contexte d'un épisode où l'homosexualité occupe une place importante, Rod identifie assez justement son comportement (« [...] j'pense j'ai un problème avec ma virilité moi, tsé ! ») mais déplace, par le biais d'une interrogation, l'origine de ses difficultés temporaires : « [...] d'un coup, j't'aux... d'un coup, j't'aux Jean-Lou, moi ? [...] quand y m'a pris la main, j'me demande si j'ai pas aimé ça [...] D'un coup, je l'ai trouvé cute ? » (*Ibid.*)

Comme Caro avait induit l'idée de la castration de Rodrigue, c'est Moman, cette fois, qui convie «inconsciemment» son fils à établir l'hypothèse d'une homosexualité latente. S'adressant à Marie-Maurice en train de souper avec Rod, elle commet d'emblée un lapsus : «C'est un de nos plus grands efféminés... féministes!» (*Le retour de Rod*, I) Et dans le même élan, elle dévoile son incapacité de l'heure : «(à Rod) J'ai justement lu votre livre : "Aimer sans faire l'amour" [...]» (*Ibid.*) Cette perception (ou ce désir inconscient) de Moman d'un fils homosexuel revient lors de la seconde saison de *La petite vie*, dans l'épisode qui met en scène les premières années de la famille Paré. Rod, adolescent, arrive en retard ; Moman : «Où t'étais encore là ? En train de frencher Pierre, Jean, Jacques ?» (*Retour dans le passé*, II) La réponse de Rod est dépourvue de toute ambiguïté : «Non! Pierrette, Jeannette, pis Manon!» (*Ibid.*) En féminisant les prénoms énoncés par sa mère, il affirme donc une attirance flagrante pour les femmes. Il reconnaît en outre par la reprise de l'expression populaire («Pierre, Jean, Jacques»), qui met l'accent sur l'aspect «catalogue», sa propension à multiplier les aventures[7]. Mais plus encore, dans sa reprise des propos de Moman, il évite de féminiser le troisième nom de la série («Jacques») qui le conduirait à nommer explicitement la mère : «Jacqueline». Du coup, on est en droit de se demander si cette esquive pour le moins adroite du fils ne sert pas à révéler un désir incestueux (et inconscient) de la mère à l'endroit du fils préféré. Quoi qu'il en soit, les téléspectatrices de *La petite vie* en mal de virilité triomphante constatent, soulagées, que les doutes de Rod sur l'orientation de ses désirs tournent court et sa belle nature reprend rapidement du poil de la bête : «Moman! Hey Mom! Mom, Mom, ça y est! [...] Quelle nuit! Un vrai voyage de noces!» (*L'ami de Caro*, I) Passerons-nous sous silence, par crainte de nous faire taxer de trop de moralisme, l'information qui nous est glissée à ce propos : «Mom ça y est! Chus en amour ben raide, Mom...» (*Ibid.*)? Non, car Rod demeure tel qu'en lui-même. Sa réponse à la question de Jean-Lou en témoigne largement : «Comment qu'a s'appelle la chanceuse?» Rod : «Ben, c'est ça le problème! J'me rappelle pas de son nom. J'l'ai écrit sur un bout de papier dans la maison. M'as aller voir en dedans.» (*Ibid.*) De cette manière, le personnage de Rodrigue conserve toute sa cohérence et reprend même sa spécificité première.

La remise en question

Puisque les difficultés sexuelles de Rod s'avèrent temporaires et même se résolvent rapidement, il faut en conclure que là n'est pas l'essentiel de ses interrogations et de sa quête personnelle. Et de fait, *Le suicide de Rod* (II), amorcé comme nous l'avons vu par un quiproquo créé par Moman (cf. chapitre premier), situe ailleurs l'origine de ses problèmes et les éclaire différem-

---

7. Cette image de Rod en «collectionneur» a été établie dès la première saison de *La petite vie* : «J'ai trois blondes de front, moi, là...» (*L'ami de Caro*, I)

ment. Rod : « Chus trop nul [...] Chus nul... Chus tellement nul ! [...] J'ai aucun talent... » (*Ibid.*) Face à un Rodrigue démuni et qui se dévalorise, la réaction de ceux qui l'aiment va consister à l'enfoncer, sous couvert paradoxalement de l'aider à sortir de sa détresse. Nous avons montré comment Moman
a entraîné la « dépression » de Rodrigue ; Caro, pour sa part, n'agit pas autrement : « Correct M'mam, j'm'en occupe... Amène l'autre nul dans le salon,
là ! » (*Ibid.*). Tout est joué, dès lors, dans l'appellation : « l'autre nul » ! Rapidement, en effet, et après quelques phrases de gratification et d'encouragement (« [...] t'as des super qualités aussi [...] t'es bourré de talent...
Rappelle-toi [...] ton orchestre, là [...] c'était l'enfer ça ! » [*ibid.*]), Caro s'empare de l'occasion qui lui est offerte pour dire à son frère ses quatre vérités :
« Pourquoi t'as pas continué, Rod, hein ? La vraie raison, c'est parce que t'es
un lâcheux, Rod [...] T'es juste un maususse de lâcheux, un lâche, un sans
avenir ! Un mou, une guenille... une tache de néant [...] T'as pas assez de
couilles pour te pendre ! [...] Monsieur est un raté ! » (*Ibid.*) Si l'on voit bien
l'aubaine que représente pour Caro ce moment de déprime de son frère,
c'est parce qu'on se souvient que le premier épisode de *La petite vie* indiquait
déjà le peu d'estime de la sœur pour son frère. Rod : « Vous remarquez
rien ? » Caro : « Tu t'es fait épiler le cerveau ? » (*Le voyage à Plattsburgh*, I). La
répartie n'impose pas de gloses particulières, sauf à vouloir noter que *Le kick
de Moman* (II) reprendra cette idée de l'épilation de Rod, qui renchérit sur la
mise en lumière de sa coquetterie excessive. Moman : « Si je peux t'épiler le
nez ? Ben sûr, pas de problème mon grand... » (*Ibid.*)

En soi, la déprime amorcée par Rod ne surprend personne. La raison
qu'il invoque emporte même l'assentiment de tous. À son affirmation :
« Chus nul », ils répliquent en écho comme un fait établi : « T'es nul, Rod ! »
(Caro), « T'es limité comme personne. » (Moman), « Y est nul. » (Popa), etc.
On comprend que le fils déprécié en arrive à cette triste conclusion : « À part
de ça, y a personne qui m'aime ! » (*Le suicide de Rod*, II) Faussement encourageant, Popa enfonce le clou plus profondément : « Ben voyons donc... Y a
sûrement quelqu'un qui t'aime quelque part... attends un tit-peu... On va essayer de trouver quelqu'un, OK ? » (*Ibid.*) [8] En réaction, Rod énonce une menace plus redoutable encore que celle de son éventuelle castration : « J'm'en
vas me pendre [...] Là, j'ai pus aucun doute sur moi... » (*Ibid.*) Peine perdue,
celle-ci éveille moins d'inquiétude encore que la première, et même davantage d'indifférence. Moman : « Rod est parti se tuer ! [...] sur le boulevard mé-
tropolitain. » Popa : « Bon ! Moi qui avais des commissions à faire... Ça va
être encore jammé ben raide ! » (*Ibid.*) Devant autant de froideur, et en désespoir de cause, Rod réitère son défi sans grand résultat non plus : « [...] j'pense
m'a aller me mettre la tête dans le fourneau, moi ! » Popa : « Ben oui, ça va te

---

8. À défaut d'une réponse précise, c'est un implicite — tout aussi lumineux — qui révèle la
perception du père. Popa : « [...] t'as quand même des super qualités [...] c'est dur à dire
comme ça [...] juste en nommer plus une que l'autre... j'veux pas en favoriser une plus
que l'autre... » (*Ibid.*)

changer les idées… Tu tasseras le roast-beef… » ; Moman : « Pis ? Comment ça été ton suicide… ton magasinage, j'veux dire ? » (*Ibid.*) Si l'absence de sollicitude envers Rod est commune à tous les membres de la famille, les raisons invoquées pour expliquer ses difficultés varient selon les individus. Moman : « […] t'es limité comme personne […] c'est pas de ta faute si tu tiens de ton père. », *Ibid.*) ; Rod : « (à Popa) Tu trouves pas que chus limité comme personne ? » Popa : « […] c'est sûr que t'as des côtés de ta mère […] » (*Ibid.*) De cette manière, Popa et Moman se retrouvent en vis-à-vis pour le pur bénéfice de leur dialogue qui prend ainsi le pas sur les problèmes de leur fils. Popa : « Comment ça ton père ? Tu l'as autant magané que moi ! Si y est nul de même aujourd'hui, c'est autant ta faute que la mienne ! » Moman : « Voyons donc, chus pas nulle moi ! C'est toi qui es nul ! Y tient ça de toi ! » (*Ibid.*) [9] En d'autres termes, présent ou absent, Rod n'a d'importance au sein de la famille Paré que par ce qu'il provoque entre ses parents.

2.2. La relation père/fils impossible

Les incompréhensions

Plus souvent interpellé par Rénald, Popa n'a que peu de contact avec son fils aîné. Comme Moman remplit avantageusement ce vide laissé dans la série, il est possible de supposer cette absence d'interaction entre le père et le fils comme délibérée. Dans cette perspective, et devant l'étendue de l'engouement de sa femme pour leur premier enfant, Popa s'effacerait donc volontairement. Une autre hypothèse prend en compte le dédain de ce fils pour son père, un mépris d'ailleurs ressenti comme tel par ce dernier. N'est-ce pas, en effet, ce que laisse sous-entendre ce court dialogue entre eux, alors que Rod annonce la visite de l'actrice Marina Orsini ? Rod : « Y a juste un p'tit problème. A va venir me chercher ici, ce soir… » Popa : « Pis ? T'as-tu honte de nous autres, coudonc ? » Rod : « Non ! Mais si tu pouvais rester dans cave pendant qu'a va être là… » (*La prise d'otage*, I) Outre cette mésestime parfaitement connue du père (il anticipe le souhait de Rod qu'il évite de croiser la comédienne), on observe chez le fils une crainte du père : « J'sais pas comment te demander ça, euh… Esprit que c'est tough ! […] hé, cibole ! Euh, Pop, je m'excuse, prends-le pas personnel, mais est-ce que je peux emprunter ton coffre à outils pour aider une de mes chums ? » (*Le changement de caractère*, I) Devant la réaction de Popa pour le moins abasourdi (« Mon… Mon coffre à outils ! Mon coffre d'outils avec les outils à moi ! »), Rod fait aussitôt marche arrière : « Laisse faire, Pop, c'est correct… » (*Ibid.*) Appréhension de l'autorité paternelle ou connaissance éclairée de ses chasses gardées ? Peut-être les deux à la fois. Toujours est-il que, contre l'avis de Rod lui-même, Moman impose l'utilisation de la voiture — encore que

---

9. On retrouve un dialogue équivalent lors de la dernière saison de la série. Moman : « Lui, c'est là qu'il est bon. Quand il ferme sa boîte ! » Popa : « Oui, pareil comme sa mère ! » (*Musique plus*, IV)

Popa/Meunier, toujours maître de la situation, suggère lui-même cet emprunt. Moman : «(à Rod) J'pense à ça, là : comment tu vas aller là chez ta chum ? » Popa : «Avec mon char, j'suppose ? » Rod : «Viens pas fou, quand même ! [...] J'suis pas pour prendre son char, quand même ! Mom !» Moman : «Ça y fait plaisir, j'te dis ! » (*Ibid.*)

Qu'il s'agisse des outils ou de la voiture, peu importe, les relations de Rod et de Popa s'inscrivent toujours dans le registre des «conversations d'hommes». Partant, il n'est guère surprenant que ce soit vers son père que se tourne Rodrigue pour s'enquérir du rythme conventionnel des relations sexuelles : «[...] c'est quoi la normale ? Deux, trois fois par semaine ? » (*L'ami de Caro*, I) Établie sur un quiproquo (Popa : «Faire quoi si souvent ? » Moman : «Son changement d'huile, innocent !»), la communication entre les deux hommes achoppe ; Popa prend Moman au pied de la lettre (Popa : «Voyons donc ! Moi, c'est une fois par six mois maximum !») et Rod, découragé, se détourne de lui et met fin à la discussion : «T'es off, Popa !» (*Ibid.*) Ainsi, chaque fois que Popa ébauche un geste en apparence favorable à Rod, c'est parce qu'il y est contraint — par Moman — (le prêt des outils et de la voiture dans *Le changement de caractère*) ou parce qu'il se méprend sur le sens de ses propos. Rod : «[...] qu'est-ce que j'vas faire [...] si chus pas capable de faire de changement d'huile ? » Popa : «Fais-toi z'en pas, m'as te les faire tes changements d'huile, moi, mon tit-gars [...]» (*L'ami de Caro*, I). Au long des quelques conversations qui réunissent Rod et son père, on note la même impasse, la même impossibilité de communication, qui rappelle du coup les difficultés analogues de Rénald. Popa s'acharne à ne pas comprendre (ne pas satisfaire) le désir de son fils. Rod : «Non, mais, c'est quoi la vie, Pop's ? [...] c'est quoi [...] le sens de la vie ? » (*Le suicide de Rod*, II) Égal à lui-même, Popa préfère l'évitement : «J'ai promis de pas le dire à personne !» (*Ibid.*)

Deux moments forts, néanmoins, rassemblent le père et le fils. Dans un cas, il les rapproche, dans l'autre, il les oppose avant de les confondre. Ce sont d'abord les confidences de Rod sur sa vie amoureuse («Ma vie, ça pas d'allure... Une femme différente chaque soir [...]») qui suscitent celles de son père («J'veux pas dire que ta mère pis moi on est pas heureux [...] On est heureux, mais pas excessif [...]» [*Le retour de Rod*, I]). Avec Rénald, Popa avait exprimé son amour pour ses enfants lorsqu'ils étaient jeunes ; avec Rod, c'est sa vie sexuelle qu'il aborde. Ces brefs moments privilégiés durant lesquels le père donne à entendre à ses fils quelque chose de son intimité constituent, en quelque sorte, une forme de reconnaissance de leurs problèmes puisqu'ils s'inscrivent dans le registre caractéristique de leurs inquiétudes : l'amour des parents pour leurs enfants, en ce qui concerne Rénald ; la vie sexuelle, en ce qui a trait à Rod. Il reste que ces instants d'authenticité de Popa ne reviennent pas dans la série. Et lorsque, pour la seconde fois dans l'épisode, Popa et Rod se retrouvent seuls, le différend qui les oppose éclate de façon singulière. Manipulé par Moman («C'est-tu quèque chose que ton père t'as faite quand t'étais petit ? »), Rod se retourne contre son père : «Tu t'es jamais occupé de moi quand j'étais petit!» (*Ibid.*) La réaction de Popa est pour le moins surprenante. Pour faire taire Rod, il inverse brusquement la relation père/fils et nie leur différence de génération: «Pis? Toi non plus, tu t'occupais pas de moi! Non mais c'est vrai... Quand est-ce tu m'as invité à jouer dans ton carré de sable, hein? Quand est-ce? Monsieur tripait avec son gros tonka, mais fallait pas y prendre par exemple... J'ai mon orgueil moi aussi, tu sauras...» Rod: «Esprit, que t'es nul!» Popa: «C'est parce que je tiens de toi!» (*Ibid.*) Cet effacement soudain de leur différence transparaît de nouveau dans *Le kick de Moman* où la honte du père vécue par le fils reçoit son équivalent. Rod: «D'un coup, je rencontre mes chums!» Popa: «Pis moi? D'un coup, je rencontre les miens?» On retrouve donc dans ces dialogues du fils aîné avec Popa le mouvement de balancier (sorte de «ping-pong verbal») qui caractérise les relations du couple parental (cf. chapitre deux). À cet égard, la négation de la différence de générations qui amène Popa à répliquer à son fils sur le même mode qu'à son épouse pourrait bien être provoquée par l'attitude de Moman elle-même. Lorsque Popa l'interroge sur sa différence de comportement avec Rod («[...] c'est drôle, quand je t'en demande un verre d'eau, moi, tu me dis toujours t'es pas ma servante...»), ne réplique-t-elle pas: «C'est vrai aussi! Chus pas ta servante, chus celle de Rod!» (*Le suicide de Rod*, II)? De cette manière, le dialogue inscrit subtilement une équivalence entre le père et le fils et, plus encore, une substitution de l'un à l'autre.

Le rival de Popa

De fait, si Popa devient à ce moment (l') enfant, c'est peut-être parce que le fils occupe (auprès de la mère) la place du père... On ne s'étonne pas alors que, dans sa quête d'identité, Rod se soit identifié à ce dernier: «[...] je l'sais pas pour qui j'me prenais... J'me prenais pour, euh...» Caro: «Pour le fils à Popa?» Rod: «Exactement!» (*Le retour de Rod*, I) Il reste que du point de vue de la relation du couple parental, le fils préféré de la mère est utilisé par celle-ci, on l'a vu, comme un instrument de vengeance et d'opposition à l'endroit du père [10]. C'est bien Moman qui impose — à Popa et à Rod — l'utilisation par le fils des objets décrétés tabous par le père (les outils et la voiture); et c'est elle encore qui suscite l'interprétation erronée du «changement d'huile» qui propulse Popa et Rod dans un dialogue de sourds. Ainsi, et parce qu'elle conduit le fils à transgresser l'interdit d'une part, et que, d'autre part, elle bloque d'emblée leur dialogue, la mère empêche la relation père/fils et l'accès de l'un à l'autre. Par ailleurs, et du point de vue des rapports de Rod avec les femmes, on a vu également comment Moman tente d'empêcher la création de liens particuliers en laissant entendre — à une jeune femme rencontrée, comme à Rod lui-même — que ce fils pourrait être

---

10. N'est-ce pas parce que cela lui permet d'accuser Popa que Moman discrédite Rod: («[...] c'est pas de ta faute si tu tiens de ton père» (*Le suicide de Rod*, II)?

homosexuel; une suggestion énoncée, même si elle est voilée, au moment où Rod est encore adolescent. Cette crainte de la mère que son fils lui échappe de quelque manière que ce soit (avec une autre femme ou tout simplement parce qu'il serait en lien avec d'autres) transparaît de nouveau sous la forme explicite d'une infantilisation de Rod. À l'annonce du voyage qu'il vient d'effectuer, Moman s'écrie : « New York ! Tout seul à ton âge ! Mais, ça pas d'allure ! » (*Le retour de Rod*, I) Malgré une tentative de Rod pour échapper à ce statut infantile maintenu par Moman (il quitte la ville et ne donne pas de nouvelles durant quelque temps), il y trouve suffisamment de gratification pour garder tout au long de la série ses réactions d'enfant et de dépendance. Ainsi, longtemps plus tard et, à la suite encore d'une longue absence, Rod revient chez ses parents avec un ventre de femme enceinte. Les propos qu'il tient à cet effet sont dépourvus d'ambiguïté : « Essayez pas ! Je sais que vous aimez plus le bébé de Thérèse que moi ! » (*La grosse Caro*, IV) Sa réaction n'est pas sans faire penser à celle des aînés (encore très jeunes) devant l'arrivée d'un petit frère ou d'une petite sœur, qui immanquablement à leurs yeux va les déposséder de l'amour parental et de la place qui leur échoit.

Cela étant, et dans la perspective d'une Moman qui cherche à tout prix à s'aliéner ce fils dans une relation exclusive, on peut comprendre que Popa et Rod éprouvent tant de difficultés à entretenir une relation et même à se croiser. Tout se passe comme si l'un des deux était de trop ; comme si à côté de la mère (de fait) ne pouvait se tenir qu'un seul homme. C'est peut-être pourquoi, face à un Popa omniprésent, Rod ne peut assurer une présence trop grande. En même temps, la question qu'il soulève et qu'il porte d'une façon emblématique (celle de l'identité cachée derrière la place à occuper) fait de lui un membre incontournable de la famille Paré et un personnage prépondérant de la série qui la met en scène. C'est peut-être aussi pourquoi il apparaît dans la série sous une autre forme, celle du nouvel amant de Lison (*Le divorce 2*, IV). Comment ne pas envisager, en effet, cette hypothèse d'une récupération déplacée du personnage, alors même que cet « ami » de Lison affiche un intérêt pour les vêtements équivalent au sien, qu'il bégaie comme lui et que, qui plus est, quelques épisodes plus tard, Rod se retrouve justement dans le même lit que Lison (*L'élection*, IV) ? Quoi qu'il en soit de la pertinence de cette hypothèse, il reste que, coincé par le désir de la mère et l'incapacité (ou le refus) du père à intervenir dans la relation privilégiée du fils avec la mère, Rod demeure narcissique : « [...] fallait que j'parte... Fallait que je me trouve... Pis je me suis trouvé un estic de beau coat... » (*Le retour de Rod*, I) Pourtant, et de la même façon que Popa a nommé les difficultés de Rénald (« [...] un problème de communication »), il prévient son fils aîné des dangers qu'il encourt : « [...] regarde-toi pas dans le miroir, sinon le système va partir [...] Maudit orgueilleux de vaniteux ! » (*Ibid.*) Le problème de narcissisme de Rod dénoncé par Popa coïncide, cependant, avec un problème d'identité qui dépasse le seul personnage du fils aîné et recouvre toute la série.

2.3. La question de l'identité

Les interrogations sur l'identité (qu'elles s'étendent au questionnement sur soi ou qu'elles concernent l'orientation sexuelle avec les personnages de Rod et même de Jean-Lou [11]) trouvent une autre exemplification avec l'identité incertaine de «la poupée thérapeutique» adoptée par Rénald et Lison. (Rénald : «Lison suit actuellement une thérapie pour relaxer ses ovaires [...] son psychologue nous a prêté une [poupée] programmée qui fait tout ce qu'un bébé fait...» [*Le bébé pilote*, II]). Popa pose concrètement la question à la fin de l'épisode qui la met en scène : «Mais coudonc, c'est-tu un gars ou une fille, finalement?» (*Ibid.*) [12] La question est d'autant plus pertinente que la poupée change constamment d'identité, selon le genre sexuel des personnages qui s'adressent à elle ou qui s'en emparent. Pour Lison, c'est de manière incontestable une fille : «la tite toutoune», «coucoune...», «Pauvre tite ballerine», «veux-tu la prendre?», «prends-la», etc. Pour les autres, c'est un garçon. Rénald : «y est fou de la bamba»; Réjean : «mon neveu»; Popa : «y va y fermer la trappe au tit-chialeux», «le tit-gars». Compte tenu de cette projection de chacun des membres de la famille, la réaction de Moman mérite qu'on la souligne car pour elle aussi, la poupée est un garçon : «Ti-Pout», «J'parle de Junior», «Quessé qui a le tit-gars à sa Grand-Moman?» (*Ibid.*)! Devant cette masculinisation effectuée par Moman, deux interprétations sont possibles. Soit qu'on en déduise la réitération de sa préférence pour «le» fils (et dans la foulée pour «le» petit-fils) soit, du point de vue de l'écriture, qu'on y décèle un indice de plus de la marque de l'identité sexuelle du comédien qui incarne son personnage. Mais qu'il s'agisse de Moman ou des autres personnages de la série, il est aisé de constater combien «le bébé pilote» représente à leurs yeux un objet narcissique. À cet égard, la réponse de Lison à Popa sur l'identité sexuelle de la poupée est explicite : «On l'sait pas encore. Ça va dépendre à qui y ressemble...» (*Ibid.*) Du coup, on ne s'étonne pas non plus que la poupée devienne un élément de compétition. D'abord, au sein du «nouveau» couple parental (pour Rénald : «c'est le tit-garçon à son Popa.», pour Lison : «la tite-fille à sa Moman»); ensuite entre les deux mères — Moman et Lison — qui ne cessent d'interroger la filiation de «l'enfant» thérapeutique par le biais de la même expression : «Ç't'à qui?» En réponse à cette nouvelle interrogation, «le bébé» «appartient» selon le cas «à sa Grand-Moman» ou à «sa mère, après toute!» La rivalité entre les deux femmes est suffisamment patente pour qu'elle engendre, chez la poupée, une confusion de leurs identités. Lison l'énonce et la déplore : «[...] a m'a pris pour vous [...]» (*Ibid.*)

Nonobstant cela, un autre facteur concourt à l'édification de l'identité sexuelle de la poupée : le langage. Puisque d'après Lison il est encore trop tôt

---

11. Une fausse interrogation car, bien que différentes, les réponses sont limpides dans les deux cas : Rod est manifestement hétérosexuel, Jean-Lou tout aussi clairement homosexuel.
12. Cette question reviendra, plus tard, à propos cette fois d'un vrai bébé, celui qui est encore dans le ventre de Thérèse, au moment où tous regardent son échographie au vidéocassette (*Le shower*, IV).

pour établir les ressemblances et que le masculin l'emporte toujours grammaticalement sur le féminin, c'est pour cette raison — nous semble-t-il — qu'elle utilise tout à coup le masculin : « Ça va dépendre à qui y ressemble ». Cette relation directe entre le langage et l'identité sexuelle de la poupée est manifeste dès le début de l'épisode. N'est-ce pas en effet parce que Rénald voyant arriver Lison avec son « bébé » s'exclame : « Ah ! ben ! la jolie nouvelle, Moman ! » que Popa énonce d'emblée : « R'garde donc *la belle fille* ! » [13] ? Par ailleurs, il n'est jamais question dans l'épisode d'un patronyme à donner à la poupée. C'est dire à quel point « le bébé pilote » n'a d'existence que par les autres. Mais il est vrai aussi que dans la série les prénoms font problème. On a vu, déjà, comment Belle-moman et Popa s'interrogent sur le nom de Rénald (et par le fait même remettent en question sinon son existence, du moins l'importance de celle-ci). Caro subit le même sort. Moman reprend pour sa fille presque mot à mot les termes employés par sa belle-mère pour Rénald [14]. Moman : « Ah ben, si c'est pas chose, là ! Voyons ? » (*L'ami de Caro*, I). Si le père profite de la circonstance pour se démarquer avantageusement de la mère (Popa : « Mais coudonc, si c'est pas Caro ! »), l'illusion ne dure pas : « J'étais pas sûr ; j'ai pris une chance ! » [*ibid.*]). Moman, à son tour, connaît cette situation ; c'est Popa qui a oublié son prénom : « [...] c'est quoi ton nom déjà, toi ? » (*Le changement de caractère*, I) Comme quoi, le problème posé par l'appellation dépasse celui que soulève la poupée non identifiée. La question de la nomination participe de fait de celle de l'identité ; et cette difficulté, à laquelle s'ajoute dans la série l'utilisation systématique de surnoms pour chacun, établit un lien prépondérant entre l'identité (tant individuelle que collective) et la langue. Nous y revenons dans le prochain chapitre. À ce point de l'analyse, contentons-nous de remarquer que cette problématique de l'identité traverse *La petite vie* et s'y décline dans toutes ses variations : de l'interrogation des personnages sur leur identité sexuelle jusqu'à leurs doutes sur eux-mêmes. À cet égard, le personnage de Rod est bien, de tous, celui qui aborde le plus directement le sujet. Mais il n'est pas innocent que son problème d'identité, qui passe par la relation problématique au père, soit nommé par Caro (« [...] le fils à Popa ? » [*Le retour de Rod*, I]). Car l'adolescente rebelle en connaît long sur les difficultés causées par l'impact d'une image paternelle trop forte.

---

13. Dans la même veine, on doit souligner un déplacement entre l'écriture (du scénario) et l'enregistrement de l'épisode. Réjean vient de parler « négativement » de la poupée en affirmant considérer plus pertinente l'expression « fosse septique » plutôt que celle d'« intestin artificiel » employée par Rénald. Or dans la texte, et en réaction, Lison masculinise une nouvelle fois sa poupée (« Ah ben ! Le petit snoro ! »). Lors de l'enregistrement, cependant, elle la féminise (« Ah ben ! La petite snoroune ! »). Sous l'expression affective adressée par Lison à la poupée, on peut supposer que s'en cachait une autre, critique cette fois, et dirigée contre Réjean. L'auteur aurait donc décidé de l'abolir en dernière instance — peut-être pour des raisons de cohérence psychologique.

14. Belle-moman : « Ah, ben ! Si c'est pas... mon beau chose, là ! Voyons ? » (*Belle-moman*, I)

3. Caro et la complexité des relations au père

3.1. La colère de Caro

Au contraire des membres de sa famille, Caro affiche de l'intérêt pour les problèmes des uns et des autres. Une analyse plus attentive de son comportement démontre toutefois que cette disposition à l'empathie ne fait que cacher son mal-être et constitue une autre façon (à l'instar de ses frères) d'en faire porter la responsabilité sur le couple parental. En apparence, Caro n'est que très rarement en conflit ouvert avec sa mère. Il faut dire que celle-ci assume au long de *La petite vie* le rôle de confidente des enthousiasmes et des déboires amoureux de sa fille : «[…] t'as ben l'air déprimée toi! As-tu des problèmes avec ton nouvel ami?» (*La thérapie de Caro*, I)[15] Néanmoins, Moman n'échappe pas toujours à sa vindicte. On a vu comment dans *Retour dans le passé* (II) Caro a momentanément pris le parti de son père contre sa mère, à la suite d'une erreur de lecture (cf. chapitre premier). D'autres indices dans la série laissent entendre que la mère présente des torts à ses yeux. Ces reproches latents transparaissent, entre autres, dans l'épisode de *La pierre au foie* (I) Lors de l'hospitalisation de Moman et, pour l'heure, sincèrement convaincue de la vertu thérapeutique de l'«énergie cosmique», Caro tente de la guérir par le rire : «Ha! ha! ha! […] Je ris de ta maladie… T'en ris pas assez! C'est elle qui rit de toi! Si tu veux la vaincre, faut que t'en ries […]» (*La pierre au foie 2*, I) Derrière la «théorie» de Caro, subtilement cependant, se glisse un règlement de compte avec Moman : «Niaiseuse, niaiseuse! […] c'est pas à toi que je dis ça, c'est à ta maladie! T'as l'air smatte là, hein? T'as l'air smatte! Épaisse! […] Ça s'peut tu avoir l'air folle de même! […] Allô, la niaiseuse! Envoye! Dis allô!» Moman (timidement) : «Allô…» (*Ibid.*) À l'image du téléspectateur renforcé dans son hypothèse d'un arriéré qui s'énonce, Moman hésite dans sa compréhension des propos de Caro : «Qu'est-ce que tu fais? […] Ça va faire, là! […] Toujours à elle tu parles là, hein?» (*Ibid.*) Dans le doute où elle se trouve, Moman cherche à se séparer de Caro pour se délivrer de l'embarras dans lequel celle-ci l'a plongée. Mais puisque la règle de la série consiste à répondre à un acte par un acte de même nature et à une ambiguïté par une autre, elle utilise pour ce faire une expression qui présente le double avantage de respecter en apparence les croyances de sa fille, tout en ne se montrant pas dupe de ses motivations profondes : «[…] tu peux y aller… J'vas continuer *à rire de moi* toute seule.» (*La pierre au foie*, I ; c'est nous qui soulignons.)

---

15. Encore qu'il nous faille noter que l'implication de Moman dans la vie de Caro ne concerne que ses déconvenues les moins dramatiques. Un dialogue extrait du *Suicide de Rod* (II) nous informe de l'ignorance de la mère de difficultés plus importantes. Caro : «J'ai juste essayé de me tuer trois fois l'année passée.» Moman : «Ah oui? tu m'avais pas dit ça!» Caro : «J'voulais pas t'énerver avec ça…». Que l'on voie dans cette révélation tardive la trace de la jalousie de Caro devant l'affolement de Moman préoccupée par la déprime du fils préféré, ou que l'on opte pour le constat d'un lien entre la mère et la fille qui ne passe que par la relation au même homme (le mari de l'une, le père de l'autre), les deux interprétations nous semblent vraisemblables.

Qu'il s'agisse donc de faire un mauvais parti à Moman ou à son frère Rod (nous l'avons vu), le fonctionnement de Caro est toujours le même. Témoin du problème d'autrui, elle impose son intervention (thérapeutique) et en profite pour exprimer son courroux. Sa colère fondée sur des frustrations réelles et sur un manque jamais comblé ne peut diminuer, et même qu'aller en augmentant. De fait, un jour, Caro rassemble dans sa fureur la famille dans son entier. Sous le prétexte (encore) d'aider Rod à participer à un concours d'animateur de télévision (il doit y présenter un artiste), elle écrit et interprète une chanson dans laquelle elle dénonce vertement père, mère, frères et sœur [16] : « Tarés, tarés, oh ! oui, tarés !/Les Paré sont des tarés ! » (*Musique plus*, IV) [17] Pas de demi-mesure dans les allégations portées : Popa est accusé de prostitution et de folie (« tous les jours il se prostitue », « dans sa tête un gros bobo »), Moman de violence et de toxicomanie (« se shoote à l'héroïne [...] me frappe à coups de barres d'acier »), Rénald d'homosexualité et, lui aussi, de se droguer (« mon frère PD [...] sur le LSD ») et, Thérèse, d'idiotie (« une livre de beurre, un casseau de fraises »). Quant à Rod, alors même que l'objectif de départ était de le mettre en valeur, il est présenté dans la chanson comme le plus imbécile de tous (« dans sa tête, c'est le néant/car il se shoote au détergent » [*ibid.*]) ! Malgré le succès phénoménal qu'elle connaît [18], Caro se rétracte rapidement : « Je vous ai menti [...] C'est moi la tarée ! Je suis une phoney baloney ! » (*Ibid.*) Le démenti survient à la suite de la réaction de Moman qui, littéralement poussée par Rénald, demande à sa fille de quitter la maison. Caro : « Moman, tu me mets dehors ? » Moman (timidement) : « Ça a ben l'air... » (*Ibid.*) Compte tenu de la rapidité de cette volte-face, la préséance que Caro accorde à sa famille — on en conviendra — se passe de démonstration. Elle se désavoue aussitôt et ne remarque même pas l'hésitation et le malaise de sa mère.

Le tort de Caro est sans doute d'avoir incriminé les siens en public. L'on sait à présent à quel point la plupart des Paré sont sensibles à l'image qu'ils projettent et combien ils préfèrent laver leur linge sale en famille. Mais plus grave encore, peut-être, est l'erreur qu'elle commet en rejetant collectivement les membres de sa tribu. Lorsque les charges et les réquisitoires sont dirigés contre l'un ou l'autre d'entre eux (au maximum deux à la fois avec le couple Rénald/Lison), les attaques sont très prisées au sein de *La petite vie*. En revanche, toute désolidarisation du clan pris dans son ensemble, toute brèche effectuée dans l'esprit de corps qui l'anime est considérée comme

---

16. Une fois de plus, c'est parce qu'un amant l'a éconduite qu'elle se retrouve dans cette situation : « Lui, parle-moi pas de lui, hein ! Monsieur se souvenait même pas de moi ! » (*Ibid.*)

17. Soit dit en passant, le jeu verbal Paré/Taré ne relève pas de l'invention de Caro. C'est Réjean qui l'énonce la première fois (aussi comme une agression), alors qu'il surgit sur le plateau d'un concours télévisé auquel participent les Paré. Rénald l'en avait exclu. Réjean : « Salut les tarés ! » (*Le combat des clans*, III)

18. L'animateur : « Dix-huit millions de disques vendus au Québec seulement. En moyenne, trois CD par personne. » (*Ibid.*) Cela va sans dire, cet excès constitue un indice de plus de l'importance de la fiction dans *La petite vie*.

inacceptable. Il est vrai que si elle était admise, elle ne pourrait conduire qu'à l'éclatement de l'unité de la tribu et, par conséquent, à la disparition de la série. Voilà pourquoi sans doute les menaces de divorce ne s'accomplissent jamais [19]. C'est dans cette perspective que Caro, la nouvelle rock star, préfère subir une humiliation publique plutôt qu'une mise à l'index définitive de sa famille. À la fin de l'épisode, piteuse et rejetée par ses « fans », elle se cache sous la petite table du salon tandis que Rénald et ses parents, se considérant comme vengés, jubilent. Comme pour les autres enfants Paré cependant, les accusations émises servent avant tout à formuler une requête. Celle de Caro, explicite, avait pris la forme d'une supplique : « Tannée, tannée, oh oui, tannée ! / Venez, venez me délivrer ! » (Ibid.) Cette ultime tentative s'avère donc un coup d'épée dans l'eau et, puisque les frustrations de la plus jeune des filles demeurent entières, quelques épisodes plus tard, elles se manifestent concrètement. Somatisant sa détresse, Caro prend un poids exagéré et hésite elle-même à se nommer : « C'est moi... euh... chose... euh, Caro... » (La grosse Caro, IV) Dans un premier temps, et pour expliquer cette métamorphose, les raisons invoquées sont reliées à la grossesse de sa sœur : « Je suis grosse parce que je suis jalouse de Thérèse » (Ibid.) L'intervention d'une psychologue, toutefois, va ramener à la surface l'origine des difficultés de Caro : « Le problème, c'est qu'elle a pas été suffisamment nourrie affectivement. » (Ibid.) À cet égard, la personne mise en cause est toujours la même : Popa !

3.2. Les accusations portées contre Popa

Dès le début de La petite vie, ce sont les rapports tourmentés que Caro entretient avec son père qui constituent à la fois l'origine de son comportement et les caractéristiques de son personnage. D'emblée, elle inscrit sa relation avec Popa dans le registre de la communication : « [...] faudrait j'te parle. » (La thérapie de Caro, I) Comme à l'accoutumée, Popa se défile : « N'importe quand ! Appelle-moi quand tu veux... » (Ibid.) Face à ces formes de refus répétés, les garçons lâchent prise rapidement : Rod repart en quête de nouvelles aventures amoureuses et Rénald quitte la maison parentale comme indifférent à ce qui vient de s'y passer. Mais Caro diffère résolument de ses deux frères, entre autres de par sa façon directe d'affronter les problèmes et par sa volonté farouche de les résoudre. Décidée à aller au bout de ses requêtes, elle ne permet pas à son père de s'enferrer dans ses fuites perpétuelles et ne cesse de lui reprocher son peu d'implication passée. Popa : « Je pratique ma paternité ! » Caro : « Y est bien temps ! » (Le combat des clans, III) Il faut dire qu'une grande partie de l'intérêt du personnage réside justement dans l'étalage de ses relations avec Popa. Légitimée, en outre, par le discours psychiatrique, Caro a identifié la teneur de ses problèmes avec les hommes : « [...] c'est ça que mon psychiatre m'a dit tantôt [...] j'ai un problème d'Œdipe ! [...] Ça l'air que ce que je recherche à travers les hommes,

---

19. *Le kick de Moman* (II), *L'aventure de Réjean* (II), *Le divorce 1 et 2* (IV).

c'est mon père!» (*Ibid.*)[20] Partant, et tout au long de la série, Caro va ramener à la même explication l'origine de ses problèmes: «C'est pour ça que
j'aime le chocolat; c'est parce que Popa est un écœurant!» (*La grosse Caro*,
IV) Un épisode de la première saison (*La thérapie de Caro*) est consacré dans
son entier à ces rapports tumultueux de la fille avec son père; nous nous y
attardons.

La première question posée par Caro à Popa rappelle celle de Rod: «[...]
pourquoi t'as jamais... t'as jamais voulu jouer avec moi quand j'étais petite,
hein? Pourquoi?» (*La thérapie de Caro*, I) Popa livre une réponse dans le registre de sa désinvolture coutumière: «[...] parce que j'voulais pas te déranger!» (*Ibid.*)[21] Durant son dialogue avec Rod, il se montre jaloux comme un
enfant — presque colérique — à cause d'un camion (un «gros tonka») avec
lequel il n'a pas pu jouer; avec Caro qui est une fille — une femme —, sa colère (jouée) s'efface devant un autre type de malaise. Caro ne s'y trompe pas
et désigne aussitôt, par le biais d'une seconde interrogation, cet embarras dû
à la différence des sexes: «[...] pourquoi t'as jamais voulu prendre ton bain
avec moi, hein? Pourquoi?» (*Ibid.*) Qu'on juge cette question pour le moins
étrange (les bains avec son père se sont interrompus naturellement —
apprend-on — alors qu'elle avait huit ans) ou que l'on soit en désaccord avec
le respect de cette intimité prônée par les psychologues, il reste que la question de Caro permet à Popa de laisser transparaître, pour la seconde fois
dans la série, une appréhension: «Parce que... *j'avais peur* de passer par le
trou du lavabo... C'est toute!» (*Ibid.*; c'est nous qui soulignons.) Il est relativement aisé de déceler ici une «peur» manifeste du sexe de la femme. D'une
part, l'interprétation symbolique l'induit, d'autre part, on se souvient du dialogue de Popa avec Bobby à propos de la nuit de noces (cf. chapitre deux).
Mais parallèlement à cette crainte profonde (ici déplacée), il y a peut-être
aussi celle de la personnalité de Caro dont la vision que Popa en donne enfant est quelque peu équivoque. Ne la décrit-il pas comme «un petit gorille
en jupon» auquel, un certain Noël, il a offert «de l'after shave» et «des fu-
sils de cowboy» (*Retour dans le passé*, II)[22]? Quoi qu'il en soit, Popa cède à
la mise en demeure de sa fille: il accepte de prend un bain avec elle, jouer
comme un enfant et la laisser exprimer sa colère...

---

20. C'est donc davantage le psychiatre de Caro qui énonce ce constat. La formulation («C'est
ça que mon psychiatre m'a dit», «Ça l'air que») peut même laisser entendre que Caro n'en
est pas vraiment convaincue. Disons, tout au moins, qu'elle adhère une fois de plus au discours d'une figure d'autorité.
21. Encore que cette réponse soit justement le prétexte à un jeu: verbal! Comme tous les personnages de la série, Caro n'échappe pas à cette volonté de l'auteur: «C'est pour ça que
chus dérangée aujourd'hui!» (*La thérapie de Caro*, I)
22. Dans le contexte de l'épisode, on apprend que le premier cadeau envisagé était «une paire
de gants de boxe» et que Rod a reçu, sur le nez, un coup de marteau appliqué par sa sœur
(*Ibid.*)

La scène du bain

Premier temps de l'accusation : Caro établit les faits, livre une interprétation et réalise un passage à l'acte : « [...] t'as jamais encouragé ma puberté, Popa. La minute que j'ai eu douze ans, t'as arrêté de me regarder [...] t'as peur de voir que chus une vraie femme... Tu veux pas le voir ? Ben quen ! Je te présente ta fille ! » (*La thérapie de Caro*, I) Devant la nudité de sa fille, Popa se voile les yeux avec une serviette de bain et l'on songe aussitôt à Œdipe se crevant les yeux en punition du crime d'inceste qu'il a commis. Cette scène, par ailleurs, a été annoncée bien avant que d'avoir lieu. C'est la mère qui prévient indirectement le père du danger qui le guette s'il transgresse l'interdit. Au début de l'épisode, elle pratique un mouvement de défense de karaté. Soudain, elle asperge violemment une chaise vide : « Tiens ! Ça, c'est pour tes tits-yeux pornos, ça ! Tiens ! T'as-tu fini de zyeuter où t'as pas d'affaires ? Hein ? » (*Ibid.*) [23] Entre le crime connu (même à son insu) et le désir d'autant plus insistant de Caro que, malgré la serviette sur les yeux et la mousse qui déborde, le père et la fille sont bel et bien réunis dans la baignoire, Popa se retrouve donc piégé. Le désir de Caro est explicite : « Popa, ch't'une femme comprends-tu ? Ch't'une femme ! » (*Ibid.*) Dans l'affirmation assénée, la fille demande au père de la considérer (la voir) comme « une femme » (Freud dirait comme « sa » femme) et non comme « sa fille ». De ce point de vue, il s'agirait pour Popa d'établir, avec Caro, le lien père/fille par le biais de la sexualité. Pour se sortir de cette souricière (quitter le bain reviendrait à offrir, en retour, sa propre nudité...), Popa scinde la proposition. Il accorde à Caro la reconnaissance de sa sexualité, mais la « noie » dans la collectivité des femmes : « Ben oui [...] Y en a plein qui sont comme toi ! » (*Ibid.*) D'autre part, et vis-à-vis de l'exigence imposée d'inscrire cette reconnaissance dans un rapport qui leur soit propre, il chante *Femme* (de Nicole Croisille), qu'il adapte à la situation : « Une femme... une femme... *avec moi* ! » (*Ibid.* : c'est nous qui soulignons.) De cette façon, c'est l'univers imaginaire, fictif (la chanson), qui permet une symbolisation du lien interdit. Il reste que dans l'amorce de l'épisode, Caro a posé deux questions à son père : celle qui engendre la scène du bain (« Pourquoi t'as jamais voulu prendre ton bain avec moi ? ») et une autre, qui la précède : « Pourquoi t'as jamais voulu jouer avec moi quand j'étais petite ? » Dans la juxtaposition des deux interrogations surgit clairement le type de jeu auquel l'inconscient de Caro fait référence : le jeu sexuel, assurément. Et puisque, dans cet épisode, Popa est conduit (par Caro mais aussi par sa femme et l'auteur) au plus loin qu'il est permis dans la satisfaction des désirs de sa fille, on le retrouve donc en situation de jeu avec son enfant.

---

23. Manifestement, cette indication de l'auteur échappe à la conscience du personnage ; car Moman, plus tard, intervient tout autrement dans le dialogue de son mari avec leur enfant. Caro (à Popa) : « Non mais, tu le sais-tu ce que ça fait à une petite fille de huit ans quand son père veut pas prendre son bain avec elle ? » Moman : « Ça fait une p'tite fille malpropre ! » (*Ibid.*)

La scène du parc d'enfant

À quelque temps de la scène du bain, en effet, Popa et Caro sont installés dans un parc d'enfant. Popa nourrit sa fille à l'aide d'une petite cuillère, comme un bébé, et imite le son d'un avion : « C't'à qui le p'tit obus ? C't'à qui le p'tit obus ? » Caro : « C't'à moi ! » Popa : « Non ! C't'à moi ! » [Popa avale le contenu de la cuillère] (*Ibid.*) En même temps que la régression infantile de Caro (elle pleure presque : « Maman ! Maman ! Je veux mon obus… Dis-y qu'il me donne mon obus, mon obus ! » [*ibid.*]), il est aisé de relever celle du père. Cet aspect de Popa n'échappe pas plus à la mère (« […] veux-tu y donner son obus, toi, innocent ! […] t'es plus bébé qu'elle ! » [*ibid.*]) qu'à la fille, « réveillée » tout à coup par le téléphone d'un soupirant : « […] mon père […] Y retombe en enfance […] » (*Ibid.*) Popa, sauvé par le gong ! En d'autres termes, cet objet du désir de la fille que détient le père (le phallus, métaphorisé par « l'obus »), l'épisode et l'auteur le déplacent habilement sur un amant potentiel qui se déclare. En même temps, comme pour atténuer l'impact de la scène, l'auteur conduit Moman et Caro à souligner un aspect infantile du père. Un court dialogue entre Popa et Moman, tenu à l'extérieur des épisodes de la série, répète cette interprétation. Il s'agit de la publicité (déjà citée) réalisée par Claude Meunier pour Parents anonymes qui met en scène le couple parental de *La petite vie*. Moman : « Vous savez, être parents, c'est pas toujours facile […] quand le père est plus bébé que ses enfants ! » Quelle que soit la pertinence de l'opinion de la mère et de la fille, il reste que, d'un jeu à l'autre, Popa évite avec sa fille le plus dangereux. Par ailleurs, et derrière cette apparence de régression, c'est tout l'aspect ludique du personnage de Popa qui est mis en lumière. Caro ne peut apprécier ce trait de caractère que son père utilise souvent pour se débarrasser des autres et de leurs besoins. Il faut dire que cette légèreté de bonne aloi heurte la gravité dont elle marque tous les événements de sa vie. Pour toutes ces raisons, Caro va garder au long de *La petite vie* une colère profonde à l'endroit de son père. Elle l'exprime néanmoins une fois réellement. Dans la chronologie de l'épisode de sa *thérapie*, entre les deux scènes (du bain et du parc) sur lesquelles nous nous sommes attardée, Caro laisse libre cours à sa colère au cours d'une parodie de séance thérapeutique.

La thérapie verbale

On retrouve le père et la fille au salon. Coïncidence entre l'objet réel du désir et l'objet du transfert, Popa, à l'initiative de Caro, occupe la position de l'analyste. Il est assis dans un fauteuil, en arrière du divan, et Caro elle-même (« […] étends-toi là, c'est à ton tour. ») donne le coup d'envoi à l'expression de ses frustrations : « […] t'es la cause de tous mes échecs sexuels parce que toi, Popa, dans le fond, t'es juste un Chiwawa… un Chiwawa castré qui a essayé de castrer tous les Dobermans autour de lui ! » (*Ibid.*) Nous avons suffisamment glosé les reproches sexuels que Moman adresse à son époux devant tout un chacun (cf. chapitre deux) pour ne pas nous étonner que Caro, qui reçoit fréquemment les confidences de sa mère, reprenne à son propre compte ces accusations.

Parallèlement, on peut supposer que l'allusion faite à tous les castrés «autour de [Popa]» concerne, au premier chef, les deux frères de Caro. La dernière version du scénario (celle qui a précédé l'enregistrement de l'épisode) le laisse entendre clairement; Popa y compare, en effet, Rénald à cette race de chien: «Bon, le Doberman qui repart [...]» (*Retour dans le passé*, II; version écrite)... Après les accusations portées par Caro, ce sont les offenses qui s'énoncent: «Tu le sais-tu à quel point t'es minable? Hein? [...] T'es un avorton... Une larve... Non! Un mognon... Même pas, un demi-mognon! [...] Popa, sexuellement, t'es un escargot! Même pas... Une sangsue! Une sangsue amputée qui m'a collé après pis qui a collé après tout le monde... Mais qui va finir écrapoutie à coups de talons hauts!» (*La thérapie de Caro*, I) Visiblement, la menace annoncée d'une revanche des (d'une?) femmes ne trouble pas outre mesure Popa, pas plus, d'ailleurs, que le déluge d'insultes qu'il reçoit. Il se contente même de réagir plutôt mollement: «Quand même...», «S'il vous plaît, là...» (*Ibid.*) Il a bien tort! Car, de la même façon que Moman avait cherché à le prévenir de la transgression de l'interdit qui va s'ensuivre, Caro n'évoque pas non plus impunément la sanction à venir. La vengeance des «talons hauts» a bien lieu. À la fin de l'épisode, Moman, qui pratique encore ses mouvements de karaté, frappe Popa d'un grand coup de pied au bas ventre. Popa: «Ayoye donc! Baptême!» Moman: «Excuse-moi, Ti-Mé... Je t'ai pris pour le frigidaire!» (*Ibid.*) Ainsi, de la première à la dernière scène de l'épisode, la cible visée par Moman s'est précisée. Ses premiers mouvements ont été dirigés dans le vide, puis, au cours de l'épisode, contre un poster de Popa qui recouvre le frigidaire, avant de se (re)tourner littéralement contre la personne de Popa elle-même. Néanmoins, si le père réagit assez lâchement aux injures de sa fille, c'est aussi parce que celle-ci justifie son silence: «Laisse-moi finir... C'est moi qui est fuckée, c'est pas toi!» (*Ibid.*) Et puis, n'est-il pas en lieu et place de l'analyste? Rapidement, cependant, le feu d'artillerie verbal que Caro nourrit contre Popa s'interrompt de lui-même, brutalement: «[...] ça sort pus, là...» (*Ibid.*) On aurait tort, toutefois, de croire que Popa ne riposte pas. Sa réplique a bien lieu, quelques minutes plus tard, dans le registre qui l'a par ailleurs engendré, celui du langage. Un registre dans lequel, on le sait, Popa/Meunier est passé maître.

3.3. Les associations verbales de Popa

Quelques instants après, en effet, et alors que Popa est étendu à son tour sur le divan, l'humoriste livre une démonstration éclatante du processus des associations verbales. Véritable morceau d'anthologie, ce dialogue mérite qu'on le cite dans son entier avant même de le commenter.

«Caro: «Bon ...OK j'vas te dire des mots tu vas me dire à quoi ça te fait penser. OK? On part!»
Popa: «Voyage...»
Caro: «Ben quoi, voyage?»
Popa: «Ben, tu m'as dit: on part...»
Caro: «Minute, là!»

Popa: «Minute? euh… Horloge?»

Caro: Hey! Wôw!

Popa: Wow? Wow! Ça, c'est pas facile ça, «wo»! Attends un peu… euh… stop? Wow? Stop!»

Caro: «Arrête, là!»

Popa: «Arête? Attends un peu, euh… poisson… poisson, euh… barbotte… barbotte… casino… roulette… roulette russe… russe… caviar… caviar?»

Caro: «Popa!»

Popa: «Popa? Attends un peu… Popa? Tuteur… Père… Géniteur… Non! Janitor… Concierge… Cierge… Cierge de curé… Curé… Ré… Ré… Do… Dos… Dos… Lumbago… Docteur Gibaud… Un mot, deux syllabes!»

[…]

Caro: «Les nerfs!»

Popa: «Les nerfs? OK! Calmant… Calmant de junkie… Morphine… Morphine de junkie… «jumpé»… Jolly Jomper de junkie…»

Caro: «Non, non! Wow!»

Pop: «Wow? OK! Wow!…Attends un peu!… On l'a fait, t'a l'heure, Wow!…»

Caro: «Ben coudonc! T'as-tu sniffé du Comet, toé? […] Couché, là!»

Popa: «Couché?… Comet!»

Caro: «[…] on a même pas commencé, là encore! […] Bon… OK? On part…»

Popa: «Voyage!»

Caro: «Non, non! […] Bon, j'veux dire, on commence là!… Spermatozoïde…»

Popa: «Trafic!»

Caro: «Trafic!… Pis tu dis que t'as pas de problème, toé!»

Popa: «Ben quoi? Y n'a des millions de "spermatozoïdes", pis y s'en vont dans tous les bords. J'aimerais pas ça chauffer là-dedans, moi, wow! Franchement…»

Caro: «Bon, OK… Femme!»

Popa: «Ford Tempo?»

Caro: «Ben, franchement!»

Popa: «S'cuse moi! Ford Escort, j'veux dire. Ford Escort! […] Ford Escort, c'est plus un char de femme, voyons!»

Caro: «Franchement, Popa… J'pense que tu serais dû pour consulter quelqu'un, toi aussi!»

Popa: «Ben, justement, je m'en vas chez Monsieur Muffler, cet aprèsmidi…»

Si, comme il l'affirme lors de cet épisode, Popa ne sait rien de la chose psychanalytique («J'connais rien dans la psychanalyse, moi…» [*ibid.*]), Claude Meunier, lui, en possède quelques rudiments. De nombreuses remarques durant l'épisode en font état: une allusion à son créateur (Moman: «[…] faudrait demander à […] Fred […] celui qui a inventé les maladies mentales» Caro: «Pas Fred, Freud!»)[24]; des références à des concepts

----

24. Là encore, la connaissance approximative d'un personnage permet de révéler les jeux de référence de Claude Meunier. Fred n'est-il pas l'auteur d'une série de bandes dessinées

(« complexe d'Œdipe », « symbolique sexuelle ») et finalement une parodie de la cure elle-même. Encore que le dialogue Popa/Caro ressemble moins au processus des associations libres préconisé par Freud qu'au test d'association verbale d'Emil Kraepelin. Longtemps employée par Jung dans le but d'isoler des syndromes spécifiques à chaque maladie mentale, et encore aujourd'hui employée par certains psychologues, cette technique expérimentale consiste à prononcer devant le sujet une série de mots soigneusement choisis en lui demandant de répondre par le premier mot qui lui vient à l'esprit tout en mesurant son temps de réaction. Or, c'est bien la consigne donnée par Caro à Popa : « j'vas te dire des mots, tu vas me dire à quoi ça te fait penser » (*Ibid.*) Entre la « séance » de Caro et celle de Popa, on assiste donc à un changement du procédé thérapeutique. Caro qui semble s'être laissée aller à dire ce qui lui passe par la tête reste plus proche de la technique d'investigation des processus psychiques que la psychanalyse utilise. La règle d'or de la cure psychanalytique (« les associations libres », spontanées) impose, en effet, à l'analysant de dire tout ce qui lui vient à l'esprit. En ce qui concerne la « séance » de Popa, on note que les associations verbales s'appuient d'abord sur des liens sémantiques (Caro : « on part », Popa : « voyage » ; Caro : « minute », Popa : « horloge ») puis formels (« Concierge… Cierge… Cierge de curé… Curé… Ré… Ré… Do… Dos… Dos […] ») et finalement symboliques (Caro : « Femme ! », Popa : « Ford Tempo ? » (*Ibid.*) Condensation, déplacement, symbolisation, les procédés primaires mis au jour par Freud dans son étude sur le rêve [25] sont également au service de la production littéraire. Ainsi, et si lorsque les thérapeutes de *La petite vie* manipulent le langage, il en résulte une production relativement pauvre (cf. chapitre deux), en revanche, lorsque Popa prend en charge la production langagière, il en va tout autrement. Il reste que dans le contexte de cet épisode, le rapport au langage nous entraîne à faire deux commentaires. D'une part, à rappeler que la méthode des associations libres provient d'une technique de stimulation de la créativité littéraire proche de l'écriture automatique : elle fut élaborée par un écrivain allemand, Ludwing Börne, dont les écrits eurent une influence importante sur Freud [26] ; d'autre part, à se souvenir d'une remarque de Lacan : « Le seul avantage qu'un psychanalyste ait le droit de prendre de sa position […] c'est de se rappeler avec Freud qu'en sa matière, l'artiste toujours le précède […] [27] » !

Ainsi, *La thérapie de Caro*, troisième épisode de *La petite vie*, réunit les deux moteurs de la série déjà mentionnés : la mise à plat de la complexité des relations humaines par le biais du rapport conflictuel au père (disons

intitulée *Philémon*, délibérément fondée sur la découverte et la visite d'un univers imaginaire (le monde du A de l'océan Atlantique) ?

25. Sigmund Freud, *L'interprétation des rêves* (1900), Paris, Presses universitaires de France, 1971, 573 p.
26. Voir à ce propos Henri-Paul Jacques, *Du rêve au texte*, Montréal, Guérin/Les cahiers de Département d'études littéraires, 1988, 348 p.
27. Jacques Lacan, « Hommage fait à Marguerite Duras, du *Ravissement de Lol V. Stein* », *Cahiers Renaud Barrault*, n° 52, 1965, p. 7-15.

plus largement au géniteur) et l'aspect ludique du langage. Tous les épisodes, il est vrai, reprennent ces ingrédients chaque fois habilement intégrés. Dans ce dernier, cependant, c'est le tissage particulier des deux éléments qui nous amène à la conclusion de son aspect emblématique. Autrement, comment comprendre les raisons qui ont conduit Popa à accepter une situation aussi périlleuse que celle d'un bain avec sa fille déjà adulte? Double soumission, soit de Popa par rapport à Claude Meunier auteur et acteur (comment le personnage pourrait-il y résister?). Mais il reste que *La thérapie de Caro* fait partie des premiers épisodes de la série et, ce faisant, inscrit de manière définitive le personnage de Caro dans un lien de dépendance quasi exclusive avec Popa. De fait, le registre des rapports du père et de cette fille reste le même tout au long de la série et, du même coup, les problèmes de Caro immanquablement reliés à ceux-là. Parallèlement, l'intérêt présenté par la parodie de la cure psychanalytique repose bien sur le jeu de langage qu'elle permet. Elle n'est qu'un prétexte toutefois (un de plus), car l'auteur va reprendre le procédé et même le rapprocher au plus près du discours de la folie. À cet égard, Thérèse en fournit et l'exemple et la légitimité.

II. La solution de l'imaginaire...

4. Thérèse et les délires et hallucinations

4.1. L'enfant préférée de Popa

L'énervement dont Thérèse fait montre durant les premiers épisodes de la série («[...] chus pus nerveuse... chus pus nerveuse... chus pus nerveuse...» [*Thérèse au WacDo*, I]) nous renvoie d'emblée à Popa. Pour le moins nerveux lui aussi, il le revendique parfois : «La panique, c'est moi ça! C'est mon domaine, la panique!» (*La pierre au foie 2*, I)[28] Cette ressemblance implicite du père et de l'aînée de ses filles n'est pas désavouée par Popa qui regarde cette enfant avec plus de tolérance et d'amusement que les autres. On imagine que son tempérament enjoué, qui procure aux téléspectateurs de la série un enchantement certain, le ravit sans doute également. Lorsque Thérèse essaye un emploi de serveuse dans un « WacDo » et qu'elle affiche sa gaieté coutumière («[...] je suis ici pour vous sourire [...]» [*Thérèse au WacDo*, I]), il ne la contredit ni ne la rabaisse : « Vous avez le *smile* en tout cas!» (*Ibid.*) Quelques épisodes plus tard, il affirme même son plaisir pour ce type de caractère : «[...] j'adore les gens qui sont gais... Je pense que c'est une très belle qualité [...] Ça met du sourire dans le visage» (*Le mariage du gai 1*, II) On nous objectera peut-être que, d'une part, le contexte de cette remarque implique une réaction de défense de Popa (il vient d'être menacé par une journaliste

---

28. La plupart du temps, Popa ne semble pas se rendre compte de ses propres paniques : « Chus calme ! [...] Passe-moi ton portefeuille, maudite énervée de paquets de nerfs ! Envoye ! [...] » (*Le voyage à Plattsburgh*, I) ; «[...] me calmer... Me calmer... Justement, laissez-moi me pomper, c'est ça qui va me calmer... Non, mais y en a des malades !» (*Le cadran*, I)

homosexuelle [cf. chapitre trois]) et que, d'autre part, il lui est souvent reproché sa mauvaise humeur (cf. chapitre deux). Reste que Ti-Mé joue toujours avec le langage et sur plusieurs claviers à la fois ; chez lui, plus encore que chez les autres personnages de la série, tous les sens possibles sont à considérer et à prendre en compte. Que l'on accrédite ou non cette réflexion, on note que lors de la scène du « WacDo », le père et la fille se livrent au même jeu langagier, comme si chacun des deux personnages était le juste prolongement de l'autre, son reflet. À la question : « Qui était Monsieur WacDo ? », Thérèse répond : « Un homme-burger ! » et Popa : « Un homme-berger » (*Ibid.*) ! Compte tenu de cette quasi-superposition du père et de la fille par le biais du langage, on s'interroge s'il n'y a pas lieu de percevoir aussi un lien entre le diminutif de Popa (Ti-Mé) et celui du poisson rouge de Thérèse (Ti-Mil) [29] ; le jeu sur la variante phonétique nous y engage fortement… D'autres éléments présents dans la série nous incitent également à cette interprétation d'une ressemblance plus grande entre le père et cette enfant. On relève, à ce propos, des constructions de langage analogues chez les deux personnages (Thérèse parle de « fleurs florales » dans *Le souper avec vedette*, I et Popa d'« un souvenir maternel de ma mère » dans *Le changement de caractère*, I), et même des expressions communes. Dans un contexte amoureux analogue, d'une part, « […] bourre-toi la face. » dit Thérèse à Réjean dans *Le blind date* (I) et Popa à Moman dans *Le zèbre* (IV). D'autre part, lorsqu'il s'agit précisément de les dépeindre tous les deux. Dans *Le roast de Rénald* (I), Lison dit à propos de Thérèse : « La tête d'eau ? J'm'entends très bien avec Thérèse ! », et dans *Le mariage du gai 1* (II), Popa décrit ainsi (à son insu) sa propre effigie : « On dirait qu'y a une tête d'eau ! » Par ailleurs, on note qu'au cours de l'épisode où Thérèse se considère tout à coup comme une « voyante » extralucide [30], Popa devient tout aussi soudainement « voyeur » ; de façon inattendue, il voit les autres nus (*La jalousie de Pogo*, III) [31]. À L'occasion de cette vision littérale, qui signe l'impossibilité pour les êtres et les corps de se cacher, se révèle donc la capacité mutuelle du père et de la fille de fonctionner comme « révélateurs », comme des « détecteurs de mensonges » pouvons-nous dire…

À l'instar du jeune enfant qui n'a pas encore accès à l'aspect métaphorique du langage (du fait de son manque de maturité neurologique) et du poète

---

29. Le poisson rouge de Thérèse, cependant, n'apparaît qu'une seule fois dans la série. Il est, par le biais d'un jeu de mots, l'objet d'un quiproquo entre elle et son époux qui a découché une fois de plus. Thérèse : « C'est fini, Réjean ! » Réjean : « Ah non ! Non, non, non ! C'est pas fini ! J'vas tout t'expliquer… » Thérèse : « Je l'sais qui est en phase terminale […] Ti-Mil, y est fini ! » (*Le cadran*, I)
30. Ce n'est pas la première fois que Thérèse fait preuve de divination. Lors de son anniversaire, elle devine, à défaut du cadeau, le prix de celui-ci : « Quèque chose qui vaut cher ? […] Trente-neuf et quarante ? […] euh… trente-deux dollars et vingt ! » Moman : « Ouiiiii ! À chaque année, a tombe dessus ! Est bonne ! » (*Le prisonnier*, I)
31. Pas si étonnant que ça si l'on considère que l'analyse de la série nous a déjà conduits à constater, d'une part, la propension de *La petite vie* à mettre au jour les faiblesses et les défauts de tout un chacun, d'autre part, l'importance primordiale de la responsabilité qu'y détient Popa.

ou de l'écrivain qui prennent le langage pour objet, Thérèse ne cesse de prendre les mots au pied de la lettre et de réagir en conséquence. Alors qu'un client lui demande « un "big Wac", s'il vous plaît ! », énervée de trop de commandes, elle le rembarre : « un "big Wac" ? M'as t'en faire un "big Wac", moi ! [Elle crie] WAAAC ! C'est-tu assez gros ça, comme "Wac" ? WAAAC ! » (*Thérèse au WacDo*, I) Ailleurs, alors qu'elle se plaint d'un mal de tête et que Moman fait l'hypothèse de rouleaux trop serrés autour de ses cheveux, elle s'étonne : « Comment ça, serrés ! Sont pas serrés, j'les ai sa tête ! » (*Château-Ragoût*, I) Plus tard encore, alors qu'elle songe à « se faire refaire la face [...] genre Mitsou » et que son interlocuteur au téléphone lui demande si elle a « quelque chose » de cette dernière, elle répond aussitôt : « Ben, j'ai son dernier disque ! » (*L'aventure de Réjean*, II) Que Thérèse préfère la plupart du temps relittéraliser le langage (autrement dit, employer ou comprendre les mots dans leur sens premier, littéral) ne l'empêche pas de jouer avec l'homophonie des termes. Il en est ainsi dans l'épisode intitulé *Miss Madame* (III) où, qui plus est, elle profite du contexte d'un concours féminin auquel elle participe pour féminiser subtilement la question qui lui est posée : « Un auteur favori ? Ça peut-tu être une hauteur favorite ? Seize pieds ! » Dans le même temps, elle justifie sa réponse tout en lui donnant une explication : « J'aime mieux être dans les airs que lire. C'est mon droit, non ? » (*Miss Madame*, III). Du premier au « dernier » épisode de la série, Thérèse profite largement de l'amour que l'auteur porte au ludisme verbal. Ses comportements les plus inattendus (elle urine dans les pharmacies sous la pancarte qui indique « Ici, test de grossesse [*L'héritier*, IV]) comme ses remarques et ses questions les plus extravagantes (« Qu'est-ce que vous allez faire avec l'écharpe des droits et libertés ? » [*L'élection*, IV]) contribuent au plus haut point à faire de l'œuvre de Claude Meunier un vaste champ ludique. Ce rapport singulier au langage que partagent le poète, l'enfant et le fou, conduit immanquablement le personnage de Thérèse aux confins de ces trois possibilités. Et de fait, si Thérèse nous renvoie comme Rod et Caro à l'enfance et, comme Popa, au poète, elle induit également un rapprochement avec le « fou », par le biais des délires légers et des douces hallucinations qui la caractérisent.

4.2. Délires et hallucinations

Malgré tout ce qui la rapproche de Popa, c'est avec sa mère que Thérèse avoue en toute candeur un problème d'identification : « C'est bizarre, Moman, quand même, à chaque fois que tu es malade, y m'arrive quèque chose ! » (*La pierre au foie 2*, I) Outre l'aveu de cette proximité avec Moman (qui va la conduire un jour à déclarer : « Moi, c'est avec Moman que je voulais faire l'amour... » [*La jalousie de Pogo*, III]), les réactions de Thérèse à l'absorption de nombreux calmants sont le prétexte à des hallucinations réelles ou simulées dans la série. Ces dernières débutent à la suite de la consommation d'un nouveau médicament : « Ça te fait bien un chapeau de poil [...] Je savais pas que vous aviez acheté une perruche [...] faut que j'aille changer la couche à Réjean… (vers Popa) Bye, le beau chien chien… (À Moman) Tu diras bonjour à Popa. » (*La pierre au foie 2*, I) Dans son pseudo-délire, Thérèse projette deux éléments qui lui appartiennent. En premier lieu, elle « visualise » une perruche, concrétisant de cette manière le surnom que lui donne le plus souvent sa mère : « Moman m'appelle toujours sa p'tite perruche… Allô, ma petite perruche… » (*Le voyage à Plattsburgh*, I) En second lieu, elle déplace sur Réjean, son époux, son désir d'avoir un enfant. Au fur et à mesure des épisodes qui s'accumulent, les effets secondaires des calmants sur Thérèse s'étendent à l'ensemble des Paré. Réjean, un jour, souffre lui aussi d'hallucinations visuelles : « […] y m'ont changé de pilules, là ! [Il regarde autour de lui] Simonac ! Y a de la bibitte icitte ! » (*Le kick de Moman*, II) Pour avoir trop pris de Prozac, Moman connaît, à son tour, une situation identique : « (à Popa) Te rappelles-tu notre voyage à Hawaï ? La grosse surf […] » (*L'hospice 2*, III) Finalement, et tout à la fin d'un épisode, c'est la famille au grand complet qui s'endort pour avoir mangé un pâté chinois dans lequel Thérèse a remplacé le blé d'Inde par « des petites pilules jaunes » (*Le 40ᵉ anniversaire*, III) !

De l'énervement constant de Popa [32] aux problèmes de nerfs de Thérèse, la réalité génétique — même lorsqu'elle appartient à la fiction — a pour effet d'augmenter les processus pathologiques. Si, dans la famille Paré, on est ainsi nerveux de mère en fils (Belle-moman — Popa), puis de père en fille (Popa — Thérèse), il y a tout lieu de penser qu'en sens inverse, et à des fins de cohérence textuelle, si l'une souffre de troubles précis, l'autre en pâtira également. Et de fait, dans le but de se débarrasser momentanément de Rénald et Lison qui les ennuient lors des « soupers du dimanche », Popa se livre à une imitation des troubles de la maladie d'Alzheimer : « (en désignant Rénald) C'est qui le gars avec les yeux de poisson mort ? » (*Le souper du dimanche*, I) Comme pour illustrer davantage la confusion et les troubles de la reconnaissance qui caractérisent cette maladie, celle-ci est elle-même « troublée » dans sa nomination. Moman : « C'est rien, c'est parce qui commence à troubler un tit-peu… C'est l'âge… l'âge Zymmer qu'y appellent, là… » (*Ibid.*) Dupe de la mise en scène qui se déroule sous ses yeux, Lison s'enquiert : « Y est conscient ? » Popa : « Ben certain que chus conscient… Tu m'es montres-tu tes boules ? » (*Ibid.*) En apparence, ce passage « répond » à celui de la fausse syncope de Moman imaginée au début de l'épisode dans le but de faire détaler Rénald et Lison. Moman : « […] le médecin me l'a dit, faut pus que je reçoive le dimanche soir pour souper. Ça m'énerve trop ! » (*Ibid.*) Mais dans les faits, la scène permet surtout à Popa, au nom de sa prétendue confusion, de laisser libre cours au désir qu'il éprouve de voir la poitrine de Lison (« Tu m'es montres-tu tes boules ? »). Ce désir de Popa est réitéré de manière plus voilée dans *Château-Ragoût* (I), alors que Lison est venue chez les Paré « pour inaugurer […] vous savez quoi, [son] nouveau

---

32. Subtilement, à ce propos, Moman nomme leur demeure la « résidence du gros-nerf » (*La pierre au foie 1*, I)

buste!» À un moment, Popa interrompt un dialogue qui s'étire entre son gendre et son fils Rénald. Popa : «(à Réjean) Ça va faire là… Veux-tu les voir, oui ou non?» (*Ibid.*) Comme un des nombreux fils qui tissent la cohérence des épisodes et de la série, cette courte scène de la «confusion» de Popa, marquée par le désir paradoxal qui la sous-tend de consciemment faire partir Rénald et Lison et inconsciemment de «s'approprier» Lison, avait été annoncée dans l'épisode un peu plus tôt. La demande de Popa («Tu m'es montres-tu tes boules?») y avait d'ailleurs reçu sa réponse. Lors de la syncope imaginaire de Moman, celle-ci en a profité pour renverser du jus de tomate sur le chemisier de sa belle-fille. En réponse à la remarque de Popa qui réfère au malaise de Moman («Non mais, hey, faites quelque chose quèqu'un…» [*Le souper du dimanche*, I]), Lison, qui pense qu'il s'agit d'elle-même, réplique assez mollement : «chus quand même pas pour enlever ma blouse, quand même!» (*Ibid.*). Peut-être, justement, parce que Lison n'est pas si catégorique que cela dans son refus (dans *Château-Ragoût*, arborant sa poitrine refaite, elle s'adresse ainsi à Popa : «Pis vous? Ça vous va? […] Vous êtes sûr là, hein?»), Moman, qui veille au grain, intervient pour nuancer les effets de la confusion de Popa : «Franchement Ti-Mé, trouble mais trouble égal, quand même!» (*Le souper du dimanche*, I) Comme quoi, si Lison a doublement raison de dire de Popa, «confus» mais pas gêné : «Y est conscient en plus?», Popa, pour sa part, fait un joli mensonge à Moman : «Ben oui, mais j'fais ce que je peux! Pas facile pour moi d'avoir l'air troublé, m'a te dire!» C'est qu'il y a troublé et troublé… et Ti-Mé, parfois, ne sait plus trop où il en est à force de mettre en scène, avec l'aide de Jacqueline, des situations imaginaires. Et de fait, à l'incipit de *La pierre au foie 1* (I), Popa interroge indirectement les limites entre le réel et l'imaginaire.

4.3. Le délire verbal

Une fois de plus (on ne les compte et ne les conte plus), Popa a réveillé Moman : «T'es sûre je dors pas? D'un coup, c't'un rêve que je fais? D'un coup, je rêve que j'dors pas?» Moman : «En tout cas une affaire qui est sûre, c'est que moi je dors pas…» Popa : «Oui, mais d'un coup on fait le même rêve?» (*La pierre au foie 1*, I) Cet accord à deux se concrétise des années plus tard dans l'écriture de la série, lorsque Popa et Moman font précisément le même rêve : Lison a accouché de deux jumelles qui sont des répliques parfaites de Rénald. (*L'héritier*, IV) Par ailleurs, il se métaphorise dans un dialogue de l'absurde («nous deux, nous quatre») qui fait étrangement penser aux textes les plus spectaculaires de Raymond Devos en la matière. À cet effet, trois dialogues dans la série frisent le délire verbal : «Les hormones mormonnées» dans *New You*, le dialogue «nous deux — nous quatre» dans *Le souper du dimanche* et le dialogue «un quart — deux quarts» dans *Thérèse au WacDo*. Ils appartiennent tous à la première saison de *La petite vie*, et dans chacun des cas, Thérèse assume une part active de leur élaboration. Au demeurant, c'est elle qui donne le coup d'envoi à ces délires verbaux dont le premier d'entre eux (« Les hormones mormonnées ») est le plus représentatif du langage de la folie. Tenter d'expliciter ce dialogue ne servirait qu'à le banaliser en voulant le mettre à plat. Aussi vaut-il mieux le citer, pour le plaisir et la mémoire, et noter, d'emblée, que Popa n'hésite pas à reprendre le récit à son propre compte, une scène plus tard, ne serait-ce que pour le poursuivre quelque temps encore...

> Thérèse : « Ça en fait, c'est des produits à base d'hormones de Mormons d'agneaux, c'est-à-dire de... d'hormones d'agneaux de Mormons, autrement dit de... » Moman : « d'agneaux Mormons ? » Thérèse : « C'est ça : d'agneaux élevés "aux mormones par les Hormons"... c'est-à-dire aux hormones par les Mormons... » Popa : « Mais les hormones elles ? sont-tu Mormones ? » Thérèse : « Non, sont... sont d'agneaux mais élevées à... à la Mormonne... c'est ça ? » Réjean : « [...] les hormones sont Mormonnées » [...] Pogo : « [...] L'Hormone est mormon, hein, mon homme ! » Popa : « C'est ça, mormon... euh... Mon homme. » (*New You*, I)
>
> [...]
>
> Popa : « ... et tous les produits sont à base d'hormones de morons ou de motons... » Moman : « Moutons ! » (*Ibid.*)

À lire cet extrait, on note qu'il s'apparente par moments au discours glossomaniaque, typique d'une catégorie de schizophasies, et qui répond à certaines règles associatives (formelles ou conceptuelles) [33]. De nombreux écrivains se sont déjà livrés à ce type d'écriture. Que l'on songe à Beckett, par exemple : « [...] de leur ère l'éther la terre la mer pour les pierres par les grands fonds les grands froids sur terre et dans les airs peuchère [34]... », à Raoul Duguay : « [...] comme source musicale et ca / dence ses dents du dedans donc danse déjà du / pouls du souffle et du soupir [35]... » ou, encore, à Raymond Devos que nous avons déjà cité à ce propos [36].

Les *deux* autres dialogues absurdes de *La petite vie* s'appuient, précisément, sur des chiffres qui impliquent la question du double : le « deux »

33. Depuis sa création par Kraepelin, le terme de schizophasie désigne une dissociation particulièrement profonde du langage dans certaines formes de schizophrénie. Aussi le terme de schizophasie (ou schizographie) ne désigne-t-il pas le comportement verbal (oral et écrit) du schizophrène en général, mais seulement celui — rare, épisodique et spectaculaire — de certains d'entre eux. Dans son aspect le plus typique, la schizophasie glossomaniaque se présente comme une production fluente, parfois théâtrale et comporte des déviations de langage de tous ordres outre le comportement glossomaniaque. Pour sa part, la glossomanie est une forme de comportement discursif (oral ou écrit) dans lequel les mots ou leurs substituts (néologismes, déviations verbales, etc.) sont choisis en fonction de leurs parentés formelles ou conceptuelles intrinsèques et non, comme dans la production linguistique ordinaire, en fonction d'un « sujet » donné. (Michèle Nevert, *Des mots pour décomprendre*, Montréal, Balzac, coll. « L'écriture indocile », 1993.)
34. Samuel Beckett, *En attendant Godot*, Paris, Minuit, 1952, p. 74.
35. Raoul Duguay, « Or le cycle du sang dure donc », dans Laurent Mailhot et Pierre Nepveu (dir.), *La poésie québécoise des origines à nos jours. Anthologie,* Montréal, l'Hexagone, 1986, p. 486-487.
36. Michèle Nevert, *Devos, à double titre*, Paris, PUF, 1993, 128 p.

doublé ou le « quatre » dédoublé, dans un contexte où les épisodes mettent en scène des couples qui s'affrontent. Dans le premier cas, le couple parental est mis en demeure de choisir entre le couple que constituent Rénald et Lison et celui que forment Réjean et Thérèse (*Le souper du dimanche*) ; dans le second cas, c'est la décomposition du « deux » qui fait l'objet du problème (*New You*). De quelque côté que l'on se tourne donc, c'est bien la question du couple, du « deux », si chère à Claude Meunier, qui fait l'objet du délire... Nous les citons.

> Réjean : « Ben oui, on a gagné un souper pour quatre [...] Rénald : « À moins qu'on y aille, nous autres... » [...] Réjean : « Non mais, c'est parce que c'est un souper pour nous quatre » Lison : « Comment ça vous quatre ? » Thérèse : « C'est écrit sur le billet : valide pour nous quatre. » Rénald : « Ben oui, mais vous deux avec nous deux, ça fait nous quatre ... » Thérèse : « Oui mais c'est pas le même nous quatre... hein ? » Réjean : « Non, c'est ça... y comprennent pas... Votre "vous deux" (montre Popa et Moman) pis notre "nous deux" c'est pas le même nous quatre... qu'avec leur "vous deux". » Lison : « Comment ça ? Quel "leur deux" ? » Thérèse : « Ben, le "leur deux" à eux. » Moman : « [...] on va leur expliquer nous deux... leur expliquer nous deux... » [...] Thérèse : « Fa, que vous allez rester tous les deux. » Moman : « Non, tous les quatre ! » Thérèse : « Là, là, c'est moi qui comprends pus rien. » (*Le souper du dimanche*, I)

> Thérèse : « Alors deux quoi ? » Réjean : « deux quarts de livre » Thérèse : « Deux quarts de livre de quoi ? » Réjean : « Ben de... de hamburger » Thérèse : « Euh, je m'excuse... on a juste des "un quart"... on a pas des deux quarts » Réjean : « Ben, on va faire une affaire... deux fois "un quart" d'abord ! » Thérèse : « deux fois un quart ? ça fait une demie ça ? » [...] Vous voulez juste un demi-hamburger ? » [...] Popa : « C'correct, j'vas prendre son autre moitié, moi, OK ? » Thérèse : « L'autre moitié de quoi ? » Popa : « L'autre demie de... de ses deux quarts, là » Thérèse : « Vous... vous voulez juste un quart, là ? » Popa : « Ben là... je l'sais pus trop quessé je veux... » Thérèse : « Ben, moi non plus, je l'sais pus... » Moman (qui désigne Popa) : « Lui, c'est une frite qui veut. » Thérèse : « Alors, une autre frite. » Moman : « Non, non... la même frite que t'a l'heure ! » Thérèse : « C'est laquelle ça ? » [...] Réjean : « Hey, on va faire une affaire : j'vas prendre un cheeseburger à place. » Thérèse : « À place de quoi ? » Moman : « De sa frite ! » (*Thérèse au WacDo*, I)

Parallèlement à cette nouvelle exemplification de l'importance du « deux » dans l'écriture de Claude Meunier, il est indéniable que les délires verbaux de *La petite vie* mettent en scène d'une façon ou d'une autre le personnage de Thérèse qui ne cache pas, par ailleurs, son incompréhension de la chose : « c'est moi qui comprends pus rien » (*Le souper du dimanche*, I) ; « je l'sais pus... » (*Thérèse au WacDo*, I) Dans la foulée, il est manifeste également que c'est Réjean que Thérèse prend à témoin de ses difficultés ; c'est à lui qu'elle se réfère : « C'est ça ? » (*New You*, I) Et de fait, Réjean participe activement lui aussi à l'élaboration de l'univers délirant, ludique, de *La petite vie*...

5. Réjean et les impostures

5.1. Le revers de la médaille

La fausse dépression

Au sein de *La petite vie*, toute situation connaît un revers, ne serait-ce qu'un court instant. Pas plus que les autres personnages, Réjean n'échappe à cette loi ; on a vu déjà comment « le trompeur » peut devenir « le trompé » (cf. chapitre premier). Dans cette perspective d'un pendant systématique à une condition établie, le personnage le plus dépourvu de culpabilité dans la série connaît, à l'occasion, un moment de déprime. Réjean : « Y file pas, pantoute… J'sais pas c'qu'y a […] Y a passé la journée effouerré devant la TV… Même pas capable de ramasser ses bouteilles vides […] Non mais, le beau-père, ça file vraiment pas, là […] C'est pas des farces, j'ai failli en finir, tantôt. J'me suis couché devant ma tondeuse. » (*Thérèse au WacDo*, I) Contrairement à Rod, Réjean ne se remet pas en question. Prudent, il cherche avant tout à se protéger d'attaques éventuelles (« C'est pas le temps de fesser dessus, là ! Au contraire, faut être ben *smooth* avec… » [*ibid.*]) et conserve, malgré un semblant d'autocritique (« Un maudit sans-cœur ! »), son inclination à l'autosatisfaction (« Le pire, c'est que c't'un maudit bon gars, un maudit bon gars ! » [*ibid.*]). Dans son prétendu abattement, il envisage même, par la négative, le diagnostic : « J'espère juste que c'est pas un *burn-out*… » (*Ibid.*) Ces quelques éléments sont en soi suffisants pour que l'on décèle d'emblée la dépression simulée de Réjean ; un effondrement, donc, qu'il s'évertue à composer.

Dans un premier temps, Popa a interrogé l'origine de cette affliction soudaine de son gendre. Popa : « Non mais, quessé qu'y a ? Y as-tu une raison d'être *down* ? » Réjean : « Ahhh… Pas moyen de rien savoir… y garde tout en dedans ! » (*Ibid.*) À défaut de découvrir la genèse du problème dans le discours que lui tient Réjean, Popa va formuler une première explication. (Il faut dire que Réjean lui a demandé son avis : « Non mais, quessé que j'ai d'après vous, là ? » [*ibid.*]). Exploitant le prétexte de son intérêt de l'heure pour la réincarnation — il en est question tout au long de l'épisode —, Popa laisse libre cours à sa perception de son gendre [37], et celle-ci n'est pas tendre : « […] j'ai analysé tes planètes de réincarnation […] t'as le même karma qu'une can de pois ! […] Autrement dit, là, t'es né pour passer inaperçu ! […] probablement que dans une autre vie avant, là, t'étais pareil comme aujourd'hui, là. C'est-à-dire un gros zéro : une nullité sur deux pattes […] Pis, là, là, ce qui se passe dans la vie actuelle, c'est que tu payes pour c'te vie-là, avant ! » (*Ibid.*) Que le gendre en conclue assez justement la poursuite de ses problèmes à l'infini ne conduit pas le beau-père à nuancer son hypothèse.

---

37. Il faut noter que Popa a donné une première réponse — radicale — à la remarque de Réjean (« J'me sens inutile ») : « Ben oui, mais tu l'es aussi, voyons ! » (*Thérèse au WacDo*, I) Par ailleurs, ce n'est pas non plus la première fois que Popa indique à Réjean ce qu'il pense de lui. Réjean : « […] y va trouver quèque chose, y'en a d'dans ! » Popa : « Ah, oui ? C'est tout nouveau ! » (*Le souper du dimanche*, I)

Réjean : « Mais ça finira jamais c't'affaire là ! Parce que, là, dans ma prochaine vie, là, m'a payer pour celle que j'vis là, là ! M'as-tu être nul de même toute l'éternité, coudonc ? » Popa : « Oui ! T'as l'air ben parti en tout cas ! » (*Ibid.*)

Si Réjean n'est pas plus atteint par cette interprétation de son avenir, c'est bien parce que sa déprime n'est pas réelle. Du reste, il abandonne rapidement le sujet pour en aborder un autre et, à la fin du dialogue des deux personnages, le mobile de son faux accablement est dévoilé. Réjean : « Non mais, là, là, le beau-père, y a une autre question que je me pose souvent. Pis je l'sais pas, ça me gêne de vous la demander aussi… » (*Ibid.*) Interpellé une seconde fois, Popa décode sans se tromper l'interrogation réelle de son gendre : « Si j'peux te passer un p'tit vingt ? » Réjean : « Oui ! » (*Ibid.*) Ainsi, les appréhensions de Réjean n'avaient pour seul but que de soutirer de l'argent à Popa en tentant de l'apitoyer. Ce dernier qui connaît bien son gendre ne s'est pas laissé prendre au piège. L'apitoiement n'est pas le fort des Paré et ils sont récurrents, dans la série, ces moments où Réjean cherche à obtenir de l'argent de son beau-père [38]. Quoi qu'il en soit, il n'est plus du tout question de la déprime de Réjean dans la suite de l'épisode. Celle-ci disparaît aussi vite qu'elle a pris naissance. Dès lors, on est en droit de s'interroger sur la possibilité que ce personnage échappe au revers de situation dont nous avons fait état plus avant. Pas d'exception cependant dans *La petite vie* : Réjean connaît, à son tour, le retour du balancier. On n'affronte pas impunément Popa et Réjean va l'apprendre à son détriment.

La vraie faute de Réjean

Lorsque débute l'épisode qui met en scène ce que nous pourrions nommer « la faute » de Réjean, rien ne va plus chez les Paré. Réjean n'est pas rentré de toute la nuit, le poisson rouge de Thérèse est en train de passer l'arme à gauche et le réveille-matin de Popa n'a pas fonctionné : « […] mon cadran […] y a pas sonné à matin ! J'ai manqué une heure avec ça. J'me suis levé une heure en retard à cause de ça ! » (*Le cadran*, I) Que ce soit pour éviter une discussion embarrassante autour de son arrivée tardive ou parce qu'il est en quête perpétuelle d'un argent aisément gagné, toujours est-il que Réjean endosse aussitôt la colère de Popa. Réjean : « Quoi ! Une heure de retard ! Hé ! Wow [39] ! […] Non, mais ! Sérieusement, le beau-père, y a une piastre à faire avec ça ! Surtout une compagnie japonaise […] Chus sûr qui a moyen d'aller chercher quatre, cinq mille facilement… » (*Ibid.*) Premier mensonge de l'effronté : Réjean affirme être bouleversé par la santé chancelante du poisson rouge : « (à Thérèse) […] ça m'écœure tellement ! Demande-toi pas pourquoi j'ai passé la nuit dehors aussi… J'étais pus capable de le voir de même…

---

38. Réjean : « Vous auriez pas du change pour un vingt ? » Popa : « Tiens ! Il est où le vingt piastres ? » Réjean : « Ah… je l'ai oublié chez nous… » (*Miss Madame*, III)
39. Il est amusant que Réjean réagisse si fortement, lui dont le retard ce même jour a couvert la nuit entière.

Fallait que je conte ça à quelqu'un… » (*Ibid.*) Par la même occasion, il induit chez Popa l'espoir d'une compensation financière excessive pour un simple réveil défectueux. En conséquence de quoi, la question du mensonge contamine une grande partie de l'épisode et Popa déplace l'objet de son incrédulité au mauvais endroit : sur l'identité du gérant de la compagnie japonaise. Bejin : « […] permettez… Guy Béjin de Hatachi ! » Popa : « Oui, oui, certain ! Un Japonais qui s'appelle Béjin ! Me semble, tsé ! Hé ! Wow ! Minute ! » (*Ibid.*) Devant la bonne volonté du vendeur (« […] la compagnie regrette beaucoup et tient à vous offrir un cadran neuf en remplacement »), Popa hésite toutefois : « Un cadran neuf? […] On devrait le prendre […] », *Ibid.*). Mais puisque Réjean détient, pour l'instant, les rênes de cet épisode (« Laissez-moi faire ! » dit-il à son beau-père), Popa respecte sa décision. On aurait tort de croire, cependant, que la détermination de Réjean est mise au service de son beau-père. Comme toujours, son objectif est personnel et il n'hésite pas à trahir Popa. Réjean : « (à Béjin) Écoute, mon tit-pit, on va arrêter de téter, là ! Tu me donnes cinq mille, pis je m'arrange pour que le beau-père prenne le cadran. » (*Ibid.*) Furieux du refus opposé par le gérant, Réjean commet un deuxième mensonge, lorsque Popa s'enquiert des résultats de la négociation. Réjean : « Hypocrite ! […] J'peux pas le croire ! Y a essayé de m'acheter ! […] Y voulait que je vous convainque de prendre le cadran ! Non, mais ! » (*Ibid.*) Il n'est pas anodin qu'à ce moment Réjean s'exprime autrement qu'à l'accoutumée. Il n'emploie pas pour se désigner et s'adresser à Popa le pronom personnel de la troisième personne du singulier. Mais il est vrai que, le faisant, l'aveu de sa traîtrise serait plus encore perçant : « Il a essayé de l'acheter ! » Quoi qu'il en soit, les mensonges de Réjean conduisent Popa, presque à son corps défendant, devant la justice. Popa : « Franchement, nous amener à *La cour en direct*… On va avoir l'air smatte ! » (*Ibid.*)

C'est un jeu de mots qui inaugure le « procès » de Popa, dans tous les sens du terme. Juge : « La parole est au plaignant. » Popa : « […] je ne suis pas du tout plaignant… C'est très rare que je chiale… » (*Ibid.*) Moman s'insurge illico à l'énoncé de cette contre-vérité : « Objection, votre Madame d'honneur […] » (*Ibid.*) Partant, la famille Paré se saisit de la brèche ouverte par le langage pour exprimer ses doléances. Selon son habitude, Moman indique la mauvaise humeur chronique de Ti-Mé (« […] y s'plaint depuis sa naissance, pis y arrête pas de chialer ! »), l'absence de satisfaction de leurs relations sexuelle (« [..] après trente-cinq ans de mariage, c'est le genre d'affaire qu'on remarque pus ») et l'incurie de son époux (« si je l'avais laissé faire, il m'aurait fait empailler ! » [*ibid.*]). Rénald qui trouve là la possibilité d'une première revanche [40] s'empare de l'occasion offerte pour dénoncer l'ostracisme qu'il endure :

---

40. Dans *Le roast de Rénald*, nous l'avons vu, il a subi sans sourciller la liste des griefs de sa famille ; à son tour, il établit l'inventaire, dates à l'appui, des aberrations de son père : « […] Janvier 68, écœuré de la neige, il met le feu dans l'entrée de garage […] Premier juin 72, il installe un piège à ours sous ses vidanges […] Juin 92, il se déclare Mohawk pour ne plus avoir à payer d'électricité […]. » (*Le cadran*, I)

« Le vrai crime de cet homme, votre honneur […] c'est de m'avoir fait abou-
tir en thérapie au CLSC de Rosement où je suis actuellement traité pour
manque d'amour affectif! » (*Ibid.*) Dans l'élan suscité, Réjean prolonge la liste
des écarts énumérés par son beau-frère (« Mars 93, il m'a obligé à lui couper
les cheveux au sécateur pour économiser cinq piastres! ») et déserte par conséquent la place d'avocat de la défense qu'il s'était attribuée. La triple trahi-
son de Réjean dans *Le cadran* (mensonge, hypocrisie, dénonciation) va conduire, au bout du compte, l'épisode — et la juge — à épargner Popa, mais à
sanctionner le maître d'œuvre de la mystification. Juge : « (à Réjean) Vous, ça
va faire! Je vous condamne à deux jours de prison, tiens! […] trois d'abord
[…] trois jours! » (*Ibid.*) Si Réjean est « puni », c'est pour avoir eu précisément
l'effronterie de tromper Popa. Dans son indignation à l'égard du vendeur, il n'a
pas hésité à le prendre à témoin. Réjean : « (à Popa) Y en a-tu des écœu-
rants! » Devant l'impudence (et l'aveu) de son gendre, Popa ne s'est pas montré dupe pour autant : « Pis, c'est pas toujours ceux qu'on pense, à part de ça,
hein ? » (*Ibid.*) Certes, Réjean aurait eu tout intérêt à accorder de l'attention à
cette réplique de son beau-père et il se serait épargné ainsi bien des tracas.
Mais, en parallèle à ses comportements de menteur et d'hypocrite, Réjean est
mu par un désir plus vaste et qui l'emporte : celui d'occuper des fonctions importantes[41]. Journaliste : « Vous êtes membre du Barreau ? » Réjean : « Non!
Non! Avocat! » (*Ibid.*) De ce point de vue, le fieffé menteur de *La petite vie* est
également un redoutable imposteur…

5.2. Les impostures et les inventions d'un futur millionnaire

Les impostures

C'est n'est pas (uniquement) parce que Réjean a des rêves de grandeur
(« […] joueur de basket, puis astronaute aussi! » [*L'élection*, IV]), qu'il n'hésite
pas à se présenter comme avocat (*Le cadran*, I), patron d'une entreprise dans
l'immobilier (*Réjean reçoit*, II), astrophysicien au Cosmodome de Laval (*Le
combat des clans*, III), administrateur (*Réjean vice-président*, III), médecin (Le
divorce 1, IV)[42]. Ces différentes possibilités, dont il se saisit plus souvent

---

41. Manifestement ce n'est ni l'absence d'intelligence ou de créativité qui maintient Réjean
dans son statut de « sans emploi ». Corrélativement à sa fainéantise, la question de ses études est abordée dans la série. Popa : « Il a même pas fini sa sixième année, hein Moman ? »
Moman : « Par contre, il a fait sa première année six fois! » (*Réjean vice-président*, III)
42. Aussi disparates soient-ils, ces rôles momentanés relèvent du choix constant de l'auteur
d'une cohérence narrative serrée. À titre d'exemple : si Réjean a laissé entendre à un ami
qu'il travaille dans l'immobilier, c'est parce que l'épisode débute avec une querelle entre
Popa et lui sur le paiement du loyer : « Trois piastres! Vous nous augmentez de trois piastres par mois! […] Enlevez-nous donc le dentier de la bouche un coup parti! » (*Réjean reçoit*, III) Cet objectif de cohérence que poursuit Claude Meunier tout au long de *La petite
vie* se double de son choix de jouer avec le langage. De fait, l'ami Gérard-Marie est « fourreur » parce que le langage offre une ambiguïté que l'auteur utilise. Popa : « Vous devez
bien vous entendre, hein ? » Réjean : « Non, non! Pas un fourreur comme moi… Un fourreur dans la fourrure […] » (*Ibid.*)

qu'il ne les provoque, Réjean ne prétend pas non plus en détenir la capacité : « Je sais pas ce qui me retient de devenir chose [vice-président]. » Thérèse : « Ouais ! Qu'est-ce qui te retient ? » Rénald : « Hein ? » Réjean : « Laisse faire ! Je le sais, ce qui me retient... » (*Réjean vice-président*, III) Il lui arrive même d'exposer habilement son incompétence dans une déclaration que son interlocuteur interprète alors comme de l'ironie. Secrétaire : « Monsieur Pinard, vous avez quoi comme études ? » Réjean : « Études ? Une sixième année ! » Secrétaire : « Vous travaillez actuellement ? » Réjean : « Ben non ! Je passe mes journées effouerré sur le divan à faire du jus de pied dans mes runnings, puis le reste du temps je vais aux danseuses. Non mais, wow ! Franchement ! Pour qui vous me prenez : chômeur, hein ? Pire que ça, un gars sur le BS, hein ? » (*Ibid.*) Qu'on ne se leurre pas, cependant ! Il s'agit moins d'une confession que d'une stratégie — parmi tant d'autres — pour parvenir à ses fins. Et des stratégies, Réjean ne cesse d'en élaborer ! L'une d'entre elles consiste précisément à asséner la véracité de ses tartuferies par le biais d'interrogations qui paralysent d'autant plus ses interlocuteurs qu'il leur intime de repousser leur réponse : « Ben voyons, j'ai-tu l'air croche, moi ? Réponds-pas tu suite, penses-y... » (*New You*, I) ; « [...] j'ai-tu l'air d'un « boulechiteux » ? [...] penses-y avant de répondre... » (*Le cadran*, I) [43] Mais quels que soient les motifs invoqués, Réjean assume momentanément ces rôles pour des raisons strictement ludiques. Il devient astrophysicien pour participer comme toute la famille à une émission télévisuelle dont il a été exclu par son beau-frère (Rénald : « On a été choisi pour passer à la télévision [...] Le seul petit problème, c'est qu'on peut juste être cinq par équipe, hein ? Et là, on est six ! » [*Le combat des clans*, III]) ; médecin pour séduire des femmes (« [...] c'est pas dur ça passer pour un gynécologue, voyons donc ! Tu te fais imprimer une petite tablette [...] puis quand tu donnes ton numéro de téléphone à une danseuse, tu... [il s'interrompt brusquement] En tout cas... » [*Le divorce 1*, IV]) ; et cadre pour convaincre un ami de l'intégrer dans son entreprise et resquiller de concert avec lui (Thérèse : « Vous allez fourrer le monde ensemble ? » Réjean : « Pourquoi pas ? » [*Réjean reçoit*, III]) !

De fait, tout en cultivant sa fainéantise, Réjean brigue une seconde ambition tout au long de la série : gagner un « p'tit vingt piastres » et, si possible, « devenir millionnaire » (*New You*, I ; *Le bébé pilote*, II). Dans ce but, tous les prétextes sont bons, y compris, nous l'avons vu, le dysfonctionnement d'un réveille-matin. Dans ses manœuvres tous azimuts, Réjean, le séduisant filou, cherche d'abord à extorquer sa famille. Lorsque sa belle-sœur, Lison, gagne le gros lot de la loterie 6/49, il tente d'en récupérer une partie : « Écoute Lison, on a beaucoup réfléchi à propos de ton six millions, là [...] on aurait une proposition à te faire. R'garde, on va t'acheter la moitié du prix du billet, tu vas nous donner la moitié du six millions. » (*Le million*, III) Plus

---

43. Ailleurs et autrement, il a convaincu Popa d'entrer avec lui dans un système de « pyramide » en taxant son hésitation de stupide : « [...] ça prendrait un méchant cocombre pour pas embarquer ! [...] Quessé qu'y a ? Y file cocombre ? » (*New You*, I)

tard, parce que Popa se plaint d'être déprimé, il le conduit à force de flatteries (« Simonac ! T'sais qu'y est fort en menuiserie ! » [*La déprime de Popa*, IV]) à réparer les outils défectueux des voisins et s'instaure entrepreneur de ce nouveau « commerce » (*Ibid.*) Plus tard encore, au moment où il prend connaissance du désir de Rénald de devenir le parrain de son enfant, il profite de la situation pour lui soutirer de l'argent. Réjean : « (à Rénald) On va y aller. Nous autres, on travaille pas tant qu'on est ici ! On a pas les moyens de rien faire... » (*Le chalet*, IV) Inquiet à l'idée de ne pas être choisi comme tuteur, Rénald va aussitôt proposer dix, puis vingt et finalement cinquante dollars... Et comme la fin justifie les moyens, Réjean n'hésite pas non plus à flirter avec l'illégalité (« [...] y faut que j'en trouve cinq [...] qui payent chacun deux mille cinq cents piastres... Ces cinq-là en trouvent cinq autres qu'eux autres... » [*New You*, I) Dans l'évolution de la série, il va même carrément s'y engouffrer. Ainsi, il fabrique des faux (« [...] j'ai justement ici une lettre testamentée que mon oncle m'avait écrit [...] "je déclare [...] que je lègue à mon arrière-neveu et Thérèse presque toute ma fortune" [...] » [*Mlle Morin*, II]), crée une première association fantoche (« l'association chrétienne [pour la protection] des bélugas »), puis une seconde qui offre la possibilité de « parrainer un castor » (*Menteurs anonymes*, III) [44]. La famille Paré n'est pas dupe ! Réjean : « [...] tu penses-tu que j'aurais fourré ton père ? » Caro : « Oui ! » Réjean : « Pis ta mère, elle ? » Caro : « Elle aussi ! » (*New You*, I) ; Rénald : « Lui ? C'est notre mademoiselle Morin à nous autres... » (*Mlle Morin*, II) [45] Lorsque Popa et Moman, indignés, s'insurgent devant son comportement, il ne conteste pas non plus. Moman : « L'écœurant ! » Réjean : « J'l'sais ben ! » (*Menteurs anonymes*, III) En employant ici le « je » plutôt que le « il », Réjean affirme donc sa pleine conscience de ses travers [46]. Il faut dire que, dans le contexte de l'épisode, il a entrepris une thérapie pour cesser ses fourberies et — résultat du mode d'intervention — chaque mensonge lui procure des douleurs d'estomac. Il reste que cette explication de surface n'explique pas les autres moments de la série où Réjean passe du « il » au « je » sans trop de difficultés. Le processus de dédoublement qu'il revendique n'est que très momentané (nous l'avons vu) et le jeu langagier qu'il induit (ou plutôt qui l'induit) relève donc d'une autre stratégie.

C'est un avantage certain, en effet, que cette utilisation de la troisième personne du singulier. Habilement manipulé par l'auteur, Réjean en joue ou s'en départit et, selon l'objectif à atteindre, emploie tantôt le « je », tantôt le « il ». Parfois, le passage de l'un à l'autre a lieu au sein de la même phrase. Dans la circonstance, il met en scène à la fois Réjean l'escroc et Réjean

---

44. Réjean, au téléphone : « Les amis du castor ? [...] c'est ça, cinquante dollars ! [...] Quessé qu'on fait avec l'argent ? Ah ben, toutes sortes d'affaires : aiguiser ses dents, repasser sa queue, financer son barrage... » (*Le million*, III)
45. Mademoiselle Morin à laquelle l'oncle Adélard a laissé toute sa fortune et que Rénald soupçonne de l'avoir escroqué.
46. Encore que Moman a elle-même instauré une certaine distance en utilisant l'article devant l'insulte...

l'individu conscient (consentant) de ses turpitudes : « [...] y était effouerré devant la TV... j'y ai dit : envoye, maudit sans cœur ! » (*Le roast de Rénald*, I) De cette manière, le personnage peut, et de façon éhontée, conforter son comportement (« [...] demain, j'veux pas le voir debout avant midi. » Popa : « J'te dis que t'as le tour avec, hein ? » Réjean : « Ben, je commence à le connaître, là ! » [*Le prisonnier*, I]) ou même le désavouer (Popa : « On lui dit quand même qu'il est un beau trou de cul ? » Réjean : « Ça, il n'a pas changé ! » [*Réjean vice-président*, III]), sans pour autant éprouver la nécessité de le modifier. La chose, d'ailleurs, semble d'autant plus difficile que la plus totale confusion règne sur son identité, nous l'avons déjà mentionné. « Popa : « Coudonc, de qui y parle au juste, là ? » Réjean : « Y l'sait pus trop, là » Popa : « Eux autres, non plus, ils l'savent pus ! » (*Château-Ragoût*, I) [47] En même temps, cette conscience que le personnage possède de son fonctionnement (« Excusez-nous... » [*Le cadran*, I] ; « J'l'sais que chus rendu plate ! » [*Menteurs anonymes*, III]) nous permet d'envisager que l'objectif de se procurer de l'argent n'est peut-être pas son unique ambition. Et de fait, son ingéniosité et la créativité que sous-entendent ses ruses et ses impostures, subtilement justifiées par le processus de dédoublement, constituent sa motivation première et ultime.

Les inventions de Réjean

Elles sont nombreuses les créations de Réjean dans *La petite vie*. C'est au départ la fabrication d'un « nouveau » produit qui, croit-il, va faire de lui un millionnaire : un vin, « *Château-Ragoût...* pour l'amateur de goût ! » (*Château-Ragoût*, I ; *Le bébé pilote*, II) ou un nouvel engrais : « "Rabbit-a-grow" [il montre un lapin] » (*Le bébé pilote*, II). Ces quelques inventions ressemblent à d'autres de la série que Réjean — qui ne les a pas fabriquées — a pour tâche malgré tout de (re)présenter. En dehors de Popa, la fonction de vanter des objets excentriques dans la série appartient en propre à ce personnage. Il fait ainsi la promotion d'« un shampooing qui contient de "la mise en plis naturelle" » (*New You*, I) et vend « La Big Joke [...] une balayeuse qui rit [littéralement] de la poussière... » (*Le camping*, II) Qu'ils soient ou non l'effet de sa créativité, ces articles présentent une originalité certaine. Le vin et le shampooing relèvent même tous deux d'un processus de confection délirant. « Le shampoo qui rend millionnaire » est composé d'« hormones de Mormons d'agneaux » (*New You*, I) Quant au vin (« un petit Cinzano en spray »), il est constitué de « Varsol » (*Château-Ragoût*, I) ou de « raisins en plastique » (« comme ça le vin dure plus longtemps »), d'« un petit peu d'alcool » (« comme ça on peut le boire tout de suite, pas besoin d'attendre des années qu'il vieillisse »), « du sel et de l'eau » (« il se digère mieux ») et d'« aspirines »

---

47. Le profit que tire Réjean de son exploitation singulière du langage nous est indiqué par la conscience qu'il manifeste à ce propos. Manon : « [...] de qui tu parles, au juste ? » Réjean : « [...] laisse faire [...] y l'sait ! » (*L'aventure de Réjean*, II)

(*Le 40ᵉ anniversaire*, III). «Son vin rouge», Réjean le réalise «avec ses runnings rouges, pis son vin blanc avec les runnings blancs» («le tissu du running, c'est ça qui fait la robe du vin!» [*ibid.*]). Finalement, s'il fait de la vodka, c'est «avec des bottes de skidoo» (*Ibid.*)! En ce qui concerne l'engrais «Rabbit-a-grow», l'invention résulte de la seule ingéniosité de Réjean : «Ce n'est pas tout! [...] vous pouvez acheter votre propre usine d'engrais de rabbit-a-grow [...] [il sort un deuxième lapin] le couple d'usines... c'est-à-dire, de l'engrais à perpétuité!» (*Le bébé pilote*, II) Cette créativité de Réjean qui s'empare tant d'objets que d'animaux pour l'actualiser s'exemplifie autrement dans l'épisode où les femmes de la tribu Paré partent à la pêche. Pour se moquer d'elles, il fait allusion à des «couleuvres de chaloupe» et à des «truites venimeuses» (*Le shower*, IV). Ailleurs, plus avant dans la série, alors qu'il a saccagé le mur du salon des Paré en refaisant le plâtre et que Popa s'en inquiète («[...] c'est quoi ça, ces bosses-là»), il n'hésite pas à créer une étrange maladie : «[...] c't'une sorte de réaction du mur face au plâtre. C'est comme un euh... un genre d'acné murale...» Popa : «De l'acné murale!» Réjean : «Oui, oui! De l'acné murale ou psoriasis de Gyproc. Les deux sont bons.» (*Le changement de caractère*, I) Et puisque toute forme est susceptible d'être transformée lorsqu'il s'en empare, les mots eux-mêmes subissent une métamorphose lorsqu'il les couche sur un papier. C'est le cas de la «lettre testamentée» de feu oncle Adélard que Réjean a lui-même rédigée : «[...] cette lettre efface tout testament que j'aurais pu *manuscriter* avant mon décès [...] oui, oui! manuscriter! Bizarre comme mot, hein?» (*Mˡˡᵉ Morin*, II ; c'est nous qui soulignons.)

Quelques-unes des innovations recommandées par le gendre de Popa nous renvoient directement à la série. Pour sa part, «la balayeuse» s'inscrit, comme *La petite vie*, dans le registre de l'humour : il suffit de mettre en action son bouton de démarrage pour que le rire se déclenche. L'association aspirateur/rire est si inattendue que l'on se prend à croire que cet objet métaphorise le «ménage» qu'effectuent fréquemment les Paré à l'endroit des uns et des autres. N'est-ce pas, d'ailleurs, à cet instrument que fait allusion Moman, lorsqu'elle décide d'intervenir auprès de Caro dont le comportement l'inquiète : «J'pense qu'on aurait besoin d'avoir une petite discussion toutes les deux... Non, mais, viens! J'vas te passer la balayeuse dans tête un tit-peu, toé...» (*La thérapie de Caro*, I) Quant au «Kit : New Millionnaire» que Réjean apporte à Popa, sa présentation s'inscrit d'une façon saillante dans le registre du langage. Réjean : «C'est pas compliqué comme "Kit" : les instructions, la caméra vidéo... et le cigare.» (*Le bébé pilote*, II) À cet égard, la lecture des «instructions» en question est édifiante : «Cher futur millionnaire [...] Allume ta cigare et lise attentif la papier [...] les trois conditions pour soyez millionnaire sont trois. Première : acheter "New Millionnaire" [...] deuxième étape : inventer une produit ou un service [...] troisième : faire le promotion du produit à l'aide du caméra.» (*Ibid.*) L'utilisation déficiente du langage est explicitement soulignée — comme chaque fois, par ailleurs, que cela se produit dans la série. Réjean : «[...] ça doit être traduit!» (*Ibid.*) ; nous y reviendrons (cf. chapitre cinq: «L'écriture de *La petite vie*»). Mais quelle que soit l'interprétation, les différentes inventions exaltées par Réjean conduisent à la création d'un objet qui a comme particularité de retentir, de carillonner: «[...] y marche le soir dans la rue pis y est pas sûr si y a peur... Ben, y pèse là-dessus pis si ça sonne, ben ça veut dire qui a peur [...]» Popa: «T'as pas peur de passer pour un fou avec ça?» Réjean: «M'a t'chéquer voir [il pèse sur le bouton — aucun son]. Non! J'ai pas peur!» (*Ibid.*) Cette caractéristique tonnante n'est pas sans nous faire songer à celle du «détecteur de mensonges» déjà amplement associé à Réjean (cf. chapitre premier) [48]. D'un épisode à l'autre de *La petite vie*, le personnage du gendre est donc relié à un élément sonore, et ce, plus particulièrement durant la seconde saison de la série. Dans un cas, la sonnerie a pour fonction de le dénoncer (*Le mariage du gai*), dans l'autre d'indiquer son appréhension: «Ça, c'est "Are you afraid"!» (*Le bébé pilote*, II) Mais la crainte de Réjean n'est pas si étendue... Profitant du départ de Popa, il teste l'objet: «Y as-tu peur de piquer le tournevis? [il appuie sur le bouton de son instrument: aucun son] Y a pas peur! Y as-tu peur de piquer la perceuse? [il le remet en action: pas de son non plus] Y a pas peur!» (*Le bébé pilote*, II) La sanction arrive cependant quelques épisodes plus tard, par l'intermédiaire d'une correction qu'il s'inflige lui-même et que notifie un troisième avertisseur. Réjean participe alors à une recherche universitaire: «[...] c'est une job comme cobaye [...] chaque fois que ça sonne, faut que j'me donne une claque dans face.» (*Le kick de Moman*, II) On peut comprendre, dès lors, dans cette chaîne qui va de la faute commise (le mensonge) à sa punition (la claque), que Réjean crée lui-même un troisième objet chargé de traduire l'inquiétude, son inquiétude.

Nous avons dit, à quelques reprises, que *La petite vie* ne cherchait pas à faire la morale: tout dépend, néanmoins, de l'enjeu. Parmi les personnages de la série, Réjean est celui qui transgresse les lois, à la limite de la débrouillardise et de l'illégalité. Dès que cette frontière est franchie, quelque chose (dans les faits, un objet sonore) l'avertit de la dérogation commise et le ramène dans le registre de la création et de l'imaginaire. Si le délit n'est donc pas accrédité par *La petite vie*, «le système D», lui, est manifestement privilégié. Cela explique sans doute pourquoi, lorsque Réjean décide de cesser de mentir [49], sa femme — le personnage (en titre) qui subit le plus les conséquences de son côté volage — le déplore. Thérèse: «Y est rendu assez plate, c'est effrayant! Pus moyen d'entendre une petite menterie. Si y va aux

---

48. Cet élément «sonnerie» contamine l'épisode en son entier. Ainsi Rénald entre-t-il en trombe chez Popa et Moman, les salue puis s'interrompt: «Excusez-moi, j'ai oublié de sonner». Aussitôt dit, il ressort et va sonner. (*Le bébé pilote*, II)

49. Un jour, Réjean ne contrôle plus sa production de mensonges. En l'absence de toute stratégie, sa propension à l'invention fonctionne en roue libre. Popa: «Quessé qui font les femmes, là?» Réjean: «Sont parties jouer au bowling — BZZ — Voyons, simonac! M'as-tu arrêter, un jour? Non!, non! Elles jasent de leur nuit de noces!» (*Le mariage du gai*, 2, II) C'est pourquoi, quelques épisodes plus tard, dépité, il annonce: «Je pense qu'y ment!» (*Menteurs anonymes*, III) et part en thérapie.

danseuses, y m'appelle avant; si y va coucher avec une autre fille, y m'appelle pour me dire c'est qui [...]» (*Menteurs anonymes*, III) C'est donc moins la franchise subite de Réjean que Thérèse regrette que les conséquences qu'elle engendre: «J'te dis, pus aucune fantaisie!» (*Ibid.*) [50] L'objet de sa déception n'est pas si étrange. D'une part, Thérèse collabore aux créations de son époux; c'est elle qui donne à Réjean l'idée d'une nouvelle aspirine. Réjean: «"Half-pirin" [pour] quelqu'un qui a un demi-mal de tête. C'est Minou qui a pensé à ça...» [*Le bébé pilote*, II]). D'autre part — on l'a vu —, Thérèse participe activement à l'élaboration de l'univers imaginaire de *La petite vie*. De fait, les objets insolites de Réjean, liés à ses mensonges et à ses impostures par le biais de leur aspect fictif, évoquent d'autres configurations ludiques existantes dans la série, comme le pâté chinois de Thérèse, justement, mais aussi «la tondeuse à pain» et «le camion-casserole» de Popa (*La déprime de Popa*, IV) À cet égard, les inventions que Claude Meunier attribue de préférence à Réjean (et à Thérèse) nous renvoient directement à Popa. En premier lieu, à cause des toquades de ce dernier (systèmes d'alarme [51], bricolages et projets fantaisistes [52]) et, en second lieu, parce que c'est précisément lui que Réjean prend à témoin de ses trouvailles. Réjean: «(à Popa) Hey, regardez c'qui a trouvé comme invention!» (*Le bébé pilote*, II) Dans cette perspective, si Thérèse est la fille «préférée» de son père, Réjean est à nos yeux le «vrai» fils de Popa...

5.3. Le vrai fils de Popa...

Que Réjean interpelle le plus souvent Popa relève peut-être, à un premier niveau, d'un désir de se dédouaner des privilèges que lui accorde son beau-père; c'est le couple parental, en quelque sorte, qui le fait vivre, lui, et Thérèse. À un second niveau, toutefois, on peut considérer que ce personnage qui a pour responsabilité première de mettre en lumière la créativité de l'auteur se doit, par conséquent, de lui rendre des comptes. Dans tous les cas, on note que Réjean agit de cette manière et assume une présence notable auprès de Popa. Tout au long de la série, il est proche de son beau-père et cherche à le séduire. Il l'aide — même si le résultat est peu probant — à se débarrasser des importuns (*Le souper du dimanche*, I; *La correspondante de Moman*, I), l'assiste dans son désarroi («En tout cas, le beau-père, je veux

---

50. Ce n'est pas la première fois que Réjean dit la vérité à Thérèse et qu'elle s'en accommode. Bien des épisodes auparavant, Réjean lui rappelle leur entente: «On s'était promis de tout se dire, même les affaires plates, hein? [...] c'est parce que j'voulais aller voir les danseuses, mais j'avais pas assez d'argent. Ça fa que je me suis loué un p'tit film suédois, *Broute que broute*. C'est-tu correct, mon amour?» Thérèse: «Ben sûr, ben sûr! [...] Réjean [...] t'es minable, mon amour!» (*New You*, I)

51. C'est Popa qui bricole des systèmes d'alarme, mais c'est Réjean qui «sonne»...

52. On se souviendra aussi, à titre d'exemple, du jour où Popa arrive avec un énorme sapin: «Regarde, Moman, mon beau sapin que j'ai coupé pour mettre après le miroir du char!» Moman: «Ben oui, mais on verra pus rien avec ça.» Popa: «C'est rien! je l'ai pas encore décoré!» (*Le bébé pilote*, II)

juste vous dire une affaire : y est là … OK ? Y est là ! […] j'veux que vous le sachiez, y est là, là … » [*La pierre au foie 1*, I]) [53] et tente de remédier à son découragement (« J'ai besoin de vous […] parce que je sais pas quoi faire » [*La déprime de Popa*, IV]). Réjean demande aussi à Popa de témoigner de son changement de comportement : « Vous venez me t'chéquer ! Tout à coup, je me mets à conter des pipes, icitte aussi… Ça prend quelqu'un pour me t'ché-quer… » (*Menteurs anonymes*, III) Mais plus encore, il le prend à témoin de ses inventions (*Thérèse au WacDo*, I, *Château-Ragoût*, I, *Le bébé pilote*, II, *Le kick de Moman*, II), et finalement lui donne l'héritier tant attendu (*L'héritier*, IV ; *L'accouchement*, IV). Ce lien réel entre le gendre et le beau-père est tra-duit également par le comportement de Popa et son discours. Par comparai-son avec ses propres enfants, Popa manifeste à Réjean un réel intérêt : « Pis ? Qu'est-ce qu'y fait de bon ? », « Y se demandait justement c'qu'y faisait… » (*Le roast de Rénald*, I) ; « Pis, quessé qu'y chante de bon ? » (*Le camping*, II). Les interpellations de Popa à Réjean sont même relativement nombreuses. Soit qu'il lui fasse des demandes précises (« […] si jamais tu trouves une fa-çon de venir pis de les [faire partir]. » [*Le souper du dimanche*, I] ; « Fais quèque chose, Réjean […] » [*La correspondante de Moman*, I]), soit, tout sim-plement, qu'il le nomme dans son discours : « Bon écoute, Réjean, là ! M'as te parler un tit-peu. » ; « Écoute, Réjean ! » (*Thérèse au WacDo*, I) À l'opposé donc d'avec ses fils, la communication de Popa avec Réjean est bien réelle.

Nonobstant cela, la complicité entre le beau-père et le gendre prend toute sa mesure dans leur utilisation commune, lorsqu'ils sont ensemble, du pronom personnel de la troisième personne du singulier. Réjean : « Qu'est-ce qu'y chante de bon ? » Popa : « […] y a un p'tit problème avec son égout, là, mais à part de ça, y a pas à se plaindre… Pis, lui ? » (*Le voyage à Plattsburgh*, I) [54] L'adhésion mutuelle des deux personnages à cette singularité langagière les entraîne parfois à la limite de la confusion de leurs identités. Réjean : « Y a pas vu quessé qui vient d'acheter ? » Popa : « Qui ça [il se désigne lui-même], lui ? » Réjean : « Non, non ! [il se désigne] l'autre ! » (*Le bébé pilote*, II) On assiste alors à un dédoublement multiple porté par les deux personnages. Réjean : « […] y a juste à y dire : on l'avertira… » Popa : « […] de qui y parle au juste, là ? » Réjean : « Y l'sait pus trop […] » Popa : « Eux autres non plus, ils savent pus… » (*Château-Ragoût*, I) Cette affirmation d'incompréhension de part et d'autre clôt constamment les conversations de Popa et Réjean. L'une d'entre elles ressemble étrangement aux dialogues absurdes qui impli-quent Thérèse. Popa : « C'est pas le premier qui y est supposé me payer son loyer ? » Réjean : « Oui, oui, le premier. Mais là, vu qu'on est déjà rendu au

---

53. Dans la perspective que nous évoquons de Réjean comme le vrai fils de Popa, nous ne pouvons pas ne pas souligner la parenté de sa remarque avec celle de Rénald déjà citée plus haut (« […] chus là Pepa ! »). Mais si Popa a repoussé rapidement son fils en retour-nant la proposition (« Moi aussi chus là ! »), en revanche, il accepte le soutien de son gendre.
54. Les mêmes phrases énoncées par l'un peuvent revenir dans le discours de l'autre. Popa : « Qu'est-ce qu'y chante de bon ? » (*Le camping*, II)

quatre, y s'est dit : chus peut-être mieux d'attendre au prochain premier [...] au prochain premier y vous paye les deux premiers " premier ", pis le dernier premier. » Popa : « L'avant-dernier premier, y veut dire ? [...] le prochain premier, ça va être lui le dernier premier ! » Réjean : « Hey, là ! Y comprend pus rien, lui, là, là... » Popa : « Pis lui ? Penses-tu qui comprend plus, lui ? » (*Réjean reçoit*, II) Pour autant, c'est davantage le vertige offert par le langage qui motive leurs dialogues (et dans lesquels les deux personnages s'engouffrent à l'envi) qu'un problème d'entendement susceptible de les éloigner l'un de l'autre.

Il reste que Popa ne partage pas toutes les caractéristiques de Réjean, loin de là. Les délits dont il fait état relèvent même d'une innocence quasi angélique. Popa : « Moi, j'faisais des affaires assez graves, merci ! [...] j'allais dans la ruelle, pis je changeais les vidanges de place ! Je prenais le sac de quelqu'un pis j'pouvais l'amener trois, quatre rues plus loin ! » (*Le prisonnier*, I) En outre, il n'est pas volage (en tout cas, beaucoup moins), affirme être loyal (« [...] j'aime mieux être honnête [...] » [*Le suicide de Rod*, II]) et donne la démonstration qu'il ne sait pas toujours mentir : « Moi, je suis Jeanine, championne nageuse du Vingt-six mètres US... Non ! Pas capable ! Mon vrai nom est Ti-Mé. J'ai quatre enfants... » (*Menteurs anonymes*, III) [55] En outre, et à l'opposé de Réjean, la situation d'imposture l'empêche d'avoir une relation sexuelle (*Le zèbre*, IV) Dans cette perspective, les deux personnages sont bien éloignés l'un de l'autre. Encore que, dans l'évolution de la série, on puisse penser percevoir chez Popa un côté resquilleur proche de celui de Réjean. Ainsi, lorsqu'il consent (en apparence) à changer de voiture, il prend moult renseignements sur les attributs et avantages de la Mercedes et propose un échange au vendeur. Popa : « C'est combien ton bazoo ? [...] Soixante trois mille ! Quessé tu dirais de soixante cinq mille ? [...] Mon char à moi vaut ça [...] c'est un char de collection. Alors ce qu'on va faire : kif kif ! Tu me donnes le tien, je te donne le mien... » (*Le chalet*, IV) Au demeurant, le nombre de fois dans la série où il est question que Popa se débarrasse de sa voiture et où toutes ses manœuvres indiquent à quel point il se refuse à une telle décision nous porte à croire que son marché est une fois encore une façon de s'assurer qu'il va conserver sa voiture [56].

Il n'y a de lien réel — autrement dit, privilégié — entre Popa et les membres de sa tribu que dans la manipulation du langage et l'élaboration d'un univers imaginaire. Dans ce registre-là, uniquement, il peut reconnaître et

---

55. Même si, par ailleurs, lorsqu'il s'agit de s'auto-encenser, il y parvient très bien : « [...] un autre de mes défauts : je manque donc d'orgueil... » (Info-Caro, I), « Moi ? Un diamant jeté par erreur ! » (*Menteurs anonymes*, III) ou encore de faire des économies : « [...] Moman, tu me fais parler pour rien [...] une beauté naturelle, on remonte pas ça, voyons ! [...] t'es t'une Vénus à deux bras, franchement ! [...] Bon ! Un p'tit trois mille piastres de sauvé ! » (*Château-Ragoût*, I)
56. Popa : « Aie pas peur, tu partiras pas ! J'te le promet, y a personne qui va t'acheter, je te le jure ! » (*Le suicide de Rod*, II) ; Rod : « [...] tu maganes ton char pour pas pouvoir le vendre ? » Popa : « C'est ça, oui ! » (*Ibid.*)

reconnaît les siens. Aussi, lorsqu'il s'agit de «justifier» le comportement naturel de Réjean, ne serait-ce que pour le maintenir tel quel dans *La petite vie*, l'auteur fait-il appel à un autre personnage. D'un «Papa» à l'autre, il n'est pas anodin que ce soit Popa, le père symbolique, qui introduise le géniteur de Réjean dans la série. Popa : «J'ai une surprise pour toi. Quelqu'un que t'as pas vu depuis très longtemps…» (*Menteurs anonymes*, III) C'est l'arrivée de son père biologique qui va remettre Réjean sur sa pente naturelle, celle du mensonge et de l'imposture, alors même qu'il tente depuis le début de l'épisode de cesser de mentir. Cheveux roux et pull vert comme son fils, tout aussi menteur (le père de Réjean éprouve lui aussi des douleurs à l'estomac lorsqu'il profère un mensonge), «Senior» s'enquiert de la vie de «Junior» : «Pis, toi, mon chose […] ?» Réjean : «Oh! Moi, pas grand-chose… En fait, rien!» Père : «Rien! Eh ben! Tout un fils que j'ai là!» (*Ibid.*) Assurément pris à séduire un (son) père, et malgré (ou à cause de) l'abandon et de l'indifférence de ce dernier («[…] euh… Raymond?» [*ibid.*]), Réjean réintègre vite son mode d'être : «[…] je fais pas juste ça… Comme là, j'arrive là, de […] d'Afghanistan! J'importe des bélugas! On les achète séchés pis on les remet à l'eau et ils redeviennent vivants» (*Ibid.*) On assiste alors à une surenchère d'impostures entre le père et le fils qui s'achève, au contentement général, par le triomphe de Réjean : «Le mur de Chine? C'est toi? Elle est bonne celle-là! C'est moi qui a tiré les joints!» (*Ibid.*) De cette manière, le personnage réintègre sa personnalité première et peut poursuivre son cheminement comme établi dès le début de la série.

6. Lison et l'interrogation répétée

6.1. *Telle belle-mère, telle belle-fille*

L'une des expressions de prédilection de *La petite vie* est portée par Lison : «Bonjour groupe!» Elle est émise pour la première fois dans *Le voyage à Plattsburgh* et elle est reprise, par la suite, à chaque entrée de Lison chez les Paré. Reproduite telle quelle lors des deux premières saisons de la série, elle est renouvelée ensuite avec toutes les variations qu'elle permet. Lison : «Bonjour trio!» Popa : «Bonjour solo!» (*La grosse Caro*, III) ; «Bonjour [Lison compte les personnes qui sont dans la cuisine] quatuor!» (*Le combat des clans*, III) ; «Bonjour groupe maritime!» (*Le shower*, IV) En mettant ainsi systématiquement l'accent sur le groupe, plutôt que sur les individus qui le composent, Lison désigne la réalité du bloc monolithique que forme le clan Paré, malgré ses querelles et ses conflits. En même temps, elle souligne la place périphérique qu'elle occupe au sein de ce groupe. Lison trouve néanmoins un avantage à cette posture ; elle l'explicite dans une de ses réponses à Rénald transformé pour l'heure en animateur de concours télévisé. Rénald : «Des choses qu'on peut faire en couple?» Lison : «Rire de ta famille!» (*Le combat des clans*, III) Ainsi, et si l'on rit de Lison dans la famille Paré, ce n'est là encore qu'un prêté pour un rendu! Et dans les coups rendus, c'est avec Moman que la relation est la plus évidente.

Les commentaires de Moman à l'annonce de l'enlèvement de Lison («Kidnappée? [...] Mon Dieu? En quel honneur? [...] Mais qui c'est qui a ben pu vouloir la kidnapper? Un carnaval?» [*La prise d'otage*, I]) et plus encore à celle de son divorce (Rénald : «Mais pourquoi riez-vous, d'abord?» Moman : «C'est pour cacher ma peine...» [*Le divorce 1*, IV]), donnent toute la mesure de l'intolérance à peine voilée de la famille Paré à l'endroit de la bru. Il faut dire que Lison ne ménage pas sa belle-mère ; sa prétendue bêtise dissimule (sans l'éclipser tout à fait) un bombardement de méchancetés dirigées contre Moman. Puisqu'une de ses forces réside, nous l'avons dit, dans son physique avenant (cf. chapitre premier), elle profite de cet avantage pour dénigrer l'apparence plus ingrate de sa belle-mère. Lison : «[...] vous êtes ben grillée, une vraie côtelette de porc!» (*Le voyage à Plattsburgh*, I) ; «[...] j'en reviens pas ; je vous regardais l'autre jour, pis j'me disais : c't'effrayant! A l'air d'un vieux chou ratatiné! Tandis que là, vous avez l'air d'un chou neuf...» (*New You*, I) [57] Même si par comparaison Popa est épargné, il n'échappe pas non plus totalement aux remarques désobligeantes de sa belle-fille : «Vous y avez fait peur [...] c't'idée d'avoir une face de même! Ben non! Ben non! Y est pus là, l'épouvantail [...]» (*Le bébé pilote*, II) Dans ces conditions, on peut comprendre que Popa et Moman se réjouissent du divorce de leur fils et même l'anticipent bien avant l'heure. Rénald : «[...] ça devrait aider Lison à relaxer ses ovaires. Comme ça a va partir plus facilement...» Moman : «Ah ben! Si ça peut l'aider à partir... moi, je suis ben d'accord avec ça!» (*Le bébé pilote*, II) Avec Lison, comme avec Popa, Moman ne s'en laisse pas compter. D'autant plus que, par ses interrogations, Lison ouvre la voie à la réplique : «(à Moman) Eh! que vous êtes bonne pour dire des affaires cocombres, vous, des fois, hein?» Moman : «[...] surtout avec toi, oui!» (*Belle-moman*, I) [58] C'est de fait un feu roulant de vilenies qu'échangent la bru et la belle-mère tout au long de la série. Lison : «Mon Dieu, vous êtes ben belle! Ça vous fait bien une pinte de lait, ça vous donne un p'tit air habitante...» Moman : «J'dois bien aller avec toi d'abord!» (*Mlle Morin*, II)

Dans *La petite vie*, la joute verbale à laquelle se livrent sans répit Popa et Moman a pour corollaire celle que mène Lison avec Moman. Leurs échanges verbaux qui rappellent de fait les dialogues du couple parental rapprochent donc les deux personnages. Lison et Moman affichent parfois, d'ailleurs, un comportement identique. Regroupée au salon mortuaire après le décès d'un oncle millionnaire, la famille Paré confond la directrice du salon avec une éventuelle maîtresse du défunt. Lison : «Te v'là toi, la licheuse! [...] fais pas ta smatte, là! [...] on va faire une affaire avec toi, ma crotte : tu

---

57. Lison : «Hé, que ça vous fait bien le vert pâle [...] j'parle de votre visage [...]» (*La pierre au foie 2*, I) ; Moman : «Le Tit-Pout à Grand-Moman! Y me ressemble de plus en plus!» Lison : «Pauvre lui!» (*Le camping*, II)
58. Lison : «L'autre jour, je vois un chien saucisse sur la rue, tout de suite, je pense à vous! Non, mais, un chien saucisse, j'vois pas le rapport! Vous? [...] Y était laid, à part de ça! Vous savez comme ça peut être laid un chien saucisse quand ça veut!» Moman : «[...] surtout quand ça pogne les nerfs! [...] Pis, ça mord des fois, hein?» (*Le souper du dimanche*, I)

« splites » cinquante-cinquante avec nous autres, pis comme ça, on conteste pas le testament... » (*Mlle Morin*, II) Non contente d'adhérer au discours de Lison, Moman y fait même référence : « A l'a dit : fais pas ta smatte ! Correct, là ! » À ce moment, l'accord entre les deux femmes est entier. Lison : « Un homme de cet âge-là, c'est pas dur y faire sauter le *breaker* ! » Moman : « Non, certain ! » Lison : « Me semble qu'a comprend rien ! » Moman : « Me semble, oui ! » (*Ibid.*) Cette reprise inattendue des propos de Lison par Moman a déjà eu lieu dans la série. Lison : « (à Popa) Moi aussi je vous aime, d'abord ! » [...] Moman : « Bon ben, coudonc... Ti-Mé, moi aussi je t'aime, d'abord ! » (*Le cadran* , I) Ces quelques éléments qui nous incitent déjà à envisager une coïncidence des deux femmes sont à mettre en lien avec l'étrange proposition de Lison à Moman de faire l'amour à sa place avec Rénald : « Ça vous tente pas de le faire à ma place ? » (*L'héritier*, IV) Nous avons déjà interprété cette offre comme l'énoncé d'un possible fantasme incestueux (cf. chapitre trois). Sans nous dédire de cette hypothèse, et à la lumière de notre réflexion actuelle, il devient possible cependant d'envisager également la trace d'un effet de miroir entre la belle-mère et la belle-fille. Parallèlement, l'on se souvient que Moman et Lison partagent le même statut, le temps d'un épisode (cf. chapitre deux). Lors de la visite de la mère de Popa, Moman devient, de belle-mère, belle-fille. Dans la demande d'aide qu'elle formule auprès de sa bru, elle énonce explicitement leur ressemblance : « Lison, toi qui as une belle-mère, justement [...] » (*Belle-moman*, I) Pour toutes ces raisons, et s'il nous est apparu que Réjean est le fils symbolique de Popa, Lison pourrait bien être, pour une part et une part seulement, la « fille » de Moman, au sens de son prolongement, son reflet.

Ce lien privilégié entre les deux femmes (c'est le plus souvent à Moman que Lison s'adresse) n'exclut pas, pour autant, une relation également particulière avec Popa. À ce sujet, celui-ci n'est pas toujours indifférent à l'égard de sa bru (et surtout pas à son physique, nous l'avons mentionné). Popa : « Écoute, Lison, j'veux rien que te dire quèque chose : [...] t'es vraiment ma bru favorite [...] continue, continue [...] d'être aussi bru... C'est ça ! » (*Le roast de Rénald*, I) Tout nous porte à croire que le rapport singulier que Lison entretient avec le langage n'est pas étranger à cette affinité secrète. Popa : « [...] garde ça pour toi, là ! » (*Ibid.*)

6.2. La créativité de Lison

Même si la famille Paré interprète la créativité langagière de Lison comme une déficience, celle-ci n'en est pas moins réelle. Elle passe, en premier lieu, par des « erreurs » de vocabulaire. Ces « fautes » que Lison commet sont nombreuses mais se justifient chaque fois. Elle parle de « bamba au rhum », à juste titre, dans le contexte d'un épisode construit autour de la bamba (*Tous pour un*, II), « d'astrochimiciens », illustrant par son télescopage l'association habituelle de la physique et de la chimie (*Le combat des clans*, III) et de « diaganosistic » en imbriquant deux termes de médecine (*L'accouche-*

ment, IV). Puisque Lison condense, elle décompose également. Caro : « Lison, vous êtes transsexuelle, c'est ça ? » Lison : « Chus pas tant sexuelle que ça… » (*Info-Caro*, I). Lorsque Rénald propose aux siens de passer un « petit test d'aptitude intellectuelle », elle le reprend : « attitude ! […] j'suis sûre que c'est attitude ! » (*Le combat des clans*, III), cohérente, en cela, avec son attrait premier pour l'apparence extérieure (d'autant plus que nul ne lui accorde une quelconque compétence ou « aptitude »). En second lieu, elle transgresse la logique en instaurant des oppositions : « J'ai toujours les yeux bandés, quand je [les] vois… » (*La prise d'otage*, I) ou interroge sa pertinence : « Pas "Roger", Rolland qui s'appelle notre voisin… » Rénald : « "Roger" ça veut dire : tu peux y aller Rolland, OK ? » Lison : « Pourquoi tu y dis pas : tu peux y aller Rolland ? » Rénald : « Parce que […] ça va plus vite. » Lison : « Tu trouves ? Ça fait dix minutes qu'on en parle ! » (*Le souper du dimanche*, I) Outre la variété des procédés utilisés qui indique d'emblée l'aspect créatif de ses productions, celui-ci transparaît également dans le soin que Lison prend parfois à expliquer ses trouvailles : « […] alléeuse […] c'est moi qui oriente la clientèle dans les allées… » (*Le million*, III) Par ailleurs, le ludisme de son rapport au langage prend la forme de jeux existants qu'elle simplifie parfois outrageusement : « […] ça commence par "verres", pis ça finit par "de contact !" […] » (*Le souper du dimanche*, I) [59] Plus tard, elle fait deviner une phrase à Popa et Moman en utilisant le mime et ses doigts pour indiquer le nombre de mots à découvrir : « Pinson est malade du cœur » (*Le million*, III)

Certes, Lison n'est pas le seul personnage de *La petite vie* à jouer avec la langue ; chacun, à son tour, exploite toutes les possibilités ludiques offertes par le langage. Mais le discours de Lison est emblématique, à maints égards, de ce choix d'écriture de l'auteur. Contrairement à la bru, tous les personnages de la série cherchent un mot, à un moment ou un autre. Ainsi Thérèse qui s'enquiert d'un plat préparé par Moman : « […] quessé t'as mis […] ? » Moman : « Euh… Ben voyons, de… » Thérèse : « De la patente ? » Moman : « De la chose, de la patente, j'ai mis de la patente » […] Thérèse : « Quessé vous avez mis finalement […] De la… de la patente ? […] de la chose ? » (*Le prisonnier*, I) ; pour sa part, Réjean cherche un nom pour son vin : « […] il a pas de nom. Faudrait que j'y trouve un nom. » (*Château-Ragoût*, I) ou encore éprouve de la difficulté à en prononcer un plus particulièrement [60], comme Rénald : « […] Esprit que c'est dur à dire c'te mot… » (*Château-Ragoût*, I) et comme l'infirmier : « […] c'est du "dur à dire". » (*L'hospice 2*, III) Du point de vue de Popa, ces difficultés de chacun à nommer (une chose, une personne) ne sont pas mineures. Un jour où lui-même est en quête d'un mot (« La sauce

---

59. On note qu'un procédé analogue a été utilisé par Popa, quelques épisodes plus tôt, alors qu'il tente de faire un mot croisé. Popa : « […] monnaie chinoise […] ça finit par *e — n* […] ça commence par *y*… » (*La pierre au foie 1*, I)

60. Réjean : « […] un Nonionne ringne […] un nonionne ringne. Hé ! que j'ai de la misère avec c'te mot là… » (*Thérèse au WacDo*, I). Cette difficulté revient quelques épisodes plus tard comme un rappel au service de la cohérence de la série et de son registre humoristique : « […] j'ai apporté des niouniounes rings […] Des euh… non laissez faire ! » (*Info-Caro*, I)

est… Comment j'dirais ça?… La sauce, a l'a un p'tit goût de…» Thérèse:
« De sauce ? »), il reprend sa fille : « Eh que tu l'as donc le mot, toi, quand tu
veux ! » (*Château-Ragoût*, I) Pour autant, c'est moins le mot qui manque à
Popa que la reconnaissance de l'aliment utilisé. Si Ti-Mé cherche un mot,
c'est toujours dans un contexte délibérément ludique (on le verra plus loin
avec ses mots croisés). Une seule fois, un mot semble lui échapper vraiment
et c'est pour illustrer magistralement ses problèmes de mémoire[61]. Autrement, l'auteur des Paré est en quête d'un texte qui une fois soufflé par un autre sera réajusté par Popa lui-même : « C'est quoi mon texte déjà ? » Caro :
« Baptême ! » Popa : « Ah oui, c'est vrai ! *Baptême… de baptême !* » (*Le vidéo*, II ;
c'est nous qui soulignons.) En situation analogue de recherche langagière,
Lison n'hésite pas. Elle trouve toujours un autre mot de la langue (en lien homophonique ou sémantique avec celui recherché) ou en crée un nouveau (lui
aussi en lien avec le mot cible). Lison : « Moi, je suis comptine […] ma langue
a fourchose… » (*Réjean vice-président*, III) En outre, nous avons déjà dit que
Lison est celle qui attire l'attention du couple parental (et par conséquent la
nôtre) sur la question de la langue : « Arrangez-vous pas pour perdre votre
français, là … » (*Le voyage à Plattsburgh*, I) Il s'avère que c'est encore Lison
qui énonce l'univers imaginaire dans lequel s'inscrit la série : « Hey ! Mais
c'est un conte de fées, votre histoire ! » (*New You*, I). En tout état de cause, on
peut poser l'hypothèse forte que Lison détient une des clés de la singularité
de l'écriture de l'auteur. D'ailleurs, une de ses réponses à Moman explicite
cette identité liée à la fiction et à l'écriture. Moman : « Vous êtes rendue quoi,
toi ? » Lison : « Comptine ?… » (*Réjean vice-président*, III) Et de fait, à s'attarder sur le langage du personnage sans doute le plus périphérique de la famille Paré (et cela n'est sans doute pas anodin), il est aisé de constater que
ce qui le caractérise (à savoir l'énoncé : « Pouvez-vous répéter la question ? »)
coïncide avec ce qui constitue sans doute la singularité première de l'écriture
de *La petite vie*.

6.3. La question répétée

Mise à part la propension de Lison à « trouver le mot » dans quelque situation que ce soit (quitte à le créer), qui attribue de fait une plus grande
force langagière à son personnage, il est notoire que la bru de Popa repose,
inlassablement dans la série, la question de la question : « Pouvez-vous répéter la question, s'il vous plaît ? » Dans cette insistance qui consiste à répéter
une interrogation chargée de souligner la forme même prise par celle-ci, ce
que Lison indique c'est toute l'importance du principe même de l'interrogation dans l'écriture de Claude Meunier. On a vu, dans le premier chapitre,
comment Popa procède pour éviter les pièges du détecteur de mensonges et
de la journaliste. Devant les questions (embarrassantes) qui lui sont posées,

---

61. Popa : « […] moi qui ai une mémoire phénoménale […] une mémoire là, voyons, une
chose… l'affaire avec une trompe là ? » (*Tous pour un*, II)

Popa cherche à préciser la question posée et la répète (cf. chapitre premier). De cette manière, l'interlocuteur n'obtient jamais satisfaction et la communication fait toujours défaut. Tout se passe comme si Lison formulait l'essence même du comportement langagier de Popa. Car peu importe le contenu de la question posée, Lison répète comme en écholalie le même énoncé, et montre de ce fait même l'importance de la forme syntaxique caractéristique de l'écriture de Meunier.

Au delà de l'effet comique créé (étrangement, on rit d'une communication qui achoppe!), ce qui est dévoilé ici, c'est justement la question de l'identité. «Ce qui me constitue comme sujet, c'est ma question» affirme Lacan [62]. De fait l'interrogation, lorsqu'elle caractérise un discours, indique que la difficulté qu'elle représente est celle de l'identité propre. De chaque question posée, le sujet attend une preuve, une confirmation qu'il existe. Comme si son mal, c'est d'être. L'acte d'interroger, comme appel lancé à l'autre, participe des stratégies de vérification de sa propre existence. Dans cette perspective, l'important n'est pas le contenu de la question [63], mais le procès de validation du sujet qui parle. À cet égard, il n'est pas anodin qu'un bon nombre des questions posées dans la série concerne justement l'identité des personnages (les Paré comme d'autres) ou celle d'objets présents dans la série. Pogo: «J'y ai dit, tu me connais?» (*New You*, I); Moman: «[...] d'abord, quessé que vous avez l'air?» (*Le souper avec vedette*, I); Thérèse: «Savez-vous qui était [...]» (*Thérèse au WacDo*, I); Moman: «Pis Miou Miou? C'est qui? [...] Renaud, tu sais c'est qui au moins Renaud?» (*La correspondante de Moman*, I); Réjean: «[...] y sais-tu c'est quoi ça?» (*Le bébé pilote*, II), Réjean: «Réjean... qui? [...]» (*Le camping*, II), etc. Et cela est si vrai, qu'il est même mentionné que cette question de l'identité est précisément la (bonne) question à poser. Moman: «[...] mais, c'est quoi ces produits-là? [...]» Réjean: «Très bonne question... très bonne question! Non, non, mais vraiment là, bravo! [...]» (*New You*, I)

Chacun donc dans la série pose des questions à un moment ou à un autre: Thérèse, par le biais de son lien avec sa mère (on comprend mieux pourquoi elle demande toujours où elle se trouve), pose des questions sur sa propre identité et les éléments à la base de ses créations; Rénald, sur les sentiments de ses parents à son endroit; Caro, sur ceux de son père pour elle; Jean-Lou et Rod, sur leur identité sexuelle, etc. Si Lison est le personnage qui permet à l'auteur de souligner l'importance de cette forme de langage, on comprend que Popa soit le seul parmi tous à maîtriser cette forme de langage, du fait même qu'il est le seul à posséder les réponses. On se souviendra, à cet effet, que lors du premier dialogue entre la journaliste et Popa, il l'a prévenu de ce fait dans le but de refuser l'entretien: «J'ai toutes les

---

62. Jacques Lacan, *Écrits 1*, Paris, Seuil, 1966.
63. Lison répète son énoncé y compris à la question de Luc Senay: «Lison, vous êtes la femme de Rénald?» (*Le combat des clans*, III)

questions qu'il me faut!» (*Le mariage du gai 1*, II) Voilà peut-être pourquoi Pogo, un jour, semble ne plus connaître son ami d'enfance et retourne contre ce dernier la question (majeure) de son identité. Moman (répétant les propos de Pogo): «Ti-Mé? [...] quessé qu'y a l'air? [...]» (*La déprime de Popa*, IV) Parce que la dernière fois que les deux amis avaient été ensemble, Popa avait posé des questions et Pogo s'en était choqué: «Eh! Mon écœurant! Ça va faire les questions, toi, là!» (*La jalousie de Pogo*, III) [64] Voilà sans doute aussi pourquoi Réjean prévient ses interlocuteurs: «[...] ne réponds pas tu suite, penses-y [...]» (*New You, Le cadran, Château-Ragoût*, etc.) et va lui-même appliquer la règle qu'il suggère. Réjean: «[...] a m'a posé une question» [...] Popa: «[...] j'attends qui finisse sa phrase!» Réjean: «Ouen, ben, j'vas attendre un ti-peu, moi là!» (*L'aventure de Réjean*, II)

Au dire des linguistes, nous créons, lorsque nous interrogeons un interlocuteur, une situation qui lui impose de nous répondre (ou de nous faire l'affront d'un silence). Du coup, si on interroge, c'est moins pour apprendre quelque chose que l'on ignore que bien davantage pour établir une communication dont on est l'instigateur et le responsable. Si l'interrogation met en demeure l'interlocuteur de fournir une réponse, elle permet au locuteur, ensuite, de reprendre la parole à son avantage. Interroger, c'est donc en quelque sorte prévoir la réponse (son principe et non son contenu) et, par là, le jeu qui s'ensuivra d'un dialogue à poursuivre. Dans l'impossibilité ou la difficulté où se trouve Lison d'être en relation véritable avec autrui, la défense peut consister à s'emparer de la position du questionneur. Ainsi, et derrière la question répétée de Lison, se profile donc la tentative répétée et insistante d'une entrée en communication dont on a vu qu'elle correspond au désir profond des personnages. Mais parallèlement à cette fonction d'indice d'un problème de communication et d'identité, la question occupe également au sein de l'univers singulier, absurde de *La petite vie*, une fonction créative. De fait, elle sert à produire du texte (des dialogues) et relie en elle-même les traces des difficultés interpersonnelles avec celles de l'élaboration compensatoire d'un univers imaginaire.

---

64. Encore qu'à la défense de Ti-Mé on puisse convenir que c'est un juste retour des choses (longtemps plus tard, par ailleurs) et souligner que le premier des deux amis qui a dérangé l'autre par ses questions embarrassantes, c'est bien Pogo... Popa vient d'expliquer à son ami le système d'alarme qu'il a mis en place pour éviter tout vol, y compris celui d'une feuille d'arbre. La question pertinente, certes, de Pogo («Qu'est-ce qui arrive si une feuille part au vent?») engendre chez Popa une réaction assez vive: «Pourquoi tu me poses des questions [...] toi?... pour m'écœurer?» (*Pogo's love story*, II)

Chapitre cinq

L'écriture de *La petite vie...*

1. La fiction dans la fiction

Présent dès *La p'tite vie* de *Ding et Dong*, le lit vertical de Popa et Moman constitue sans nul doute l'accessoire premier et singulier de l'inscription de l'œuvre de Claude Meunier dans l'imaginaire. Au cours de la troisième saison de *La petite vie*, il engendre un dialogue savoureux. Pour la première et unique fois dans la série, Popa et Moman sont couchés dans des lits placés à l'horizontale. Popa : « Bizarre ce lit-là […] j'ai l'impression d'être couché au plafond, moi là, là... » Moman : « Faudrait faire poser une porte sur le plancher en face. » Popa : « […] c'est pas le plancher, ça ; d'après moi ça, c'est le plafond, voyons ! » Moman : « T'es sûr, mais les murs sont où ? » Popa : « D'après ma géométrie intérieure y sont de chaque bord. » Moman : « C'est pas les plafonds, ça ? » Popa : « […] y peut pas y avoir quatre plafonds vis-à-vis de deux planchers différents... » (*L'hospice 1*, III) Peu importe les lois de la physique, l'inscription soudaine de la réalité — celle en l'occurrence d'un lit installé « normalement » — entraîne des troubles de la perception. Moman : « J'suis toute mêlée... » Dans cette perspective, l'existence du lit vertical des Paré propulse les personnages et la série dans son entier au sein d'un univers délibérément fictif dont l'écriture singulière et le ludisme verbal qui la caractérisent sont le garant.

1.1. Les traces de l'imaginaire

Les éléments qui concourent à faire de *La petite vie* un univers imaginaire sont nombreux et, dans les chapitres antérieurs, nous en avons évoqué plusieurs. Pour n'en citer que quelques-uns, rappelons les simulations de Popa et Moman, les rêves (de Moman exclusivement), les impostures, les inventions d'objets de Réjean ainsi que les systèmes et les bricolages de Popa, les créations verbales de Thérèse et de Lison (entre autres), le cadre même de *La petite vie*. On relève aussi des allusions et des références à d'autres univers fictifs : feuilletons télévisés et téléromans, romans et œuvres cinématographiques. Parmi celles-ci, certains films sont simplement nommés ou évoqués tandis que d'autres s'inscrivent dans l'écriture même des épisodes. C'est ainsi que divers éléments de *Star Trek* et de *La guerre des étoiles* sont condensés dans un rêve de Moman (*Le rêve de Moman*, III). De *Star Trek*, on retrouve le vaisseau *Enterprise* quelque peu modifié (deux cuisses de dinde occupent la place des moteurs du véhicule volant), le capitaine Kirk (Moman) dont le nom est transformé en « Skirk » et son lieutenant Spok (Popa) nommé pour l'heure « Spot ». De *La guerre des étoiles* l'auteur reprend, pour le bénéfice de Moman, le personnage de « la Force » et déplace le lien secret père/fils entre Dar Vardor et Luc Skywriter sur Popa et Caro qui devient pour l'occasion « Sperm Vardor [1] ». On passe ainsi de cadres fictifs en cadres fictifs enchâssés, qui plus est, les uns dans les autres à la façon des poupées gigognes.

Cet emboîtement quasi vertigineux de la fiction dans la fiction est porté de façon emblématique par les dédoublements [2] mais aussi par la présence de personnages connus, créés par des artistes invités dans *La petite vie* le temps d'une scène ou d'un épisode. Scott Towell, *alias* Stéphane Rousseau (*Le divorce 2*, IV), et Dany Verveine, *alias* Dany Turcotte (*L'hospice 1*, III), font ainsi un court passage et participent de cette manière à l'élaboration des aventures imaginaires de la famille Paré. Cette superposition des rôles qu'assument presque tous les personnages témoigne à son tour d'un univers de fiction, d'autant que plusieurs traces du statut de comédien des acteurs jonchent la série. On a vu déjà comment de nombreux éléments nous rappellent que le personnage de Moman est incarné par un homme [3]. D'autres nous renvoient à des emplois antérieurs ou concomitants des acteurs : allusion par le biais d'un pseudonyme (« Votre turlute ») à l'interprétation de La Bolduc par une des actrices [4], aux publicités pour le fromage de Guylaine Tremblay [5] ou encore au travail d'animateur de Marc Labrèche de l'émission *La fin du monde est à 7 heures* [6]. Popa, lui-même, souligne à sa façon le travail de comédien qu'il assume : « C'est quoi mon texte déjà ? […] Ah oui, c'est vrai ! Baptême de baptême ! » (*Le vidéo*, II) Il n'est pas innocent que ce rappel de la fiction soit effectué par Popa compte tenu de la double posture de Claude Meunier dans la série ; nous n'avons cessé de le mentionner. Son travail d'acteur est mis en lumière dans un épisode où Popa joue « la surprise » (*Le roast de Rénald*, I) Nous rappelons le contexte : alors que Moman et Lison organisent en cachette la fête d'anniversaire de Rénald, Popa dont c'est la sienne prochainement croit que la soirée lui sera consacrée [7]. Le quiproquo engendre une scène qui s'apparente au travail de répétition des comédiens et Meunier, l'acteur, interprète un personnage qui lui-même s'applique à « jouer » une scène. Convaincu donc que la surprise lui est destinée, Popa se prépare à réagir comme tel : « Bon… un peu de surprise astheure ! » Il met en marche un magnétophone à cassette d'où surgit

---

1. Moman : « Écoutez Sperm, vous ne pouvez pas prendre la semence de Spot […] parce que… Spot est votre père ! » (*Le rêve de Moman*, III)
2. Le clonage quasi délirant de Rénald qui se multiplie à l'infini dans la cuisine en répétant « Bonjour Pepa » l'illustre largement (*Le bogue de l'an 2000*).
3. Même l'infirmier de l'hospice ne s'y trompe pas lorsqu'il apporte à Popa et Moman un petit pot à médicament pour recueillir leur urine : « Vous me faites ça comme deux grands garçons… » (*L'hospice 1*, III)
4. Jacqueline Barrette qui, dans *Le cadran* (I), incarne un juge.
5. Rénald (à propos de Caro) : « Je vous laisse avec votre P'tit Québec ! » (*L'élection*, IV)
6. Rénald : « J'ai l'horaire de la fin du monde. » (*Le bogue de l'an deux mille*)
7. Un dialogue avec Moman le laisse entendre : « […] j'pense à ça là, c'est ta fête à toi bientôt ? » Popa : « […] moi de toute façon, mon "surprise", ma fête j'veux dire, ça me dit absolument rien. » (*Ibid.*)

sa voix qui répète « surprise ! » et lui donne la réplique : « Ah mon dieu ! C'est pas vrai ! » (*Ibid.*) Malgré diverses tentatives, il reste insatisfait de son jeu… On trouve une situation un peu analogue au cours d'un épisode où Rénald tente en vain de « péter une crise de cœur » (*Le million*, III). Il y simule à plusieurs reprises une crise cardiaque qu'il interrompt aussitôt d'une appréciation négative (« Ben voyons, j'suis pas capable ! » [*ibid.*]). Si comme Popa, Rénald ne parvient pas à faire coïncider réalité et fiction lorsqu'il le désire, Marc Labrèche, en revanche, réussit, à l'instar de Claude Meunier, sa performance de comédien. Du coup, en révélant le travail de composition de ses acteurs, *La petite vie* ajoute un élément de plus à la mise en lumière de son univers imaginaire. Il reste que les éléments qui participent de sa construction entretiennent un lien étroit avec le langage. Les essais (en apparence) infructueux de Popa cessent avec l'arrivée impromptue de Moman qui suscite une nouvelle répétition jugée cette fois satisfaisante (« Là, je l'ai bien eue ! » [*Le roast de Rénald*, I]). Or cette entrée imprévue fournit l'occasion d'un jeu de mots. Popa sursaute et explique à Moman le sens de son comportement : « […] je fais le saut… je fais le saut… ». Dans le contexte de la série, le spectateur est en droit d'entendre « sot » d'autant que la réplique suivante corrobore cette hypothèse. Popa : « Tu me prends-tu pour un idiot, coudonc ? » De cette façon, la réussite du jeu et de l'interprétation (pour ne pas dire de la série dans son entier) est immanquablement liée au travail sur la langue. Ainsi Claude Meunier laisse-t-il transparaître toute l'importance qu'il accorde à l'imaginaire et, plus encore, à l'écriture, responsable en titre de la création de ce dernier…

1.2. L'inscription de l'écriture

Tous les personnages cultivent un rapport privilégié avec l'écriture. Certains rédigent leurs mémoires[8] ou des lettres pour correspondre entre eux ou avec d'autres[9]. À ce propos, on peut supposer que la publication des « Mémoires de sainte Jacqueline Paré » (*Retour dans le passé*, II), qui signe la fin de l'ouvrage de Moman, conduit celle-ci à déplacer le registre de son écriture du journal intime à celui de la correspondance. Les écrits épistolaires de Moman surgissent, en effet, dans la série après la rédaction de son journal. Ils donnent lieu à une lettre destinée au Cirque du Soleil[10] qui restera sans réponse et à une autre adressée à Popa et signée Égouïne (*Le zèbre*, IV). Cette lettre fictive de Moman à Ti-Mé fait écho à celle de Lison pour Rénald au

---

8. Popa et Moman dans *Retour dans le passé*, II, Moman dans *Le changement de caractère, I* et *Le camping, II* ; et finalement, à l'extérieur de la série, Popa dans *Le monde de La petite vie*.

9. Moman dans *La correspondante de Moman*, I, *Réjean vice-président*, III et *Le zèbre*, IV ; Lison dans *La prise d'otage*, I et Réjean dans *Mlle Morin*, II.

10. Moman : « Je suis en train de mettre au point un numéro comique avec ma dinde savante. » (*Réjean vice-président*, III) C'est donc à Moman (« la farce ») que l'auteur donne la responsabilité de porter le registre du « comique de cirque » après les échecs de Popa déguisé en clown auprès de la poupée thérapeutique…

moment de son (faux) enlèvement (*La prise d'otage*, I). Dans les deux cas, il s'agit pour les auteures d'inciter leurs conjoints à davantage d'empressement. Si les motivations des personnages sont identiques, les effets que ces lettres enfantent le sont aussi : chacun des époux reste sur son quant-à-soi. En l'absence donc d'un impact psychologique réel sur les personnages, on en déduit que la fonction de la correspondance dans *La petite vie* est avant tout littéraire. D'autres types d'écrits connaissent un sort semblable. Certains des personnages deviennent momentanément auteurs compositeurs, parfois poètes [11], dans le but de séduire ou de reconquérir l'autre sans pour autant parvenir à le convaincre. Et tous les genres littéraires étant mis à l'honneur, Popa « écrit » ou « réécrit » des contes sans grand succès non plus [12]. Il arrive également que les Paré rédigent des annonces pour des agences de rencontre [13] ou à des fins publicitaires [14]. Là non plus, le résultat n'est guère probant. Il faut dire que les concepteurs font des menaces peu crédibles (Popa désire inquiéter Moman qui songe à le quitter) ou recherchent une valorisation que les Paré — on le sait — jugent vaine et non avenue. Encore que, lorsque Réjean élabore une publicité pour Popa bricoleur, l'annonce s'avère efficace cette fois puisque de nombreux voisins apportent des objets à réparer. Mais il est vrai que le texte flatte Popa et non pas l'auteur de l'affiche et, surtout, qu'il est construit autour d'un jeu de mots : « Ti-Mé — Quel Ange — Génie en tout genre » (*La déprime de Popa*, IV).

Et de fait, si les écrits « littéraires » des Paré et de leurs amis n'ont que peu ou pas d'impact sur leurs relations, au sens où ils ne servent pas leurs objectifs, c'est qu'ils sont motivés autrement, qu'ils sont porteurs d'une autre ambition. À les considérer, on est frappé par l'aspect parodique et le travail de transformation qui caractérisent certains d'entre eux (contes, poèmes ou chansons). Ainsi l'histoire des sept nains que Caro demande à Popa de lui raconter est systématiquement féminisée : « Une fois, y avait un petit prince [...] une princesse [...] elle avait un petit frère [...] une petite sœur [...] a s'en va voir son père... euh, sa père ! » (*La thérapie de Caro*, I) Pour sa part, le poème de Popa est une parodie de la chanson de Jacques Brel : *Ne me quitte*

---

11. Popa écrit deux poèmes lors de la seconde saison de la série. Le premier est destiné à Moman (*Le kick de Moman*, II). Quant au second, c'est à la demande de Réjean qui cherche à reconquérir Thérèse (« donnez-moi une rimette [...] ») que Popa extrait deux vers de la *Sélection du Reader's Digest*. Popa saisit l'occasion qui lui est offerte de se moquer de son gendre : « [...] « Poésie en uniforme »... Oh ! mon amour, si tu savais l'ivresse [...] que je ressens auprès de ma maîtresse ! » (*L'aventure de Réjean*, II)

12. Le premier répond à une demande de Caro (« Daddy, conte-moi une histoire » [*La thérapie de Caro*, I]) ; quant au second, il a pour but (en surface) de consoler la poupée thérapeutique de Lison et Rénald. Dans les faits, il est le prétexte à se moquer encore de Réjean : « [...] Tu l'connais-tu, Pinocchio ? [...] Y était menteur, menteur comme mon oncle Réjean ! [...] Sauf que lui, Pinocchio, quand y contait une menterie, son nez s'allongeait tandis que mon oncle Réjean lui, y a un cheveu roux qui y pousse ! C'est vrai, y avait tous les cheveux noirs avant, mon oncle Réjean... » (*Le bébé pilote*, II)

13. Popa, pour lui-même, dans *Le kick de Moman* (II) et, pour Thérèse, dans *L'aventure de Réjean* (II).

14. Réjean dans *Le bébé pilote* (II) et dans *La jalousie de Pogo* (III).

pas [15]. Dans sa réécriture, « l'ombre de ton ombre » devient « l'ombre de ton ongle » et « l'ombre de ta main », « le gant de ta main », etc. (*Le kick de Moman*, II). De la même manière, la chanson de Pogo qui parodie celle de Gainsbourg : *Je t'aime, moi non plus*, transforme le « je vais et je viens entre tes reins » en « je vais et je viens entre tes jeans » (*Le blind date*, I). Dans le contexte de la scène où l'on voit Pogo saoul (que l'on sait, par ailleurs, grand amateur d'alcool), il est aisé d'entendre « entre tes gins [16] ». C'est dire que de l'écriture parodique et caricaturale Meunier glisse facilement au jeu verbal. Les réécritures « saintes » présentes dans la série offrent ces mêmes caractéristiques, qu'elles soient énoncées par celle que l'on devine comme la plus mécréante de la famille : Caro (« Notre père qui êtes au-dessus [...] pardonnez-nous notre pain quotidien car gloire au père au fils et au sain d'esprit ») [17] ou, à l'opposé, par le plus conventionnel, le plus inscrit des membres de la famille Paré dans la tradition : Rénald (« Étendez sur nos beurrées, margarine et chasteté [...] yeah ! man... ») [18]. Même le curé de l'hospice, parce qu'il est porté sur la boisson, transforme la prière : « Au nom du père, de son gant et de Saint-Jean-de-Matane [...] y manque un petit peu de " ceci est mon sang " [...] le score du Christ. » (*L'hospice 1*, III) [19] Il reste qu'au sein de *La petite vie*, la fiction dans la fiction fait l'objet d'un second travail fictionnel qui a pour but d'exploiter le plus largement possible le ludisme langagier. La bénédiction de l'union de Jean-Lou et de Bobby par le prétendu prêtre vétérinaire Momo en donne une bonne illustration : « In nomine patris et fifi itou et ti tou tou itou » Momo, Jean-Lou et son amant : « Et ti tou tou itou » Momo : « Retro Santana ! » (*Le mariage du gai 2*, II)

Écritures ou réécritures, toutes les tentatives littéraires des personnages échouent. Les contes de Popa n'endiguent pas plus la révolte de Caro que les pleurs du bébé pilote qui persistent à couler, et Moman reste insensible à la

---

15. « On donne le nom de parodie à un ouvrage en vers, dans lequel on détourne dans un sens railleur des vers qu'un autre a faits dans une vue différente. On a la liberté d'ajouter ou de retrancher ce qui est nécessaire au dessein qu'on se propose ; mais on doit conserver autant de mots qu'il est nécessaire pour rappeler le souvenir de l'original dont on emprunte les paroles ; l'idée de cet original et l'application qu'on en fait à un sujet d'un ordre moins sérieux forment dans l'imagination un contraste qui la surprend, et c'est en cela que consiste la plaisanterie de la parodie. » (G. Peignot, *Amusements philologiques*, 1842.)

16. Notons que le scénario de cet épisode contient, à la place de la chanson de Gainsbourg, une parodie de celle de Roch Voisine : *Hélène* (« Le sel sur le sable/ les œufs dans l'eau / mon rêve était trop slow, etc. »), et une réécriture du Phoque en Alaska (« [...] y a quèqu'un qui dit fuck, je m'ennuie [...] le phoque y est toutte sale [...] y rêve à son tas, en pleurant ses bas, etc. ». C'est dire que si Claude Meunier a opté pour un changement de la chanson choisie, il a conservé le principe d'une parodie.

17. Caro : « Notre père qui êtes aux cieux [...], donnez-nous la gloire du pain quotidien [...] donnez-nous t'aujourd'hui notre Vierge Marie et pardonnez-nous notre pain quotidien. » (*Caro religieuse*, III)

18. Rénald : « Seigneur, bénissez ce dégustable repas [...] Et donne-nous notre pain de 7 grains pour les siècles des siècles, yeah ! man... » (*Le souper du dimanche*, I)

19. Curé : « Le Seigneur est mon Grand Marnier [...] Il dit à son chum Cana... » (*L'hospice 1*, III) Cela étant, on note que le nombre de références religieuses dans la série est vraiment infime. Il est vrai que l'on imagine difficilement les Paré allant à la messe ou en revenant !

poésie de Popa comme Linda à celle de Pogo (ulcérée, elle quitte le restaurant). Quant à la vocation religieuse de Caro, elle dure le temps d'un épisode à l'instar du mariage de Jean-Lou. En d'autres termes, et quelle qu'elle soit (intime, épistolaire, poétique, publicitaire ou parodique), l'écriture des Paré se retourne toujours contre eux. Cette façon de la mettre en lumière tout en diminuant son impact sur ceux qui la composent se veut une manière, nous semble-t-il, de faire ressortir le ludisme intrinsèque de la langue. On assiste donc à ce mouvement paradoxal : le langage, qui renvoie les personnages les uns contre les autres, fait au contraire le jeu de la série au sens où il la construit et la structure. À cet effet, les jeux de langage occupent une place et une fonction prépondérante.

2. Les jeux de langage

La multiplicité des jeux de langage d'une part, et la variété des procédés qui les fondent de l'autre, nous obligent à n'en citer qu'une quantité restreinte, d'autant qu'à l'occasion de nos chapitres antérieurs nous en avons évoqué déjà un grand nombre. Compte tenu de la simplicité du mécanisme qui les engendre, leur origine dans la série peut être rapprochée de l'utilisation des mots croisés.

2.1. Du mot croisé au jeu verbal ...

Quelques épisodes de *La petite vie* commencent avec Popa qui fait des mots croisés [20]. La structure de ces différentes scènes est toujours la même et le texte de Ti-Mé identique. Il s'enquiert d'un mot auprès de Moman (« Sais-tu c'est quoi ? » [*La pierre au foie 1*, I]) [21] et s'étonne de l'étrangeté de la grille à compléter (« Bizarre c'te mot croisé-là, Moman... » [*Le prisonnier*, I]) [22]. Au sein de la dynamique parentale, l'exploitation des mots croisés participe, comme d'autres éléments, des règlements de compte. Popa : « " Étroit d'esprit " : mot de quatre lettres ? » Moman : « Ti-Mé ? » (*L'hospice 1*, III) Mais plus encore, l'inscription de ce passe-temps relie le principe de la recherche de mots à laquelle se livrent tous les personnages (cf. chapitre quatre) avec le registre ludique de *La petite vie*. Les mots croisés chers à Popa constituent en effet un prétexte (pour l'auteur) de jouer avec le langage. À l'instar de leur contexte toujours similaire, le jeu langagier qu'ils suscitent repose sur un procédé identique. C'est une lettre erronée qui engendre la confusion verbale. « La femelle du cheval » devient ainsi « une mu-

---

20. *La pierre au foie 1* (I) où les mots croisés sont présents deux fois dans l'épisode ; *Thérèse au WacDo* (I) ; *Le prisonnier* (I) ; *Le kick de Moman* (II) et *L'hospice 1* (III) sous la forme de mots fléchés.
21. Popa : « C'est quoi d'après toi là ?... » (*La pierre au foie 1*) ; « Moman [...] sais-tu c'est quoi toi ? » (*Le prisonnier*, I) ; « Sais-tu c'est quoi ? » (*Thérèse au WacDo*, I)
22. « Hey Moman, bizarre c'te mot croisé-là... » (*La pierre au foie 1*, I) ; « Hey Moman, c'est bizarre comme mots croisés cette semaine... » (*Thérèse au WacDo*, I).

ment» (*La pierre au foie 1*, I), «la femelle du cochon», «une bruie» (*Le prisonnier*, I), «le dessert», «une barte» (*ibid.*) et «la grande comique québécoise», «La Poute» (*Thérèse au WacDo*, I). La conscience de la méthode employée n'échappe pas au couple Paré, bien au contraire! Popa: «a ressemble un ti-peu à la Poune mais avec euh…» Moman: «Avec un T à la place du N?» Popa: «C'est ça, oui…» (*Ibid.*) Que ce soit dans l'optique d'éviter une répétition qui deviendrait lassante ou que le mobile incombe aux limites du procédé lui-même, il demeure que les mots croisés disparaissent rapidement. Nonobstant, les jeux langagiers perdurent et s'étendent sur toute la série. À cet égard, la plupart d'entre eux reposent sur les possibilités offertes par les ressemblances homophoniques entre certains mots (les à-peu-près) et la polyvalence sémantique de certains autres (les calembours) [23].

Calembours et à-peu-près

Comme on peut s'y attendre dans le contexte d'une série élaborée tout à la fois sur les relations interpersonnelles et le travail sur la langue, les jeux verbaux occupent la double fonction de servir l'élaboration de l'écriture et la mise à nu des rapports affectifs. Plusieurs d'entre eux reflètent l'essentiel du rapport de Popa et Moman dont nous avons déjà montré qu'il repose sur l'énoncé du désir de celle-ci et le refus que lui oppose celui-là. À la différence que le jeu de langage permet à Moman de prendre sa revanche puisque, le plus souvent, la proposition établie (demande — refus) s'inverse. Popa: «[…] tu me ferais-tu un p'tit allongé […]» Moman: «Étends-toi sur la table; ça va en faire un allongé…» (*La pierre au foie 1*, I) Dans cette perspective d'un jeu verbal chargé d'énoncer un refus, Réjean fournit un autre exemple alors qu'il passe une entrevue pour un poste de directeur administratif d'une caisse populaire. Dans l'incapacité où il se trouve de répondre à une question posée, il en détourne aussitôt le sens. Secrétaire: «Qu'est-ce que vous feriez pour redresser les caisses?» Réjean: «Je ferais venir un bulldozer […]» (*Réjean vice-président*, III). Roi de l'évitement, Popa profite avantageusement de ce mode de déplacement. Rénald: «C'est des souliers neufs, ça?», Popa: «Non, des huit et demi!» (*Le souper du dimanche*, I); Popa: «[…] si je bats ma fille? Oui madame, tous les soirs au Parchesi!» (*Musique plus*, IV), etc. Moman en tire parti très souvent (Popa: «Est bleue la chambre» Moman: «C'est ça, est comme moi!» [*Mlle Morin*, II]), profitant de la similitude phonétique des mots malgré leur différence graphique. Caro: «Je suis mère!» Moman: «De quelle ville?» (*L'héritier*, IV)

Les jeux de mots effectués à partir de ressemblances homophoniques approximatives sont également nombreux. Moman: «Ça va bien […] plus

---

23. L'*à-peu-près* consiste à modifier un énoncé en jouant sur les sonorités proches de deux mots, alors que le *calembour* est fondé sur la différence de sens entre des mots qui se prononcent de la même façon.

bain que bien. » (*La thérapie de Caro*, I) ; Rénald : « [...] mon oncle Dollard » Secrétaire : « Adélard... » [*Mlle Morin*, II]). Ils révèlent parfois une ignorance des personnages et Moman n'évite pas ce type de dénonciation. Après l'aveu de Caro (« [...] j'ai un problème d'Œdipe ! »), elle s'enquiert naïvement : « Un problème de dip ? » (*La thérapie de Caro*, I) Dans le même épisode, elle parle « d'état fœta », ce qui permet à Popa — guère plus averti — de la reprendre : « Pas féta, Moman, feta voyons ! » (*Ibid.*). Lison n'est pas davantage épargnée, l'on s'en doute, y compris lorsqu'elle subit une grande déception : « [...] c'est dur sur la Go. » Rénald : « Non... l'ego tu veux dire creton, l'ego. » Lison : « Le légo, excuse ! » (*La prise d'otage*, I) L'erreur de compréhension peut être à l'origine d'une situation comique (Thérèse : « J'y ai demandé la coupe Bardot, j'pense qu'a compris barbet. » [*Le souper avec une vedette*, I) ou déclencher le drame et le moteur de tout un épisode. Médecin : « [...] ça c'est une cholédocolithiase [...] ce que vous aviez c'est une cholélithiase. » (*La pierre au foie 2*, I) D'un bout à l'autre de la série les exemples de ce type sont légion, mais il est tout aussi fréquent que l'incompréhension de l'interlocuteur s'avère factice. Alors que Moman réaffirme : « J'ai dit : me semble que oui. », c'est en toute mauvaise foi que Popa répète : « Je ressemble à Louis ? » (*Le roast de Rénald*, I) Ce procédé dû à un (prétendu) défaut d'audition est repris lors d'un dialogue entre Rénald et Popa. Rénald : « [...] ici donc c'est mes vis. » Popa : « Elvis ? » (*Tous pour un*, II) Mais comme le désir de se moquer ouvertement est encore le plus fort, le déplacement homophonique sert, la plupart du temps, à éradiquer toutes les tentatives effectuées par les uns pour s'assurer l'assentiment et l'intérêt des autres. Popa (à propos du gourou de Caro) : « Fernand 2 ! [...] Le fils de Fernandel ? » (*La pierre au foie 1*, I) ; « Château-Ragoût [...] pour l'amateur de goût ! » Popa : « L'amateur d'égout, tu veux dire ! » (*Le bébé pilote*, II) Plus encore, le procédé tourne en dérision le voyage de Ti-Mé et Jacqueline en France de par la série spectaculaire de jeux verbaux qu'il suscite, et qui moquent leur naïveté et leur ignorance. À cette occasion, Momo leur fait allouer « la région d'honneur » et leur présente le « chapeau de Versailles », le « lac de triomphe », les « champs d'Élysée », les « invivables » et les « invisibles » qui contiennent le tombeau de Napoléon (*Le voyage*, IV). Finalement, et puisque le jeu homophonique est omniprésent, on ne s'étonne pas qu'il puisse, à un autre niveau, relier l'ambiguïté verbale à celle de l'identité capitale dans la série. Jean-Lou : « J'aurais tellement aimé ça vous donner un p'tit-fils [prononcé fif] » Popa : « Un p'tit quoi ? » Jean-Lou : « Un petit-fils ! » (*L'ami de Caro*, I)

Les jeux littéraires

Si les jeux homophoniques sont les plus répandus, les calembours et les à-peu-près, cependant, ne recouvrent pas l'écriture ludique de *La petite vie*. Popa s'insurge même un jour contre eux : « [...] laisse faire les jeux de mots. » (*La pierre au foie 2*, I) De fait, et dans la perspective d'un élargissement du ludisme verbal, les Paré se livrent aux jeux favoris des écrivains. À cet égard,

le couple parental use parfois du mot-valise cher à Lewis Carroll [24]. Popa :
« Madonalduck [25] » ; Moman : « […] je m'excuse de vous détonner [26] ». Puisque les personnages n'hésitent pas à condenser certains mots, dans le même
élan, ils en décomposent certains autres. Moman : « C'est une grippe tropi-
cale que vous avez ? » Belle-moman : « Pas trop… picale, non. » (*Belle-moman*,
I) ; Moman : « C'est l'âge… l'âge Zymmer. » (*Le souper du dimanche*, I) ; Manon : « T'es un rebelle, un Guevara. » Réjean : « Guy Vara ? » (*L'aventure de Réjean*, II) À d'autres moments, on pense à Jean Tardieu et à son *Mot pour un
autre*. Rénald : « […] vous pouvez délibérer les lieux » (*Le souper du dimanche*,
I) ; Caro : « […] sans plus retarder » (*Info-Caro*, I) ; Moman : « Aimeriez-vous
régurgiter le dessert au salon ? » (*La correspondante de Moman*, I) ; Popa : « Je
suis un dangereux pédalo. » (*Musique plus*, IV) Les possibilités offertes par les
tropes et les figures de la rhétorique ne sont pas davantage écartées par l'auteur. Ainsi, Réjean et Rénald s'emparent-ils du zeugma apprécié de Victor
Hugo en réunissant dans la même phrase un terme abstrait et un autre con-
cret [27] : « […] c'est avec plaisir et aussi un petit lunch » (Réjean, *New You*, I) ;
« […] ce que le titre et moi appelons la bamba » (Rénald, *Le souper du dimanche*, I) [28]. D'autres personnages encore emploient l'oxymore (ou l'énoncé an-
tonymique) qui décrit deux termes (ou deux phrases) qui se contredisent. Ce
procédé tant prisé par Boris Vian [29] est exploité à quelques reprises. En tant
qu'oxymore : « C'est mince épais ! » (Moman, *Le voyage à Plattsburgh*, I), « […]
une peine joyeuse » (Rénald, *Retour dans le passé*, II) et, en tant qu'énoncé an-
tonymique : « […] t'as pas changé… je t'avais pas reconnue. » (Moman, *Blind
date*, I) ; « […] qu'est-ce que vous avez entendu ? » — « Le cadran qui sonnait
pas ? » (Réjean et Moman, *Le cadran*, I) Finalement, toute une phrase peut
porter le jeu langagier. Les déclinaisons latines sont alors de mise et illustrent
à leur tour le principe du thème et de ses variations déjà à l'œuvre dans d'autres registres. C'est Popa qui déclenche le procédé : « Ah ! Rénald, Réno,
Rénou, Réni, Rénoum, Réni ! » (*Le million*, III) Ce jeu sur le prénom de Rénald
va être repris plus tard et y occuper une autre fonction. Vers la fin de la série, notamment, il introduit au bégaiement du nouvel amant de Lison, Scott :
« […] Ré Ré Rénoune… Réné ? Renne… Renne au nez rouge ? No… Rona…
Reno ? » (*Le divorce 2*, IV)

---

24. « … *slictueux* signifie souple, actif, onctueux. C'est comme une valise, voyez-vous bien : il y
a trois significations contenues dans un seul mot », *De l'autre côté du miroir et de ce qu'Alice
y trouva*, 1865.
25. Télescopage des noms « Madonna » et « Donald Duck » (*La thérapie de Caro*, I).
26. Télescopage des verbes « décevoir » et « étonner » (*New You*, I).
27. « Vêtu de probité candide et de lin blanc », *Booz endormi* (*La légende des siècles*), 1859.
28. On peut déceler cette figure dès le premier épisode de la série. Meunier la met en place en
deux répliques. Rénald : « […] est-ce que vous partez avec des appréhensions ? » Popa :
« […] avec des chèques de voyage » (*Le voyage à Plattsburgh*, I)
29. « Je passe le plus clair de mon temps à l'obscurcir. » (*L'écume des jours*, 1963)

2.2. Du bégaiement aux erreurs de langage

Le bégaiement

Pour le moins singulier, le bégaiement de Scott offre une nouvelle illustration du langage glossomaniaque dont nous avons fait état dans le chapitre précédent. L'on se souvient de ce doux « délire verbal » créé par les variations de Thérèse sur les « produits à base d'hormones de Mormons d'agneaux ». Si la glossomanie de la jeune femme est considérée comme formelle (les mots produits étant choisis en fonction de leurs parentés formelles), celle de Scott — plus complète — présente les deux versants (formel et sémantique) définis par André Roch Lecours et Marie Vanier-Clément [30]. Glossomanie formelle donc d'une part (« Sa… su…si… sirop… sorry […] Je suis scie… je sue … je sous… […] No, je sus… je sus sous… je sous-sol… je suis au sous-sol? »), et glossomanie sémantique d'autre part (« […] Est-ce que vous poussez, poussin, poulet, poitrine, patate »). Dans les faits, l'exploitation du procédé est même triple puisque, l'amant étant anglophone, les associations verbales jouent sur le clavier des deux langues : « […] je suis… je suisse… je swiss cheese… je cheese whizz […] Je switch… je switch de cheese. » De la même façon que le discours de Scott contient donc toutes les possibilités glossomaniaques, il est porteur des différentes origines de ce type de langage. Son bégaiement nous renvoie ainsi au langage enfantin (« Lison a beaucoup béké, beaucoup béquer bobo »), à l'apprentissage de la lecture syllabique (« dans le bo… dans le bo… dans le ba be bi bo bu ») et même aux bafouillements de l'alcoolique : « Je suis saoul. » De cette manière, et condensés dans un personnage de bègue, le fou, l'enfant et l'alcoolique — tous ceux autrement dit qui manipulent et tordent le langage — se retrouvent partie prenante de la scène. En tout état de cause, appliquer un diagnostic clinique aux personnages de La petite vie (maladie mentale, débilité, éthylisme, etc.), les taxer d'infantilisme ou encore les appréhender comme analphabètes, reviendrait à scotomiser la part fondamentalement créative et poétique de l'écriture qui les fonde. Et d'ailleurs Moman, toujours perspicace, souligne à juste titre la fonction sonore et musicale du discours de Scott : « Y fait ses gammes. » (Ibid.) Comment ne pas noter ici la prouesse d'écriture mais aussi d'interprétation de Stéphane Rousseau qui énonce, à la lettre près, le texte écrit par Claude Meunier? C'est en tout cas ce que la lecture du scénario nous a permis de constater…

Les erreurs de langage

Qu'elles relèvent de la « déviation » ou de la « création » verbale, toutes les formes langagières (agréées ou discréditées par les tenants des conventions grammaticales) qui sillonnent La petite vie sont exploitées magnifiquement par l'auteur. Même le pléonasme banni par l'Académie se transforme,

---

30. A. R. Lecours et M. Vanier-Clément, « Schizophasia and Jargonaphasia : A Comparative Description with Comments on Chaika's and Fromkin's Respective Looks at "Schizophrenic" Language », *Brain and Language*, 1, 1974, p. 257-276.

grâce à Thérèse, en un remarquable producteur de créativité : « Roses de couleur à vendre », « Fleurs florales à vendre » (*Le souper avec vedette*, I). Dans la même veine foisonnent de savoureuses créations verbales. Moman, qui ne les déteste pas, recommande ainsi une « amiantiose » à Thérèse enceinte (*La pierre au foie 1*, I), traite Popa de « machocrasse » et Louis-Philippe Dubuc de « phalloscrape » (*La thérapie de Caro*, I), tandis que Réjean parle d'une lettre « testamentée », « manuscritée » de surcroît (*Mlle Morin*, II) ! On remarque également des incorrections qui relèvent de la syntaxe ou de la phonétique, les premières servant parfois à désigner les secondes. C'est par le biais d'une phrase dyssyntaxique, en effet, que Moman insiste une fois de plus sur l'aspect sonore du langage de la série : « [...] je sens ce cela va se l'entendre. » (*La correspondante de Moman*, I) Et de fait le pataquès, qui qualifie toute faute de liaison entre deux mots, parcourt de loin en loin *La petite vie*[31]. À ce niveau, c'est Caro qui sans conteste remporte la palme : « [...] pas t'encore », « [...] en quête part » (*Info-Caro*, I) ; « [...] t'avoir votre t'attention » (*Le suicide de Rod*, II) ; « je potais t'en masse » (*Caro religieuse*, III), etc. Ce quasi tic de langage apparaît chaque fois qu'elle est en représentation, qu'il s'agisse de l'animation de l'émission *Bonsoir avec un gros B* (« Qu'est-ce que vous avez t'apporté ? » [*Info-Caro*, I]), de son entrevue avec la religieuse chargée de présenter sa candidature au couvent (« Venez-vous t'en dans le salon », *Caro religieuse*, III) ou de son retour dans la famille après son séjour en France (« l'avion t'était en retard » [*L'héritier*, IV]). En d'autres termes, c'est au moment où Caro vise à améliorer son niveau de langage qu'elle commet ces erreurs. Selon son habitude, la famille réagit en se gaussant. Le désaveu prend toutefois la forme d'une répétition de l'erreur commise. Caro : « Lison n'est-elle pas t'avec toi ? » Rénald : « Non Lison n'est-elle pas t'avec moi ! » (*Le vidéo*, II) À défaut d'un reproche clairement formulé ou même d'une simple mention de l'infraction, Caro reste inconsciente de son défaut et réitère la faute : « Chus pas t'inquiète. » Popa : « T'es pas t'inquiète ? » Caro : « Non, chus pas t'inquiète. » (*Info-Caro*, I)

Comme les erreurs de prononciation affectionnées par Caro, nombre des impropriétés syntaxiques ou grammaticales des personnages s'inscrivent dans leur volonté affichée de s'exprimer dans un langage d'une parfaite correction. « Est-ce que vous désirerez vous asseoir ? » interroge Popa presque obséquieux lorsqu'il s'adresse à Guy Carbonneau (*Le souper avec vedette*, I) ; « Aimeriez-vous procéder au divan ? » demande d'une manière tout aussi affectée Moman, alors que le couple français vient d'arriver (*La correspondante de Moman*, I). Néanmoins, et en amont de ce désir de (bien) paraître, on constate que ces erreurs s'insèrent le plus souvent au sein de phrases interrogatives. Popa : « Tu

---

31. Le pataquès aurait pour origine l'anecdote suivante : « Un plaisant qui se trouvait avec deux dames voit un éventail. Madame, dit-il à l'une, cet éventail est-il à vous ? Il n'est point-z-à moi, Monsieur. Est-il à vous, dit-il à l'autre. Il n'est pas-t-à moi, Monsieur. Puisqu'il n'est point-z-à vous et qu'il n'est pas-t-à vous, ma foi, je ne sais pas-t-à qu'est-ce. » (Oscar Bloch et Walter Von Wartburg, *Dictionnaire étymologique de la langue française*, Paris, Presses universitaires de France, 1932.)

permets que je siège sur mon banc?» (*Le vidéo*, II); Thérèse: «[...] est-ce que votre poids proportionne votre grandeur?» (*Le blind date*, I) Devant cette répétition multiple de la forme interrogative, on se demande si la question posée ne concerne pas davantage une autorisation à tordre le langage que le contenu même véhiculé par la phrase... Dans ce sens, et en étant elle-même marquée par une distorsion, l'interrogation répond donc de façon positive à la requête sous-tendue. Encore faut-il savoir distinguer les conditions de production de cette utilisation controuvée de la langue. Car si tous les écarts semblent autorisés, c'est bien parce qu'ils appartiennent à un monde dont le fonctionnement et la finalité reposent sur le travail sur la langue, celui de la littérature. N'est-ce pas tout à la fois l'affirmation et la mise en garde que nous fait l'auteur, lorsqu'à propos des erreurs de langage, il conduit un de ses personnages à différencier, parmi les privilégiés de l'instruction, l'écriture des gens de lettres de celle des scientifiques? Rénald: «[...] Lorsque minuit se sera sonné, l'univers s'effouèrerera...» Moman: «Mon Dieu, c'est ben mal écrit.» Rénald: «C'est écrit par des scientifiques Meman, pas par des poètes!» (*Le bogue de l'an 2000*) Comment comprendre sinon que Moman se choque soudain devant des incorrections qu'elle-même produit à foison? Comment donc lire sa réaction autrement que comme la reconnaissance d'un passe-droit pour les professionnels de l'imaginaire et de l'écriture exclusivement? Parce que l'écrivain justement, lorsqu'il s'adonne à cet éclatement du langage, loin d'agir une méconnaissance de son matériau de base ou d'afficher une quelconque désinvolture, actualise au contraire toute la vénération qu'il éprouve à son endroit. C'est sans doute pourquoi les Paré, plutôt que de d(')énoncer explicitement les méprises de Caro, les répètent à leur tour. Moman: «Caro n'est pas t'atterrie de Paris encore.» (*L'héritier*, IV)

2.3. De la musique avant toute chose [32]...

On aurait tort de croire, néanmoins, que les mises en garde contre une utilisation défectueuse de la langue relèvent strictement de notre interprétation. Car Caro reçoit bien un jour une incitation à mieux maîtriser son discours: «Surveille ton langage quand même!» (*New You*, I) En dépit du contexte particulier qui justifie cette réplique d'un Réjean offensé [33], on se dit que l'encouragement impératif à la vigilance verbale ne peut être totalement dépourvu de liens avec les fautes perpétrées par Caro tout au long de la série... D'autant que Lison se fait reprendre elle aussi au moment où elle confond «comtesse» et «comptine» et se mêle dans ses mots pour dire que sa langue a fourché [34]. Moman: «Madame la comtesse surveille son langage»

---

32. Paul Verlaine (1874), *Art poétique* dans *Jadis et naguère*, 1884.
33. Encore qu'il réagisse comme si Caro venait de l'insulter alors que, dans les faits, c'est lui qui a proféré l'injure. Caro: «Tu sais tu c'que t'es toi, Réjean?» Réjean: «Un crosseur?» Caro: «Exactement!» (*New You*, I)
34. Lison: «Ma langue a four... chose là» Moman: «Fourchette?» Lison: «Oui» (*Réjean vice-président*, III)

(*Réjean vice-président*, III). Quoi qu'il en soit, les indications d'une volonté d'éclatement des conventions langagières sont, quant à elles, établies très clairement. Elles surgissent lors de la quatrième saison de la série, à l'occasion d'une scène qui rappelle grandement le film de Pierre Granier-Deferre, *Le chat* (1971). On se souviendra peut-être que ce film met en scène un couple d'un certain âge (interprété par Simone Signoret et Jean Gabin) qui ne se parle plus que par l'entremise de petits bouts de papier. À l'origine de la rupture de communication, le meurtre par Signoret du chat de Gabin parce qu'il accordait plus d'attention à l'animal qu'à elle-même[35]. Dans *La petite vie*, c'est l'attitude de Moman avec sa dinde qui est responsable du conflit : « [...] on se parle plus [...] Monsieur a été insulté parce que j'ai installé la dinde dans notre chambre. » (*Caro religieuse*, IV) Au début de l'épisode, le couple parental ne s'adresse donc plus la parole et communique par l'intermédiaire de petites pancartes. Contrairement au film de Granier-Deferre, cependant, Claude Meunier ne met pas en scène une rupture complète du dialogue. Tout en conservant un mode ludique et humoristique aux échanges verbaux (il joue sur le paradoxe d'un refus du dialogue poursuivi malgré tout), il déplace momentanément leur registre de l'oral à l'écrit. Moman : « Ti-MÉ ? » Popa : « FERMÉ » Moman : « URGENT » Popa : « FAITES LE 911 » Moman : « 911 » Popa : « OCCUPÉ », etc. (*Ibid.*) De cette manière, le dialogue d'abord écrit (par l'auteur) conserve sa forme originelle et, du même coup, nous le remémore. La chose en soi mérite d'autant plus d'être soulignée qu'au sein de l'épisode, cet échange devient l'objet d'une nouvelle leçon dispensée par Popa. Leçon d'écriture, plus précisément, d'orthographe. Moman : « Sadike » Popa : « QUE » Moman : « Quoi ? » Popa : « SA-DI-QUE ». Or cette fois, Moman refuse la leçon : « Ai-touffe », « C'est pour TAI-CŒURER ! » (*Ibid.*) Si à ce moment Moman n'a de leçon à recevoir de personne, c'est bien justement parce que celle-ci concerne le langage. Certes, on a vu comment la force de Jacqueline Paré repose sur sa maîtrise du Verbe et son sens de la répartie. Mais au delà de la cohérence du personnage ainsi maintenue, l'auteur (derrière le personnage) nous indique que s'il y a des erreurs dans l'utilisation du langage, elles sont délibérées. Parallèlement, la question des conventions orthographiques (vis-à-vis desquelles Moman manifeste clairement son total désintérêt) nous ramène à la préséance accordée au son dans l'écriture des épisodes. De fait, et en abolissant momentanément l'aspect sonore du langage, la scène que nous venons d'évoquer en révèle paradoxalement toute l'importance. De ce point de vue, il n'est pas anodin que la taille des lettres dessinées sur les pancartes indiquent le volume de la voix. Popa : « MOMAN » Moman : « Pas sourd le cave » [...] Popa : « excuse » Moman : « Quoi ? » Popa : « excuse » Moman : « J'ai pas compris » Popa : « EX-CU-SE ! » (*Ibid.*) Mais il est vrai que le langage est intimement lié au sonore et l'analyse des jeux de langage ci-dessus l'a montré une fois encore.

---

35. Gabin ne lui pardonnera pas son geste : « Je suis revenu, Clémence, mais je ne te parlerai plus jamais ! Jamais, tu entends ? ! »

Cet aspect résolument ludique de l'écriture suit inexorablement son cours au long de *La petite vie* et va en s'amplifiant. Dans l'épisode du *Bogue de l'an 2000*, c'est la famille Paré dans son entier qui exploite ce registre. Comme à l'accoutumée lorsqu'ils s'unissent, l'un d'entre eux en fait forcément les frais : Rénald, le mal aimé. Quelques minutes à peine avant le passage à l'an deux mille, les Paré s'apprêtent à se confesser, convaincus qu'ils sont à présent de mourir sous peu. Rénald, qui est à l'origine de cette initiative, a le premier reconnu ses torts [36] et engage Lison à avouer les siens : « [...] t'as sûrement un petit quelque chose à te confesser toi là ? » (*Ibid.*). La belle Lison qui se souvient — comme le téléspectateur d'ailleurs — de son aventure d'un jour avec Rod préfère l'onomatopée qui atténue aux mots crus et directs : « [...] ton frère pis moi [...] on a POUT POUT ensemble. » À son tour, et plutôt que la réalité incisive que révèlerait pour l'heure l'expression « faire l'amour » ou l'interrogation plus blessante pour soi que véhicule le « tu m'as trompé ?! », Rénald choisit de reprendre la forme sonore élue par Lison. Il l'augmente encore cependant et, avec elle, la part de banalisation qu'elle est chargée de transmettre : « [...] tu veux dire POUT POUT DING DING là ? » Tout naturellement, malgré le contexte pour le moins intime du dialogue, les membres de la famille Paré entrent l'un après l'autre dans la conversation et s'en emparent. À un premier niveau, les interrogations d'abord formulées par Caro (« POUT POUT ZING ZING, tu veux dire ?... ») puis par Thérèse (« POUT POUT ZING ZING ou POUT POUT DING DING ?... »), tout comme l'intervention de Réjean (« Je le sais pas moé... branchez-vous là ! »), offrent l'avantage de diminuer encore l'importance de l'acte commis en mettant en avant la recherche d'une nomination exacte. Mais à un second niveau, on note que l'auteur fait porter l'élaboration du jeu verbal par plusieurs de ses personnages et les conduit ainsi à assumer collectivement le ludisme langagier. Car la réplique de Rénald déclenche un amusement verbal auquel participent tous enfants Paré. Lison : « [...] POUT POUT DING DING [...] POUT POUT ZING ZING... » Thérèse : « [...] Si on met ça ensemble, ça fait POUT POUT DING DING, ZING ZING POUT POUT » Réjean : « Oui, ou POUT ZING DING POUT, POUT ZING DING POUT » Caro : « Oui ou ZING POUT DING POUT, POUT DING ZING POUT » (*ibid.*). Ce phénomène est assez rare dans la série pour que nous prenions la peine de nous y attarder. Dans les faits il est même unique puisque, la plupart du temps, c'est deux personnages seulement qui élaborent le jeu langagier (à titre d'exemple, le dialogue « nous deux, nous quatre » de Thérèse et Réjean dans *Le souper du dimanche*, I). Ce n'est pourtant pas la première fois que toute la famille est réunie. Aussi pensons-nous que dans la poursuite de la série, l'auteur cherche à repousser les limites de son territoire et à étendre ses caractéristiques. Ici Claude Meunier abandonne sa stratégie habituelle de dispenser le pouvoir langagier à ses partenaires en tant qu'acteur de la série pour

---

36. C'est aussi une façon pour lui de régler ses comptes et, pour une fois, avec sa mère : « [...] je vous ai traitée d'épaisse et de nullité en privé [...] mauvaise cuisinière aussi [...] votre béchamel goûte la morve. » (*Le bogue de l'an 2000*)

le leur donner en tant qu'auteur, plus directement. Dans cette scène, en effet, Popa reste simple spectateur.

Parallèlement, on assiste à une nouvelle exploitation du registre ludique de la langue. À ce niveau, c'est beaucoup moins l'emploi comme tel de l'onomatopée qui est en cause que l'utilisation particulière qui en est faite. Car on a déjà croisé des onomatopées dans la série[37]. Si l'on en croit la définition canonique, « le mot grec *onomatopée* signifie, à la lettre, formation du nom. Mais on ne l'applique que lorsque le nom est formé par la peinture sonore de l'objet même[38] ». On en conviendra, il serait bien difficile d'affirmer que les configurations verbales auxquelles Meunier a recours illustrent bien l'acte sexuel. Par ailleurs, les définitions plus récentes restreignent encore le champ de l'onomatopée : « ce sont des mots [...] et non des bruits, car il y a codification de la prononciation, de la forme grammaticale et du sens[39] ». Or dans *La petite vie*, les formes sonores produites ne sont pas nécessairement liées à une signification particulière. De fait, on trouve plus tôt dans la série les onomatopées employées par Meunier dans la scène qui nous occupe. Moman vient d'entrer dans le salon et Popa sursaute une fois de plus : « [...] avertis-moi quand tu changes de pièce [...] juste faire POUT POUT ou DING DING, le bruit de quelqu'un qui rentre dans un salon, tsé ! » (*La pierre au foie 1*, I) » Ainsi et puisque les configurations sonores de Meunier pourvoient à la désignation tant d'une chose que d'une autre, elles échappent donc à la codification exigée. Et encore, c'est sans compter avec le fait que l'acte sexuel qu'il s'agit de nommer possède lui-même une autre enveloppe verbale. Thérèse : « [...] ça été plus fort que nous deux [...] BANG BANG ! » (*Info-Caro*, I) À défaut d'un emploi qui respecte les définitions imposées, elles provoquent par conséquent un nouvel éclatement du langage. Car n'en déplaise aux tenants des conventions qui ne cessent d'enfermer les formes les plus singulières et les plus créatives au sein de typologies carrées, les *onomatopées* sont bien présentes dans la série et mettent incontestablement en lumière la question de la sonorité de la langue. C'est du coup des sons à l'état pur que Claude Meunier nous donne à entendre. Partant, il leur attribue le sens le plus proche de ce qu'ils représentent dans l'imaginaire lorsqu'ils sont ainsi juxtaposés, non pas du bruit, certes, mais de la musique. Jamais dans *La petite vie*, en effet, on n'aura été aussi proche de celle-ci. À cet égard et compte tenu, qui plus est, des variations que les Paré font subir à la formule de départ, on songe à toute la pertinence des propos de Glenn Gould lorsqu'il affirme justement : « que la création n'est rien d'autre qu'un réordonnancement, qu'une redistribution d'une combinaison de détails qui n'ont pas été préalablement présentés ensemble dans le même contexte ».

---

37. Caro : « Ça fait vingt ans que tu m'as pas parlé pis tout ce que tu trouves à me dire c'est COIN COIN ! » (*La thérapie de Caro*, I)
38. Charles de Brosses, *Traité de la formation méchanique des langues et des principes physiques de l'étymologie*, 1765.
39. Bernard Dupriez, *Gradus. Les procédés littéraires (Dictionnaire)*, Paris, Union générale d'éditions, coll. « 10/18 », 1980.

Ainsi, le terrain d'élection de l'écriture ludique de Meunier est aussi bien la phrase, le mot, la lettre que le son. En ce sens, on peut le rapprocher des écrivains comme Raymond Roussel, Lewis Carroll, Georges Perec, Boris Vian, Raymond Devos, etc. Comme chez eux, le jeu langagier occupe chez Claude Meunier plusieurs fonctions; d'une part, il participe pleinement au registre humoristique, d'autre part, il ouvre la voie à l'imaginaire. Chaque écrivain, cependant, possède sa propre singularité et c'est aussi en cela qu'ils le sont. Dans cette perspective, l'écriture de Claude Meunier présente des marques singulières qu'il est opportun de mentionner. Parmi elles, l'emploi constant de surnoms et du couple question/réponse apparaît fondamental.

3. L'écriture de Claude Meunier

3.1. Les surnoms

De la même façon que les mots croisés réalisent la jonction entre la recherche de mots et le jeu de langage, le surnom trace une ligne qui relie la question de l'identité [40] avec le jeu verbal. En partant, les petits noms que s'attribuent les personnages entraînent des jeux langagiers : « [...] le pissou... euh le pinson » (Popa, *Le voyage à Plattsburgh*, I); « [...] hein poutine?... Hein pitoune? » (Réjean, *New You*, I) On ne peut donc s'étonner que les sobriquets qui abondent dans la série les favorisent également. À titre d'exemple, « Monsieur le Député [41] », « La bonbonne [42] », « Le Dum en bleu » et « Tante Riette », Henriette l'épouse d'Adélard dont le nom donne lieu à « l'oncle Dollard » mais aussi à « l'oncle Ti-Lard » (*Mlle Morin*, II)! De son côté, la fausse interrogation de Popa : « C'est quoi ton nom déjà toi? » (*Le changement de caractère*, I) ouvre le champ illimité des variations nominatives. Aucun des personnages de la série n'échappe au désir de l'auteur de circonscrire en un ou deux mots seulement, tantôt une de leurs caractéristiques physiques, tantôt un de leurs traits de caractère ou de comportement. Cette utilisation du surnom est à ce point systématique que même la maison des Paré s'en trouve pourvue. Selon le cas, elle devient la « Régie des shampooings », « Bagdad », la « Résidence de l'homme mou » et la « Résidence du Gros-nerf [43] ».

L'on sait depuis Platon que « la propriété du nom consiste à représenter la chose telle qu'elle est [44] ». Et de fait le chassé-croisé des sobriquets dans la série désigne l'allure et l'attitude des personnages dans les différents épisodes. Ainsi « le pitbull », « Yogi l'ours », « le rognon », « l'expresso » et « le

---

40. Dans la mesure où comme le nom, « il exprime, révèle, manifeste ce qu'est l'être. » (Lamennais, *Esquisse d'une philosophie*, 1840, t. I.)
41. Pour Réjean qui a une aventure avec une femme député (*L'aventure de Réjean*, II).
42. Pour Bobonne, dans *La correspondante de Moman* (I).
43. Dans le but d'alléger la lecture de notre texte, nous omettrons dorénavant de préciser les noms des personnages qui formulent ces surnoms tout comme le titre des épisodes qui les contiennent.
44. Platon, *Le Cratyle*.

docteur Maxwell» qualifient le tempérament agressif, grognon et nerveux de Popa, tandis que «l'épouvantail», «Détritus», «le casse», «le malamuth», «Raspoutine», «Castro» et «Moïse» décrivent son physique et que «Monsieur Canadian Tire» et «Saddam» représentent sa passion pour le bricolage et les systèmes d'alarme. Comme le nom éprouve parfois des variations linguistiques, l'emploi du surnom aussi. Sur le plan sémantique, «le chevalier O'Keefe» (Pogo) se transforme, dans le passage d'un épisode à un autre, en «Monsieur .5» qui lui-même se déplace en «.7» puis en «.12» (*Le souper avec vedette*, I) ; et Lison, naguère «Miss narines» (*Château-Ragoût*, I), se métamorphose bien des épisodes plus tard en «Miss mollets» et «Miss aisselles» (*Miss Madame, III*). Sur le plan formel cette fois, le prénom Jean-Lou entraîne «Pitou», «Ti-Mou» et «Ti-Lou» (*Le mariage du gai 2*, II). Mais lorsqu'il s'agit de créer une série d'associations tout à la fois sémantiques et phonétiques, c'est toujours le même personnage qui en fournit l'occasion, Rénald : «Rambo», «Rénald Bamba», «Tomba», «le Mambo» (*Le souper du dimanche*, I). Dans quelques rares cas, le sobriquet est accompagné d'une justification. Le prétexte alors utilisé est celui du nom de Totem octroyé par les mouvements de scoutisme à leurs adhérents. C'est en réponse à Lison qui vient de la présenter comme «Jacqueline des Kakwitas, une des plus vieilles squaws de la forêt» que Moman, piquée, réplique : «Elle c'est Tête de crevette, un des plus petits cerveaux...» (*Le camping*, II) Autant dire que le sobriquet ne se soustrait pas à la fonction de raillerie qui le caractérise. Elle est même sa première raison d'être dans la série et Réjean l'expérimente largement : «Tête de clou», «le revel» et «le muffin à l'orange», «le Baron de la Piquette», «le cocu de la Tercel», «Monsieur Matou», «Daniel Boone» (au moment où Popa et Moman le rencontrent à la sortie d'un bois avec une jeune femme), «Cyrano» (alors qu'il déclame des poèmes sous la fenêtre de la chambre de Thérèse), etc.

Il reste que le juge de *La cour en direct*, qui n'apparaît qu'une seule fois dans la série et encore le temps d'une scène, ressort comme celui de tous les personnages qui en un seul épisode reçoit l'accumulation la plus importante de surnoms (*Le cadran*, I). Dans tous les cas le sobriquet employé s'avère le résultat d'une association rigoureuse. «Votre madame la jugeotte», «madame la Jurisprudente», «Votre madame d'honneur» et «Votre marteau» renvoient directement à la fonction qu'elle occupe, à son titre et à son instrument. «Votre odeur», qui badine habilement avec le traditionnel «Votre honneur», est énoncé à la suite d'une remarque sur la mauvaise senteur qui règne dans la salle. Celle-ci étant justifiée par la présence et la maladie du poisson rouge de Thérèse (il en est question à plusieurs reprises dans les autres scènes), on glisse naturellement à l'enchaînement suivant : «votre ouananiche», «votre morue» et «votre petit poisson des chenaux». Ici le surnom établit donc un pont entre le jeu de langage et la structure narrative de l'épisode. Et puisque l'allusion au statut des comédiens permet d'insister sur l'aspect imaginaire de la série, l'auteur profite du fait que l'actrice a déjà incarné La Bolduc pour compléter dans ce sens la liste des surnoms de la

Juge : « votre turlute », « votre damdililam », « votre bouton sur le bout de la langue », « votre folklore », « votre honorable set-carré », « votre bombarde » et « votre bastringue » (*ibid.*). Du jeu verbal à l'imaginaire en passant par le tissage narratif de *La petite vie*, le sobriquet condense donc l'essentiel de l'écriture de Claude Meunier. Et si l'on doutait encore du choix de l'auteur d'accomplir un travail littéraire avec les surnoms, il suffit de rappeler que c'est une suggestion de « Monsieur Bricole » à propos de la cabane à moineaux à construire : « [...] Relais du Merle, Relais du Gros Pit, selon votre sens de la poésie. » (*Le mariage du Gai 1*, II)[45]...

Émis par les personnages pour se gausser les uns des autres, les surnoms dans leur quasi-totalité ne sont jamais répétés. Tout se passe comme si aussitôt énoncés ils s'évanouissaient pour laisser la place à d'autres. De nouveaux épisodes, de nouvelles scènes et de nouveaux dialogues en produisent toujours de nouveaux. On pourrait en déduire qu'ils représentent une quête incessante de l'identité avec, en quelque sorte, l'impossibilité de son aboutissement. La Genèse précise que les hommes décidèrent de construire la tour de Babel et de se donner un nom dans le but d'éviter la dispersion et de permettre à l'humanité de se percevoir dans son unité et son indispensable identité[46]. Or mobile, évanescent, le surnom dans la série se soumet à une transformation radicale immédiate, un peu comme un vêtement qui s'adapte à la complexion de celui qui le revêt. En ce sens, il défie toute assimilation et atteste plutôt la volonté de changer de rôle, de faire l'acteur. Du coup, il est plus qu'un surnom : il est tous les surnoms et fait de la nomination dans la série une question majeure. On la découvre sous différentes formes : de la recherche des noms et de la valeur qui leur octroyée[47] à l'emploi des sobriquets, en passant par l'utilisation de périphrases. Un court dialogue entre Popa et un amant de Caro illustre cette autre configuration et nous amène directement à l'importance du couple question/réponse dans l'écriture de Meunier. Dubuc : « [...] ceux qu'on appelle la minorité visible. » Popa : « Les nains vous voulez dire ? » Dubuc : « Non, les gens de couleur. » Popa : « [...] un vieux Noir, vous appelez ça comment vous ? Un mineur visible apparemment de couleur ? » Dubuc : « Oui, pis un nain sourd [...] un périmé auditif réduit. » Popa : « C'est dur à retenir pour un vieux réduit couleur minimum. » (*La thérapie de Caro*, I) Par l'intermédiaire de la nomination, *La petite vie* s'affirme donc encore comme un monde de langage, délibérément imaginaire, que la question de l'identité traverse de part en part. Cette problématique, nous l'avons vu, est supportée également dans l'écriture par la forme interrogative et la question. Aussi et comme on peut s'y

---

45. Moman ne rate pas l'occasion d'ajouter sa proposition au regard du résultat peu glorieux de Popa : « Relais du naufragé ? » (*Ibid.*)
46. « Ils dirent : Bâtissons-nous une ville et une tour dont le sommet soit dans les cieux, et faisons-nous un nom, de peur que nous soyons dispersés à la surface de toute la terre. » (Genèse, II-4, traduction d'Émile Ostry)
47. Réjean : « La Suède, quel beau nom pour un pays ! » (*Réjean reçoit*, II)

attendre dans une série qui propose le récit étroitement imbriqué des mésaventures familiales et des aventures du langage, le doublet question/réponse répercute comme en écho le couple Popa/Moman.

3.2. Le couple question/réponse

Comme les mots croisés peuvent laisser croire qu'ils sont à l'origine des jeux de langage, ce sont les problèmes de mémoire de Popa qui semblent expliquer la présence des questions [48]. Popa : « [...] j'pense que je sus t'en train de perdre la mémoire [...] j'me rappelle pu de rien [...] demande-moi donc la couleur de mon casque [...] demande-moi d'autre chose pour le fun ? » (*Mlle Morin*, II) [49] Et de la même façon que le passe-temps de Popa disparaît alors que les jeux de langage demeurent, c'est quelques épisodes seulement qui font état de ces troubles de Ti-Mé, tandis que les personnages formulent de nombreuses interrogations tout au long des épisodes.

L'étrangeté des questions transparaît en même temps que l'évidence qu'elles supportent les problématiques à l'œuvre dans la série. C'est ainsi qu'elles véhiculent celle de l'identité (« [...] qu'est-ce que vous avez l'air [...] », « pourquoi êtes-vous né à Sept-Îles ? » (*Le souper avec vedette*, I), celle du langage : « Asperges ? Aimez-vous ça comme mot, vous, asperges ? » (*Ibid.*) et même celle de la langue : « Lorsque vous jouez à l'étranger, Guy, dans quelle langue scorez-vous ? » (*Ibid.*) Dans la construction de *La petite vie*, la question occupe donc une fonction importante au sens, qui plus est, où elle produit du texte, des dialogues. Inversement, il est vrai, l'écriture fondée sur le dialogue favorise ce procédé, mais ici la forme de la question, sa fréquence et ce qu'elle induit (une réponse singulière) débordent le champ de sa fonction créatrice habituelle. Par moments elle est même systématisée et prend alors l'apparence de véritables questionnaires élaborés en prévision de rencontres avec des inconnus (*Le souper avec vedette*, *Le blind date*, *Le retour de Rod*) ou dans le cadre de concours (*Tous pour un*, *Miss Madame* et *Le combat des clans*) [50]. Parallèlement, certains dialogues de Popa et Moman reposent sur le principe même de la question et de son identification, qu'il s'agisse pour le couple de s'interroger sur d'éventuelles infidélités [51] ou sur

---

48. Et parfois les jeux de mots, par exemple lorsque Thérèse souffre du même mal que son père. Thérèse : « J'ai aucune mémoire pour les noms de ville ; c'est ça, Rome, Denise ? » (*Réjean reçoit*, II)

49. Popa : « Oussé qui sont mes lunettes là ? Oussé qui sont ? [...] Quessé qui font là ? [....] Où c'qui est le téléphone là hein ? Où c'qui est le téléphone ? » (*Le cadran*, I) ; Popa : « [...] moi qui ai une mémoire phénoménale [...] une mémoire là voyons, une chose... l'affaire avec une trompe là ?... » (*Tous pour un*, II)

50. Il arrive d'ailleurs que, dans sa formulation, la question adressée à l'étranger s'apparente à celles posées lors des concours. Popa : « [...] dans quelle langue scorez-vous ? Vous avez dix secondes pour répondre ! » (*Le souper avec une vedette*, II)

51. On se souviendra de ce dialogue déclenché par le détecteur de mensonges dans *Le mariage du gai 2* (II) qui a fait l'objet d'une analyse dans le premier chapitre en même temps que l'entrevue de Popa avec la journaliste (*Le mariage du gai 1*, II).

ses positions politiques. Moman : « [...] es-tu pour ou contre la séparation du Québec ? » Popa : « [...] tu parles d'une question [...] » (*L'élection*, IV) Eu égard aux membres de la famille Paré et de leur entourage, la question sert — comme le jeu de mots — à mettre à nu leur ignorance. Thérèse : « Qu'est-ce que vous pensez de la vasectomie ? » Yvonne : « C'est un très beau pays. » Popa : « La Prostate c'est ben beau aussi, ça a l'air... » Yvonne : « Je l'sais pas, j'suis jamais allée. » (*Le blind date*, I) ; Rénald : « Nommez-moi trois pays d'Afrique. » Réjean : « Trois ? ! Trois pays d'Afrique ! Simonac, pensais pas qu'y en avait tant que ça. » (*Le combat des clans*, III) Elle permet ensuite de souligner la sottise et le décalage des uns (Luc Senay : « Lison, vous êtes l'épouse de Rénald ? » Lison : « Je vais prendre une chance : oui, je suis son épouse. » [*Ibid.*] ; Moman : « Ça c'est sa photo ; qu'est-ce que vous en pensez ? » Yvonne : « Est très bien développée. » [*Le blind date*, I]) et le surréalisme des autres. Rénald : « Des choses que l'on fait en couple ? » Thérèse : « Capturer la rosée » Popa : « Taquiner la truie » (*Le combat des clans*, III) Et dans le contexte d'une série où l'on se joue de tout un chacun, elle indique elle-même la dérision. Journaliste : « Êtes-vous en train de me niaiser, vous là ? » Popa : « [...] d'après moi oui. » (*Le cadran*, I)

Pour souligner son importance, l'auteur a recours à différentes stratégies. En premier lieu, l'insistance de Lison — nous l'avons vu — à la faire répéter : « Pouvez-vous répéter la question, s'il vous plaît ? » et à rabâcher cette formule au point d'en rebattre les oreilles de son conjoint lui-même. Rénald : « Viens pas folle là. » (*Le combat des clans*, III). En second lieu, l'affirmation par les personnages de son intérêt (Réjean : « En plein la question que j'attendais [...] » [*New You*, I]) et de sa valeur. Réjean : « Très bonne question... très bonne question ! » (*Ibid.*) ; Moman : « Oh la belle question !... » (*Le bogue de l'an 2000*) Ailleurs, Popa lui assigne une mission apaisante : « [...] une question pour vous détendre » (*Le souper avec une vedette*, I.), et Rénald, une fonction de valorisation : « [...] une autre question, juste pour montrer [...] que je sais [...] » (*Tous pour un*, II). De plus, elle n'est que rarement critiquée. Lorsque c'est le cas cependant (Moman : « [...] c'est vague là comme question. »), l'interlocuteur ne se méprend pas sur le sens caché du reproche. Popa : « On dirait que tu veux pas répondre. » (*L'aventure de Réjean*, II) Et si par malheur un personnage omet de la poser, il n'a qu'à s'en prendre à lui-même. Réjean : « Pourquoi vous me l'avez pas dit ? » Popa : « Tu nous l'as pas demandé. » (*L'aventure de Réjean*, II) D'autant qu'il en faut peu pour lui donner satisfaction. Pogo : « T'as des preuves de t'ça ? » Réjean : « Oui » Pogo : « Parfait ! Ça répond à ma question. » (*New You*, I).

La puissance de la question est si grande que même Popa, dont nous avons déjà dit qu'il est de tous celui qui maîtrise véritablement le langage, peut se laisser piéger par elle. Garde-chasse : « [...] j'espère vous avez pas de permis ? » Popa : « Non, non » Garde : « Parfait, m'a pouvoir vous en vendre un. » (*Le camping*, II) Même une fois conscient du piège et de la stratégie, la question parvient à se retourner encore contre lui. Garde : « C'est à vous le

char ? » Popa : « Euh... je l'sais pu trop là... » Garde : « Parfait, j'vas le prendre. » (*Ibid.*) Dans cette perspective de la question traquenard, certaines sont
parfois conçues comme un attrape-nigaud. Rénald : « Si un homme se marie
trois fois avec quatre femmes différentes, qui est-il par rapport au fils de sa
troisième femme ? » (*Le combat des clans*, III) Il n'est pas anodin, à ce propos,
que l'on retrouve la devinette que l'on pose généralement aux enfants pour
attirer leur attention sur la formulation des choses : « Quelle était la couleur
du cheval blanc de Napoléon ? » (*Ibid.*) Mis à part le côté (justement) naïf de
Thérèse qu'entre autres elle dénonce ici (Réjean : « Elle est bonne celle-là ! »
Thérèse : « Mets-en qu'elle est bonne, mais ça me dit pas la couleur par
exemple » [*ibid.*]) la question émise a bien pour fonction de mettre en lumière
l'importance de la forme. De fait, et sur le plan de l'écriture, elle déclenche à
son tour la création de jeux de mots. Luc Senay : « Nommez une ville avec
un nom d'animal. » Thérèse : « Verdun ! VER-DUN » Lison : « Lièvre-
du-Loup. » (*Ibid.*) Plus largement, elle engendre les dérives les plus saugrenues. Thérèse : « Savez-vous ce qui fait la qualité de nos hamburgers ? » Moman : « Votre stationnement ? » Thérèse : « Non, le sourire de nos bœufs. »
(*Thérèse au WacDo*, I) Finalement, lorsqu'elle se veut parodique, elle caricature le principe des concours. Animateur : « [...] je vous demande le nom de
la grand-mère du pilote de l'avion [...] la pointure de souliers de l'infirmier
[...] le nom de son chien [...] le numéro de série du carburateur du taxi... »
(*Tous pour un*, II) Quoi qu'il en soit, c'est sur une question qui concerne l'écriture que les choses se gâtent vraiment pour Rénald. Après avoir répondu
(parce qu'il a triché) à toutes les questions les plus inattendues, il rate la plus
simple parmi toutes celles qui lui ont été posées, celle qui porte sur l'orthographe. Jean Besré : « [...] épelez-moi bamba. » Rénald : « B A N B A » (*Tous
pour un*, II) !

À l'instar du couple parental où Moman fait office de faire-valoir à Popa,
la question — au sein du doublet question/réponse — bénéficie de la réplique qu'elle enfante. Manifestement, la réponse est tenue de mettre la
question en valeur. Dans ce but, elle est parfois différée. Journaliste : « Monsieur Ti-Mé ? » Popa : « C'est possible oui, c'est possible. » (*Le cadran*, I) ;
Réjean : « [...] est-ce que vous jurez de dire la vérité, toute la vérité ? » Moman : « On verra ben. » (*Ibid.*) À d'autres moments, elle correspond carrément à une fin de non-recevoir. On voudra bien se souvenir de ces réponses
qui n'en sont pas, qui ne sont rien d'autre que des refus de réponse : « Je te
le dis pas. », « C'est un secret. », « J'ai promis de pas le dire. », etc. Il arrive
aussi qu'elle prenne le pas sur la question, que celle-ci soit même éliminée à
son profit. C'est ainsi que Popa préparant la rencontre avec Guy Carbonneau, le joueur de hockey, prévoit les réponses de son futur interlocuteur
sans même formuler les questions : « Bonsoir Guy. Oui, ça vous fait plaisir de
me rencontrer. » (*Le souper avec une vedette*, I) Certes, le but premier du procédé consiste à mettre l'accent sur l'importance de celui qui mène l'entretien, le questionnaire, mais en même temps cette ellipse de la question dirige
l'éclairage vers elle et, du même coup, lui accorde un poids plus grand. C'est

justement parce qu'elle est absente, qu'elle n'est pas formulée, que la question prend soudain toute la place et qu'on finit par ne plus rien entendre d'autre[52]. Pour couronner le tout, Popa déclare de question en question tout le mérite que celle-ci représente en même temps que l'inutilité de la réponse : « Une très bonne question pour vous [...] Qui était le député de Lotbinière en 1839 ? [...] Pis, qu'est-ce ça nous donne de savoir ça ? » (*L'élection*, IV) Devant toutes les questions qui restent ainsi en suspens, on se dit qu'il y a là une manière de les considérer comme suffisantes en soi et de le souligner. L'absence de la réponse et de son contenu abolit aussitôt celui que transporte la question posée. Renvoyée comme un boomerang à son essence même, la question devient alors un pur mouvement, un branle scripturaire.

Il reste que l'interrogation qui caractérise la construction de la série et l'écriture de Claude Meunier a aussi pour fonction dans la série d'introduire formellement à la problématique de l'identité. Et d'ailleurs lorsqu'elle est chargée de la porter, elle suscite encore une réponse en forme de question. Réjean : « Si le Québec se sépare là, les Canadiens de Montréal comment t'est-ce que vous allez les appeler ? Les Habitants peut-être ? » (*L'élection*, IV) Ainsi dans un contexte où le langage ne cesse d'être magnifié et mis en scène, c'est justement la question de la langue que recouvre la question de la question dans *La petite vie*.

4. « La langue, [...] les entrailles d'un peuple » (*Le voyage à Plattsburgh*, I)

Au long de la série, Popa et Moman croisent des personnages d'origine étrangère. Ces rencontres passagères ouvrent sur un nouvel objet de dérision composé des traits culturels des uns et des autres. La société québécoise n'échappe pas à cet autre persiflage. Le premier étranger que rencontrent les Paré est ougandais, « [...] Napoléon Pwemier, un copain international de Caro. » (*Le vidéo*, II). Son objectif de réaliser « un documentaire sur la famille québécoise » justifie sa présence chez Popa et Moman le temps d'un épisode (*ibid.*). Références culturelles et historiques sommaires (« le père Brébœuf [...] martyr canadien », « la Sagouine », « un violoneux », « chansons à répondre », « set-carré » et « ligue d'improvisation [...] un jeu inventé par le Québec ») constituent l'essentiel des caractéristiques du Québec que les Paré exhibent devant Napoléon. Un repas traditionnel (« [...] dinde, fèves au lard, ragoût de pattes ») complète le défilé des particularités nationales. Face à cette présentation pour le moins expéditive de la culture québécoise, on se dit que l'étude sociologique annoncée[53] ne peut coïncider

---

52. Cet effet inhérent à l'ellipse a lieu dans la série et concerne encore le langage. Popa : « J'ai pas dit un mot. J'ai pas dit un mot. » Moman : « Me semble que je l'entends quand même... » (*Le changement de caractère*, I)
53. Napoléon : « Dans le cadre de notwe cou de sociologie 201 — Étude de la wace blanche — nous allons étudier aujoud'hui le modèle familial québécois. » (*Ibid.*)

avec le mobile véritable de l'auteur, et qu'au contraire la fonction de l'épisode consiste à nous éviter la méprise d'une telle interprétation. *La petite vie* ne dépeint pas plus une « famille québécoise typique » qu'elle n'est véritablement le miroir de notre société. Nous avons amplement montré que le monde de Claude Meunier prend sa source dans l'imaginaire et qu'il s'y développe, pour ne pas gloser cette assertion davantage. Et d'ailleurs, si le rapport du Québec aux Premières Nations est mentionné, c'est encore d'une manière très allusive. On en détecte une première trace dans le témoignage de Rénald à la Cour : « Juin 91, [Popa] se déclare Mohawk pour ne plus avoir à payer d'électricité. » *(Le cadran*, I) À quelque temps de là, la question est de nouveau abordée mais sur un mode nettement accusateur. Elle est le fait des Français. Bobonne : « Et c'est où que vous avez massacré […] les Mohawks ? Y paraît que vous avez été vraiment dégueulasses. » (*La correspondante de Moman*, I) Même si Popa ne dément pas et réplique comme un homme piqué (« […] c'est rien comparé à ce qu'on peut faire aux Français ! » [*ibid.*]), on s'en tiendra là. Bobonne ne cherche pas à pousser plus avant cette conversation, attestant par là un intérêt très relatif. De ce point de vue, on peut se demander si cette allusion aux Mohawks dans la série n'est pas simplement motivée par le jeu de langage qui l'a amorcée. Bobonne : « Et c'est où que vous avez massacré les Mokas l'an dernier ? » (*Ibid.*) De leur côté, les éléments qui introduisent la société américaine dans *La petite vie* sont tout aussi ténus malgré deux séjours (si l'on peut dire) de Popa et Moman à Plattsburgh. Le désintérêt que le couple Paré manifeste à son endroit est patent. L'unique visite effectuée, tout comme la seule remarque émise, concerne « la dompe de Burlington ». Popa : « […] côté vidanges, on a rien à envier aux Américains. » (*Le voyage à Plattsburgh*, I) Cette indifférence palpable va de pair avec une méconnaissance flagrante. Moman : « Luther King, l'assassin de Kennedy » (*Ibid.*)! On ne détectera pas d'autres signes marquants de l'univers américain…

En comparaison, la société française donne l'illusion d'occuper une place considérable dans la série ; il faut dire en partant que le couple français revient dans plusieurs épisodes. À travers Momo et Bobonne, l'image que le Français donne de lui-même est consternante. Il est délibérément grossier (« […] il rote pendant vingt minutes […] c'est à crever de rire. »), dégage une mauvaise odeur (parce qu'il « […] mange toujours du fromage qui sent les pieds […] pour enlever [celle] de d'sous de bras. ») et se montre particulièrement sans gêne (« Dis donc, c'est votre chambre là ? […] bonne nuit tout le monde… » [*La correspondante de Moman*, I]). Quant à son sens de l'hospitalité, il laisse à désirer, c'est le moins qu'on puisse dire. Il suffit de se rappeler que Popa et Moman sont logés dans la porcherie pour s'en laisser convaincre (*Le voyage*, IV). Finalement — et c'est notoire — le Français est totalement ignorant de la réalité du Québec et du Canada. Bobonne : « […] huit heures : petit déjeuner dans les Rocheuses, onze heures : visite aux Chutes du Niagara, et en soirée, pêche à la baleine en Abitibi. » (*La correspondante de Moman*, I) Quoi qu'il en soit d'une caricature (d)énoncée ou de la mise à plat d'une vérité peut-être pas si exagérée, chacune des rencontres avec les étrangers est avant tout le prétexte à une confrontation des langues et à une nouvelle production de jeux de langage. Dans l'avion qui les ramène de Paris, Moman se tourne vers son voisin : « Habla français ? [...] Parlez-vous français en espagnol ? » (*Le voyage*, IV) Avec sa réplique (« Toi Moman, tu parles quoi au juste, le schizophrène ? » [*ibid.*]), Popa désigne deux aspects : d'une part, le contenu insensé de la question de Moman, de l'autre, la dissociation d'une langue qui en contient plusieurs.

4.1. Le choc des langues

La disparité des accents ou la méconnaissance que certains en ont concourent à l'ambiguïté verbale créatrice qui déferle dans *La petite vie*. La prononciation de l'ami ougandais est une aubaine pour Popa et sa propension au calembour. Napoléon : « [...] il aime pas les noiws ? » Popa : « Oui y aime les noix, mais y aime encore mieux les cachoux. » (*Le vidéo*, II) Sur les traces de son père, Thérèse cherche à entraîner la langue étrangère vers la sienne. Gérard-Marie : « Parla italiano ? » Thérèse : « Par la quoi ? » (*Réjean reçoit*, II) Un peu plus tard, son accent suscite la confusion au moment de conduire à table l'invitée anglophone : « Are you angry my deer ? » Darling : « What ? » [...] Thérèse : « Euh hungry, j'veux dire... » (*Réjean reçoit*, II) Pour autant, la confection de jeux langagiers dans une autre langue que la sienne n'intéresse pas vraiment Claude Meunier. Ce qui lui importe visiblement, c'est le jeu qui résulte du chevauchement de deux langues. De fait, les équivalences homophoniques d'une langue à l'autre sont systématiquement exploitées. Entre le français et l'anglais d'abord. Darling : « Oh my god ! Fantastic ! » Gérard-Marie : « Oui [...] y goûte le Fantastik un ti-peu. » (*Ibid.*) ; Moman : « It is me, the Mommy ! » Thérèse : « [...] c'est la Momie. » (*Le voyage à Plattsburgh*, I) ; Rénald : « [...] attention au crack. » Moman : « [...] on est capable de les craquer. » (*Ibid.*). Et entre le français de France et le québécois ensuite. Popa : « [...] si ça gaze ? [...] c'est pas un garage ici ! » (*La correspondante de Moman*, I) ; Momo : « [...] y a que les concombres qui viennent du sol. » Popa : « [...] on dirait pas en te regardant... » (*Ibid.*) Il reste que les mots détenteurs d'une image acoustique identique dans plusieurs langues n'abondent pas, aussi la plupart des jeux verbaux, même s'ils sont rares, tirent parti de la moindre ressemblance fortuite qu'ils partagent. Moman : « Ton bottin » Thérèse : « What ? » Moman : « Your bottine [54] » (*Réjean reçoit*, II) ; Moman : « Vous voulez [...] cracher ici ? [...] Ah, crêcher [...] Faites la bisque... la bise à Momo. » (*La correspondante de Moman*, I) ; Popa : « Non non, pas nos vendanges, nos vidanges. » (*Ibid.*) Quel que soit cependant le mécanisme qui les fonde, les jeux langagiers interlinguistiques se développent dans le cadre d'une affirmation de la dissemblance des langues. En ce sens, on devine que l'essentiel

---

54. Pour favoriser la compréhension de ce dialogue, rappelons que Thérèse a attaché un bottin téléphonique sur sa tête.

de la confrontation vise, avant toute autre langue, le français de France et le (français) québécois.

Les rencontres entre Popa, Moman et le couple français s'inscrivent en effet dans le registre d'une identification, voire d'une revendication de la différence des langues. Dans un premier temps, Momo et Bobonne font le constat de leur ignorance («[...] y a tellement de trucs que je comprends pas. »), et cherchent à la diminuer : «Vous appelez ça comment déjà ? », « Comment vous appelez ça ? » (*La correspondante de Moman*, I) À première vue on pourrait croire qu'ils apprécient cet inconnu qu'ils découvrent (« J'aime tellement votre argot. », « C'est vachement chouette son dialecte [...] »), encore que les termes utilisés (« argot » et « dialecte ») nient toute reconnaissance d'une langue véritable. L'illusion de fait ne dure pas et l'enthousiasme s'estompe rapidement : «[...] on dirait du malamuth [...] Le chien d'un copain [...] cause comme toi. » (*Ibid.*) Pour faciliter la compréhension mutuelle, les Paré prennent la peine d'expliquer certaines expressions. Bobonne : «[...] potée chinoise ? » Moman : «[...] pâté chinois ou encore pâté composé asiatique » ; Moman : «[...] pets de sœurs » Popa : «[...] flatulences de nonnes... gaz de nonnes » (*Ibid.*) Mais l'agacement allant en augmentant, ils ne cherchent bientôt plus à éclairer leurs interlocuteurs, et affirment leur spécificité. Momo : «[...] pas morron, marrant. » Popa : « Chez nous on dit morron ! » (*Ibid.*) Dans la foulée, ils se débarrassent au plus vite des Français encombrants. Popa : «[...] j'ai pour vous autres deux beaux billets pour l'Acadie [...] C'est un service qu'on se rend [...] » (*Ibid.*) Une fois délivrée des fauteurs de troubles, la famille Paré peut s'en tenir à l'essentiel, à savoir la réflexion sur la distance linguistique qui les sépare. Certes, on retrouvera Momo et Bobonne à quelques autres reprises. Mais la fonction de leur présence dans la série a été établie dès cet épisode et ne variera pas. Dans tous les cas, il s'agit pour l'auteur de conduire la famille Paré à situer sa langue par rapport à celle des Français dans une affirmation tranquille de leur distinction. L'on songe alors que le choix de Claude Meunier d'attribuer au couple français un fils qui est la réplique exacte de Rénald (tenue vestimentaire et physique identique [55], traits de personnalité analogues [l'avarice] et passions communes [bamba et Monopoly]) correspond vraisemblablement à sa détermination de faire ressortir de façon éclatante l'élément fondamental qui les distingue, à savoir le langage. Aussi, et puisque le rapport à la langue l'emporte sur les liens entre les personnages (c'est bien ce que laissent entendre les apparitions irrégulières de Momo et Bobonne dans *La petite vie*), le débat linguistique ne nécessite pas (ou plus) la présence des Français pour avoir lieu.

Lors d'une scène mémorable, c'est en leur absence précisément que la question de la différence entre les deux langues refait surface. Pour indiquer l'écart qui les éloigne, elle prend appui métaphoriquement sur le système métrique qui pourvoit au calcul des distances. On approche de la fin de la

---

55. Le même comédien — nous l'avons dit — incarne les deux personnages...

série (c'est le début de la quatrième saison) et Popa, à l'instar de son créateur, reste caché dans les coulisses. Réunie dans le salon, la famille Paré attend le retour de France de Caro. Rod, absent, s'enquiert au téléphone de l'arrivée de sa sœur. Moman : « […] son avion est en retard d'une quarantaine de mètres… de mètres !… de mètres ! […] une minute en France, c'est ben un mètre ? » (*L'héritier*, IV) Devant l'étonnement de Rod (on l'imagine), Moman adresse sa question à ceux qui l'entourent. En guise de réponse, ces derniers se saisissent de l'occasion pour formuler les équivalences les plus saugrenues. Rénald : « Oui c'est ça, puis les secondes c'est des kilos. » Lison : « […] je croyais que les secondes c'était des litres, moi. » Thérèse : « Les litres c'est pour les volumes. » Lison : « Quels volumes ? » Thérèse : « Les volumes là, les livres, hein minou ? » Réjean : « Oui oui exactement ; lire, litre, c'est la même racine, hein ? » Rénald : « Oui c'est ça oui, lire un bon litre. » Réjean : « ou encore, lire au litre. » (*Ibid.*) À la lumière de ces renseignements, Moman indique à Rod le retard exact de sa sœur : « […] Caro devrait atterrir le sol […] d'un kilo à l'autre. » et interrompt brusquement la conversation téléphonique compte tenu qu'« il est déjà vingt mètres et cinq kilos » (*ibid.*). Ainsi, et dans un prodigieux tour de passe-passe verbal, Claude Meunier fait s'entrechoquer l'espace et le temps, les volumes et la littérature et, ce faisant, met en scène sa langue d'écriture, sa langue d'écrivain. Il n'empêche qu'à l'arrivée de Caro, Lison rappelle que cet insolite dialogue à cinq n'est pas complètement dépourvu de fondement, et qu'il existe une distance indiscutable entre le Québec et la France causée, entre autres, par le décalage horaire : « Il est quelle heure pour vous autres là, neuf mètres et vingt kilos ? » (*Ibid.*) Quoi qu'il en soit, en amont de ce vertigineux Big Bang langagier se profile également la question de la traduction et d'un passage recherché d'une langue à l'autre. Lison le suggère, en tout cas, au moment où elle reprend Rénald : « Non non pas creton, pinson, terrine ! En France, on dit terrine » (*Ibid.*) Dans le contexte d'écriture et de production de *La petite vie*, celui de la société québécoise, la question de la langue (et de sa traduction) rejoint directement celle de l'identité. Darling : « Oui, je aime beaucoup la langue françoise. » Thérèse : « Thérèse, mon nom ! » (*Réjean reçoit*, II) ; Moman : « Sorry, je comprends pas la française. » Rod : « J'suis pas française, j'suis québécois, moi ! » (*Musique plus*, IV). À cet égard, on voudra bien se souvenir qu'au moment du départ de Popa et Moman pour Plattsburgh, Lison attire délibérément l'attention de ses beaux-parents sur cet aspect : « Arrangez-vous pas pour perdre votre français là… » (*Le voyage à Plattsburgh*, I). La réplique de Moman atteste sans aucun doute possible la conscience qu'elle détient des liens qui cimentent la langue avec ceux qui la parlent : « Non pour ça y a pas de danger ; la langue, c'est les entrailles d'un peuple. » (*Ibid.*)

4.2. La langue de l'identité

Un mouvement qui cherche à entraîner une langue vers une autre sourd tout au long des épisodes de *La petite vie* jusqu'à éclater de façon manifeste dans la dernière saison. À un premier niveau, le passage d'une langue à l'autre sert de mobile à l'inévitable moquerie que tous les personnages endurent bon an mal an. Alors que Rénald s'exprime en anglais dans le but d'éviter à Thérèse un accroissement de son inquiétude («[…] parle-z-en surtout pas à Thérèse mais I am very anxious now because it's been five hours now […]» [*Le voyage à Plattsburgh*, I]), sa sollicitude se retourne contre lui. Thérèse qui comprend très bien l'anglais [56] traduit (pour Réjean) les propos de son frère : «[…] y dit qu'y est très anxieux […] Parce que ça fait cinq heures maintenant.» (*Ibid.*) [57] Selon le principe de l'arroseur arrosé qui régit les relations entre les personnages, la situation se renverse de nouveau au moment où Thérèse se trompe dans sa prononciation de l'anglais : «Are you angry my deer?» Gérard-Marie (en riant) : «Es-tu fâché mon chevreuil?» (*Réjean reçoit*, II) Comme la détermination de l'auteur à se coltiner avec le langage ne s'épuise pas, elle motive également la présence de la traduction. Le procédé se concentre alors sur le mot, et Meunier emprunte la voie de la traduction littérale dans un corps à corps avec la langue. C'est d'ailleurs peut-être pourquoi Moman refuse de répéter (ou d'expliquer) à Bobonne la réplique cinglante de Popa [58]. Bobonne : «Qu'est-ce qu'il dit?» Moman : «Oh, cela est dur à traduire…» (*La correspondante de Moman*, I) On remarque donc que le mouvement perçu d'un glissement entre les langues participe de la déferlante des jeux de langage qui submerge la série. Gérard-Marie : «Elle parle un peu le français quand même […] You french a little bit.» (*Réjean reçoit*, II) Que la traduction soit justifiée ou non, exacte ou erronée, cet objectif demeure. Dans la scène où toute la famille cherche à s'exprimer en français de France, Réjean parle à juste titre de camembert. Pourtant Thérèse le corrige : «Non non pas "bert", "bourg"; camembourg!» (*L'héritier*, IV) Mais qu'importe la méprise puisqu'on entend calembour…

Cela étant, la question de la traduction est évoquée plus directement dans un dialogue entre Popa et Réjean que nous avons déjà cité. Nous y revenons. Réjean a acheté un ensemble publicitaire qui est censé lui permettre de devenir millionnaire. Devant Popa il lit les instructions : «Allume ta cigare et lise attentif la papier.» (*Le bébé pilote*, II) Le commentaire que lui inspire sa lecture ne laisse guère de place à la perplexité : «Ça doit être traduit.»; et malgré sa forme interrogative, celui de Popa non plus : «Penses-tu?» (*Ibid.*) Toutefois, ce n'est pas le procédé de la traduction en tant que tel que réprouvent ici les Paré, mais la déficience qui en résulte. Dans leur assurance qu'il ne peut s'agir que d'une traduction, Réjean et Popa dénoncent une situation malheureusement généralisée que tout Québécois sensible à la langue a déjà

---

56. À ce propos, on note que dans l'épisode où elle cherche dans un dictionnaire anglais des phrases toutes faites en attendant les invités, c'est en anglais qu'elle s'adresse spontanément à Réjean lorsque la sonnette retentit : «Come on you son of a gun! Ah mon anglais me revient» (*Réjean reçoit*, II)

57. Plus tard, Thérèse traduira encore pour Réjean : «[…] Your hat is beautiful» Réjean : «Quoi?» Thérèse : «Ton casse est magnifique» (*Réjean reçoit*, II)

58. «[…] rien, comparé à ce qu'on peut faire aux Français!» (*La correspondante de Moman*, I)

constatée. Dès lors, les indices d'une réflexion sous-jacente sur le rapport du québécois à l'anglais jaillissent dans la série. Dans le même temps, la traduction, exploitée au départ comme outil de langage et de communication, se métamorphose soudain en bouclier protecteur contre l'invasion de la langue étrangère. Plus encore, elle reçoit comme attribut l'établissement des limites du territoire québécois. Défenseurs virulents du Parti québécois et de l'indépendance, Rod et Caro tour à tour contraignent leurs interlocuteurs (en commençant par eux-mêmes) à s'exprimer en français. Rénald : « Salut le twit ! » Rod : « En français toé ! » Rénald : « Excuse-moi… salut l'épais ! » ; Rod : « All right ! » Caro : « Hey, en français toé ! » Rod : « Tout droit ! » (*L'élection*, IV) Par ailleurs, il n'est pas anodin que l'auteur fasse assumer par ces deux personnages la revendication nationale. Rod, on s'en souvient, est le porteur de la problématique de l'identité dans la série, et son rapport conflictuel avec la langue anglaise est inscrit dès la première saison : « Je fais exprès pour pas comprendre l'anglais. » (*L'ami de Caro*, I). Quant à Caro, on connaît son besoin de militantisme qui s'exerce dans différents registres. À cet égard, elle profite de la dénonciation de l'impérialisme de la langue anglaise pour associer à cette dernière l'emprise économique des États-Unis sur le Québec : « Bill Clinton, un bel écœurant. En sept ans de pouvoir, pas un mot en français ! » (*Ibid.*)

Il est indéniable que la présence de la langue anglaise dans l'écriture des dialogues est considérable. Tout un chacun emploie abondamment des anglicismes. Ce sont des mots (« game », « heavy », « fancy », « shape », « straight », « bright », « high », etc.), des expressions figées (« Get on up ! », « All aboard », « Fuck away », « Over my dead body », « Come on down », « The price is right », etc.), voire des phrases complètes (« Your hat is beautiful », « Come on you son of a gun », « Do you want to sit down ? », « Wash in the hot water », etc.) qui infiltrent d'une façon toute naturelle le discours des uns et des autres. Moman, il est vrai, l'a affirmé lors du premier épisode de la série : « M'a dire comme on dit : " Hit the road Jacqueline " ! » (*Le voyage à Plattsburgh*, I). Autrement dit : « M'a dire comme on dit […] » c'est-à-dire… en anglais — si l'on veut bien nous accorder, à notre tour, le droit de traduire au sens d'interpréter… Dans un double mouvement antagoniste, l'auteur, donc, exploite et dénonce l'intégration de l'anglais dans la langue québécoise. Cette contradiction apparente est agie par son propre personnage. Car Popa n'est pas le dernier des Paré à produire des anglicismes. Or dans le même temps, il trouve un sujet réel d'irritation dans la préséance accordée à l'anglais par notre société. Il en est pour témoin la fureur de sa réaction chaque fois qu'il s'enquiert d'un numéro de téléphone auprès des messageries vocales. Le ton de sa voix dénote clairement la révolte : « 411… Français ! Français, baptême ! » (*Le million*, III), et même une injonction : « 411… Français ! Français ! » (*Ibid.*) Ainsi, entre la passivité dont Popa fait preuve, d'une part (Moman : « […] y a même fait une sieste en anglais […] » [*Le voyage à Plattsburgh*, I]), et la manifestation de son agacement et de sa colère, d'autre part, Claude Meunier exprime malgré tout une position sans équivoque par rapport à la langue. En partant, le soin et la détermination qu'il prend à la (re)travailler sans cesse fournissent un argument largement suffisant pour nous en convaincre. D'autant que la façonner comme il le fait, à savoir sous l'angle des jeux de langage, implique d'emblée une résistance vis-à-vis de la langue étrangère. Le jeu de mots — on le sait, on l'a vu — ne souffre que très rarement la traduction. Pour accomplir son œuvre et son travail d'écrivain, Claude Meunier part donc de la réalité de la langue québécoise actuelle, une langue truffée d'anglicismes. Et en ce sens, il la reflète. Par ailleurs, parce que la langue de la série est profondément vivante du fait (entre autres) des incessants jeux ludiques qui l'actionnent et l'agitent, qu'elle est mue par un autre mouvement qui entraîne la langue étrangère qu'elle contient (anglais et français de France) vers le québécois et, de surcroît, qu'elle est non traduisible, l'écriture de *La petite vie* œuvre plus que toute autre chose pour la défense de la langue française au Québec. Mais, plus encore, la caractéristique de la langue de l'écrivain — son identité — s'avère intimement liée à celle du Québec par un autre aspect. La singularité de l'écriture de Claude Meunier, marquée par la présence prépondérante de l'interrogation, rejoint inévitablement la question du Québec.

Cette coïncidence entre l'écriture de *La petite vie* et la société dans laquelle elle a vu le jour transparaît dans un nouveau dialogue du couple parental qui porte sur la question de l'indépendance du Québec. Moman : « Ti-Mé, pour de vrai là, es-tu pour ou contre la séparation du Québec ? » Popa : « Là, Moman, franchement, tu parles d'une question [...] ; la séparation du Canada, tu veux dire ! Parce que c'est pas le Québec qui va être séparé en deux si on se sépare, c'est le Canada, Wo ! Minute, Wo ! » Moman : « [...] es-tu pour la séparation du Canada ? » Popa : « Qui ça qui veut séparer le Canada ? » Moman : « Le PQ ! » Popa : « Ben non ! Eux autres, c'est le Québec qui veulent séparer, voyons donc ! » (*L'élection*, IV) Si Moman prend la peine de préciser : « [...] *pour de vrai là* [c'est nous qui soulignons], es-tu pour ou contre [...] », c'est que Popa n'a pas l'intention de dévoiler ses opinions politiques devant sa famille et qu'elle le sait et même l'approuve (« Hey, on les a-tu eus ? » [*ibid.*]). Tout au long de l'épisode, d'ailleurs, il le manifeste : « Désolé, il n'y a pas de service au numéro composé », « [...] je veux pas [...] de politique dans ma maison », « J'ai dit, pas de chicane dans ma maison... pas de politique dans ma maison, c'est toute [59] ! » (*Ibid.*) Compte tenu de ce refus systématique [60] (qui entraîne la réserve de Moman, mais pour d'autres raisons [61]), ce sont les enfants de Popa et Moman qui assument le partage des divergences idéologiques. Tandis que les noms des deux chefs de parti se confondent à l'image de leurs slogans (« L'avenir c'est demain ! » pour

---

59. Y compris avec Moman : « Moman, tu comprends pas, je veux pas parler de politique au lit [...] » (*L'élection*, IV)...
60. Encore que, pour être juste, il nous faille noter une hésitation qui le laisse croire plus proche des fédéralistes : « [...] je veux pas de PQ... de politique dans ma maison » (*Ibid.*)...
61. Moman : « Ça ne m'intéresse pas [...] J'espère que les enfants commenceront pas à s'engueuler [...] » (*Ibid.*)

Lucien Charrette, et « Demain c'est l'avenir ! » pour Jean Bouchard), Rénald et Rod s'affrontent à coups d'arguments touristiques (importance des Rocheuses pour l'un et préséance du Rocher Percé pour l'autre[62]) et se divisent sur la question de la langue. Rénald : « [...] moi je suis très content de parler deux langues. Si je pouvais, j'en parlerais deux cent vingt-sept langues ! » ; Rod : « [...] la langue, c'est la plus belle affaire qu'on a dans le... dans le... dans le... [...] Dans la bouche. » (*Ibid.*) Il reste que la fin de l'épisode ne donnera pas d'indications précises sur l'avenir du Québec. Popa remet à plus tard l'issue du débat en congédiant les deux chefs de parti (« deux méchants jokers ») : « Allez vous brancher dehors, pis vous reviendrez dans l'avenir ou demain ! » (*Ibid.*) Or l'avenir, justement, fait l'objet du dernier épisode de *La petite vie*. Mais là non plus, cependant, la question du Québec n'est pas véritablement réglée. Pierre Nadeau : « [...] L'ONU [...] a finalement donné au Québec le statut de pourvoirie [...] Le Québec obtient ainsi les pleins pouvoirs en ce qui concerne la gestion de ses lacs, mais Ottawa garde la totale juridiction sur les vers de terre. » (*Le bogue de l'an 2000*)...

Quoi qu'il en soit, le dialogue de Popa et Moman sur l'indépendance du Québec reprend la construction habituelle question/réponse et met en scène une fois encore la stratégie d'évitement de Popa fondée sur la mise en lumière de la question : « Là, Moman, franchement, tu parles d'une question [...]. » (*L'élection*, IV) Dans le contexte, cependant, celle-ci prend une signification supplémentaire alors qu'elle nous rappelle le débat sur la formulation de la question référendaire de l'automne 1995[63]. Le dévoilement de la question par le premier ministre de l'époque, Jacques Parizeau, avait déclenché — on s'en souvient — une querelle quant à la clarté et à la transparence de son expression. « La question [référendaire] est-elle claire ? Est-elle ambiguë ? C'est la question... sur la question, celle que tout le monde se pose ces jours-ci[64]. » L'un des points soulevés comme problématique[65] alors résidait dans l'« absence quand même étrange du mot "pays" [...][66] ». Dans *La petite vie*, l'enfant préférée de Popa, celle qui comme lui porte tout à la fois l'imaginaire et le rapport au langage, résout toutefois le problème. Par l'intermédiaire d'une interrogation toute simple, en effet, Thérèse lie la question, la question de l'identité et la question de l'indépendance : « Quel : le Pays ? » (*L'élection*, IV)

Ainsi et à mi-chemin entre un monde délibérément imaginaire et le reflet (partiel) de la société québécoise, *La petite vie* met en scène la singularité

---

62. C'est Thérèse qui tranche : « [...] des montagnes ça coûte une fortune à entretenir. Un trou ça coûte rien et ça attire autant. » (*Ibid.*)
63. « Acceptez-vous que le Québec devienne souverain après avoir offert formellement au Canada un nouveau partenariat économique et politique dans le cadre du projet de loi sur l'avenir du Québec et de l'entente signée le 12 juin 1995, OUI ou NON ? », Lise Bissonnette, « La question », *Le Devoir*, éditorial, A10, vendredi 08 septembre 1995.
64. Lysiane Gagnon, « Réflexions sur la question », *La Presse*, opinions, B3, mardi 12 septembre 1995.
65. Stratagème prudent pour les uns, pervers pour les autres...
66. Alain Dubuc, « Au-delà de la question », *La Presse*, éditorial, B2, samedi 09 septembre 1995.

d'une écriture et d'une langue qui traduit à la fois celle d'un écrivain et l'univers culturel au sein duquel son œuvre voit le jour. Agie par deux moteurs fondamentaux, les liens familiaux et amicaux qui régissent le clan Paré et le travail sur le langage, la série pose et repose sans cesse la question de l'identité : individuelle et collective. D'un bout à l'autre de la chaîne (de l'indissociable couple parental au doublet syntaxique compact de la question/réponse), l'écriture de Claude Meunier, marquée par le travail et la réflexion sur la langue, correspond à ce que Lise Gauvin définit comme la preuve d'une « surconscience linguistique de l'écrivain ». Nous la citons :

> Le commun dénominateur des littératures dites émergentes, et notamment des littératures francophones, est de proposer, au cœur de leur problématique identitaire, une réflexion sur la langue [...] Les relations généralement conflictuelles — ou tout au moins — concurrentielles — qu'entretiennent entre elles deux ou plusieurs langues, donnent lieu à cette surconscience dont les écrivains ont rendu compte de diverses façons. Écrire devient alors un véritable « acte de langage » [...] La proximité des autres langues, la situation de diglossie dans laquelle l'écrivain se trouve le plus souvent immergé [...] sont autant de faits qui l'obligent à énoncer des stratégies de détour. Stratégies qui prennent les formes les plus diverses, de la transgression pure et simple à l'intégration, dans le cadre de la langue française, d'un procès de traduction ou d'un susbtrat venu d'une autre langue, sans compter les tentatives de normalisation d'un certain parler vernaculaire ou régional ou encore la mise en place de systèmes astucieux de cohabitations de langues ou de niveaux de langue [...][67].

Mais s'il est coutume qu'un chercheur dialogue avec un autre par le biais de l'étude des œuvres de fiction, il est tout aussi notoire qu'un écrivain réponde à un autre. C'est sans doute pourquoi nous reviennent en mémoire ces phrases d'Alphonse Daudet mises dans la bouche d'un instituteur de province alors qu'il s'adresse pour la dernière fois à ses élèves : « M. Hamel [...] se mit à nous parler de la langue française, disant [...] qu'il fallait la garder entre nous et ne jamais l'oublier parce que, quand un peuple tombe esclave, tant qu'il tient sa langue, c'est comme s'il tenait la clef de sa prison[68]... »

---

67. Lise Gauvin, *Langagement (L'écrivain et la langue au Québec)*, Montréal, Boréal, 2000, 254 p.
68. Alphonse Daudet, *La dernière classe* dans *Les contes du Lundi*, 1873.

DANGER

LE
PHOTOCOPILLAGE
TUE LE LIVRE

*Cet ouvrage
composé en Amasis corps 10 sur 11,5
a été achevé d'imprimer
en novembre deux mille
sur les presses de*

*membre du groupe Scabrini,
à Cap-Saint-Ignace (Québec).*